エリア・スタディーズ 93

ウガンダを知るための62章【第2版】

吉田昌夫
白石壮一郎
（編著）

明石書店

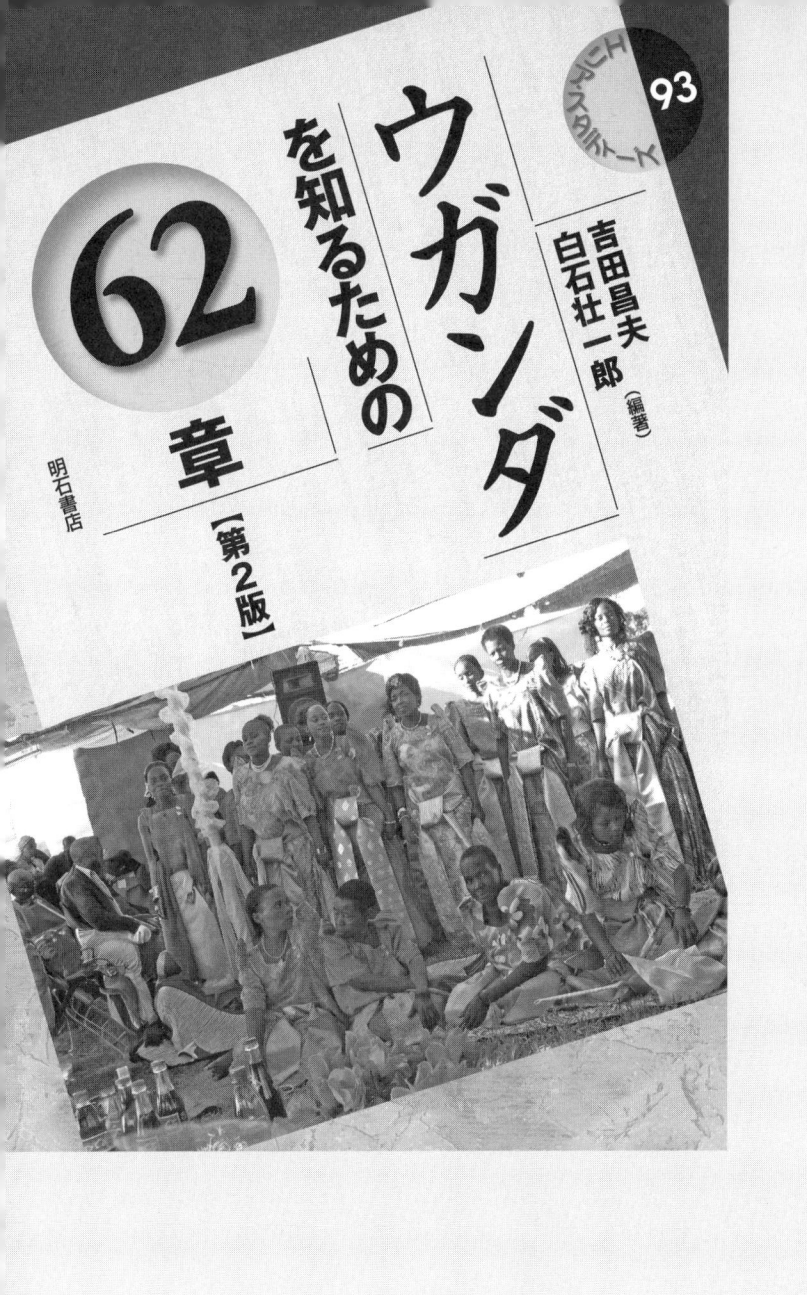

はじめに

　ウガンダというアフリカの国の名前を聞いたことのある日本人はかなり多いと思われますが、どこにあって、どんな国なのか、ということを知っている人は少ないのではないでしょうか。少し知っている人でも、ウガンダはアフリカ大陸の中央部にあるとか、マウンテンゴリラのいる国であるとか、イディ・アミンという暴君が大統領になった国であるなどという、断片的な知識を持つだけの場合が圧倒的に多いように思います。そのような断片的印象が、ともするとウガンダ全体に対する理解を大きく損なう原因にもなっています。

　ウガンダは日本との経済関係においては、第二次世界大戦前に、日本のウガンダ綿の輸入と綿布輸出が盛んであった時代があり、アフリカのなかでは貿易関係で知られた存在でした。またその国土の緑したたる自然の美しさから、この地を植民地としたイギリスで首相となったチャーチルがウガンダを「アフリカの真珠」と名づけ、その呼び名が今でもウガンダの観光パンフレットに載せられている、ということを知っている人もいるでしょう。またアフリカの中央部に巨大な水面を持つ、世界の淡水湖としては2番目に大きいビクトリア湖の北に接する国であることは、地図を見ることが好きな人は知っているでしょう。

　このように自然の美しさと土地が肥沃であるという好条件を持つウガンダは、1962年の独立後、その好条件を生かしきれず、政治の混乱と経済の停滞が長い間続きました。ようやく1980年代後半になって政治も落ち着きを取り戻し、経済再建も軌道に乗り、活気に満ちてくるようになりました。日本との関係では、２００１年ごろから日本の技術援助や、青年海外協力隊員の派遣が急速に進み、協力隊員数でいえば、現在ウガンダは対象国の中では最大に近いとされるところまで関係が強化されています。

ウガンダを国全体として紹介するのは、実は大変難しいことで、その政体の複雑さがあったためか、これまでウガンダに関する邦文の単行本も、特定地域に関するものか、特定分野に関するものしかなかったといっていいくらいです。しかし上記のような事情で、ウガンダのことを包括的に知りたいという人々が増えてきました。本書はそのような関心に応えるため、そして多くの興味ある住民の社会生活や習慣をより深く理解してもらえるようにするために、地方に見られる特殊性の説明を犠牲にすることなく、ウガンダ全体を知るための本とすることを意図しています。

この本の書き手は、みなウガンダに滞在し、あるいはウガンダを調査した経験があり、現場からウガンダを見てきた者ばかりです。しかも割合最近のウガンダを見てきた経験に基づいて、一般の読者向けに、平易な言葉を使って書くようにしています。ウガンダにすでに関心を持っている人だけではなく、これから関心を持つかもしれない人たちや、ウガンダ研究を志している若者たち、そして職務でウガンダに関係することになった人たちが、この本から、ウガンダとはこういうところなのか、こういうところがあるとは知らなかった、とますます興味をそそられるような本にしたいと思います。

この本は読みやすくするために、比較的短い62章およびそのテーマと関連する少数のコラムからなっていて、どこから読みはじめてもいいのですが、やはり全体としての構成に沿って読んでくださると最も理解が進むと思いますので、本の構成をまず説明しておきます。全体は6部に分かれています。

第Ⅰ部は、「国土の特徴と住民」と題して、ウガンダの自然環境をはじめとし、人口はどのようなものか、国立公園で名高い地域の野生動物の現状はどうか、基軸産業である農業の形態、住民の民族的分布にどのような特徴が見られるのかなどが説明されます。

第Ⅱ部では、「激動をくぐりぬけた歴史」と題して、植民地となる以前からウガンダ地域に北部を通って移動してきた牧畜民の動きと、南部における諸王国の勃興、さらに19世紀末からイギリスの植民地となり、その統治が独立運動の機運をつくり出し、紆余曲折を経た後、1962年に独立を達成するにいたった経緯が語られます。さらに独立達成後の政治混乱がなぜ起こったか、またようやく1980年代になって政治的安定を取り戻し、一度は転落した国民経済の復興をどのように成し遂げつつあるのか、などの現在までの歴史を通観します。この歴史の流れを知ることが、ウガンダの現在を理解する鍵だといってもいいでしょう。

第Ⅲ部では、行政と経済の特徴を、住民の生業としての活動に焦点をあて、近い距離からそれをとらえながら記述します。地方行政に見られる分権化、コーヒー生産に代表される小農輸出経済、主食としての料理用バナナの重要性、漁労民と牧畜民、工業と企業家、観光産業などの位置づけ、女性の生活上のたくましさなどが理解できるでしょう。

第Ⅳ部では、社会と暮らしのいろいろな側面を語ります。学校教育、宗教、特に住民の多数が帰依するキリスト教のウガンダ的特徴、人生において遭遇する死と葬儀に関する社会的行為や、祝い事としての結婚式をめぐる儀式などが語られます。また食事の内容、農村の暮らしの変化、牧畜民特有の社会規範、漁労民の生活などが説明されます。さらに医療という社会行為をめぐって起きている状況が描写されます。

第V部は、現場を熟知する者しか描けないウガンダの文化の発露を、主に若者文化の側面から描写した章を中心に構成されています。現場の躍動感や人々の行為の柔軟性が鮮やかに記されていて、読む者を圧倒するでしょう。

第VI部は、「開発と現代的課題」と名づけられていますが、ウガンダがまさに国家として直面しているいくつかの問題を、具体的に取り上げ、その問題克服への努力を、住民の目線の高さから理解するための材料を提供したものです。何が社会の現場で問題になっているのかを、これらによって知ることができると思います。

２０２４年６月

吉田　昌夫

ウガンダを知るための62章【第2版】

目次

Ⅲ　行政と経済・生業

Ⅳ　社会と暮らし

V　さまざまな文化活動

VI 開発と現代的課題

CONTENTS

＊本文中、特に出所の記載のない写真については、原則として執筆者の撮影・提供による。

【ウガンダ共和国】

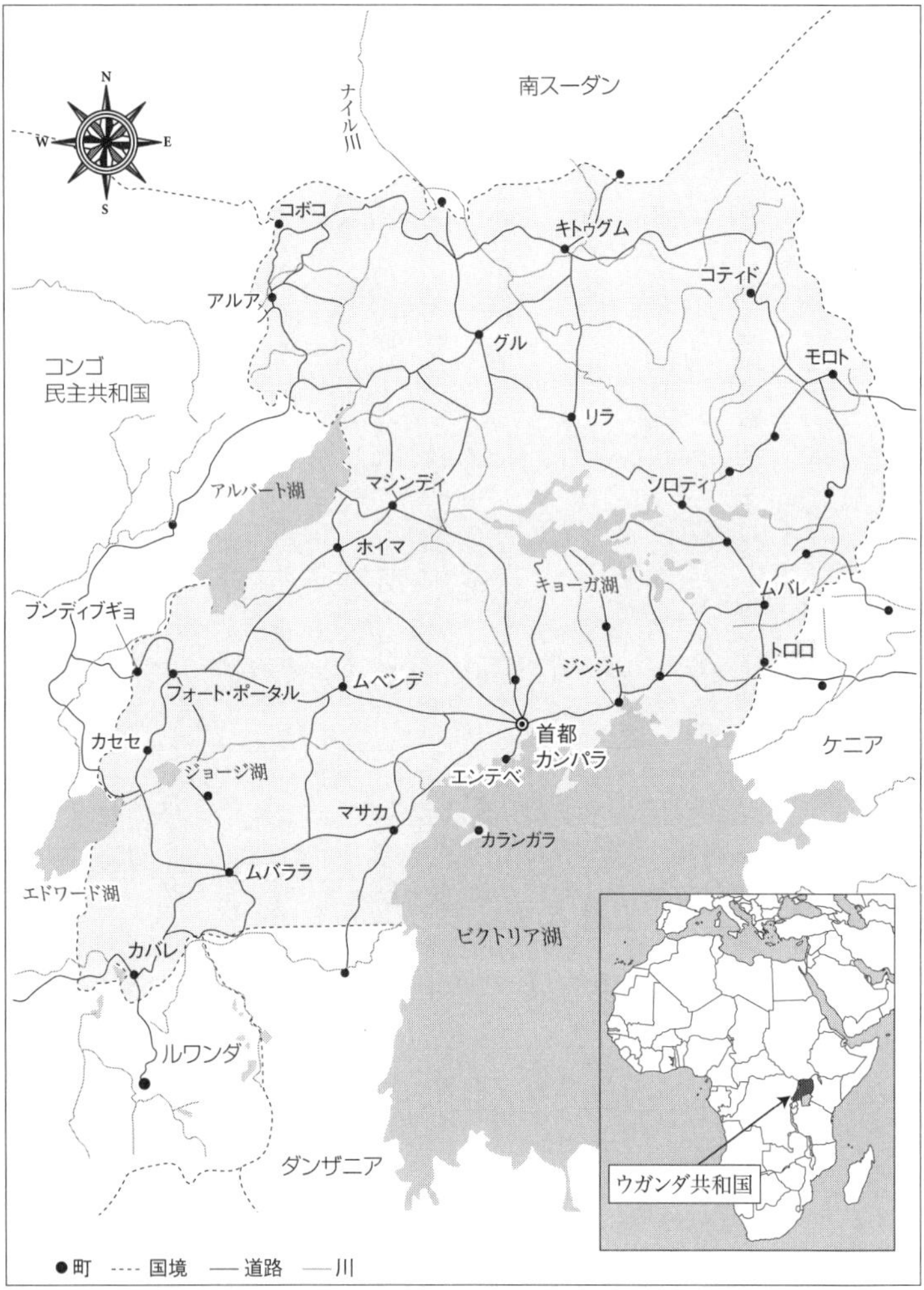

南スーダン
ナイル川
N
W
E
S
コボコ
キトゥグム
アルア
コティド
グル
コンゴ
民主共和国
モロト
リラ
アルバート湖
マシンディ
ソロティ
ホイマ
キョーガ湖
ブンディブギョ
ムバレ
トロロ
ジンジャ
フォート・ポータル
ムベンデ
首都
カンパラ
カセセ
ケニア
ジョージ湖
エンテベ
マサカ
カランガラ
ムバララ
エドワード湖
ビクトリア湖
カバレ
ルワンダ
ダンザニア
ウガンダ共和国
●町 ---- 国境 —— 道路 —— 川

【基礎データ】

正式名称	ウガンダ共和国（Republic of Uganda）
面積	24万1039平方キロメートル※ほぼ日本の本州大 （陸地面積は約19万7000平方キロメートル）
人口	4724万9585人（2022年）
首都	カンパラ　365万1919人（2023年）
日本との時差	－6時間
独立日	1962年10月9日
言語	公用語は英語、スワヒリ語。その他ガンダ語などの民族語
宗教	キリスト教徒が約85%。イスラム教徒が約12%。その他伝統的宗教など（2002年の国勢調査）
政体	共和制
元首	大統領　（任期は1年あたり5年）
国会	一院制　国会議員数529名（2021年1月総選挙後）
通貨	ウガンダシリング（交換率：1米ドル3545Uシリング　2022年初）
主要産業	農業（コーヒー、茶、料理用バナナ、トウモロコシ、畜産物）、漁業（淡水魚）、鉱業（石灰岩、コバルトなど、石油採掘も開始）、工業（セメント、繊維製品、ビール、砂糖、食品加工など）
国内総生産（GDP）	351.7億米ドル、　一人当たり国民総所得（GNI）780米ドル（2019年）、　全GDPに占める農業の割合21.9%（以上、2019年世銀調査）
成人識字率	79.1%（2021年　15歳以上）
平均余命	63歳（2022年）
1才未満乳児死亡率	31.2人（1000人当り、2021年）

出所：World bank, *World Development Indicators* 2023年
外務省　ウガンダ基礎データ　2022年
UNDP　Human Development Report　2021/2022年
Africa South of the Sahara 2022年　（London，Routledge）
共同通信社　世界年鑑　2022年

I

国土の特徴と住民

1

自然

★ルウェンゾリ山地からビクトリア湖の多様な自然★

ウガンダという国がどこにあるか、を正確に知っている人は少ないかもしれない。この国はアフリカ大陸の真ん中辺の赤道直下にある。国全体の面積は24万1039平方キロメートルとされているが、これはビクトリア湖その他の領域内水面積、約4万3900平方キロメートル（全体の18％）を含んでいるので、陸地面積としては約19万7000平方キロメートルである。これは日本と比較すれば、本州よりもわずかに小さいくらいの大きさである。

ウガンダは西部のコンゴ民主共和国との国境付近で著しい起伏に富み、また、ケニアとの国境にはエルゴン山（標高4231メートル）があるが、国土の大半は海抜900～1500メートルの高原地帯となっている。雨量が年間を通じて多く、ビクトリア湖北西岸では年間2000ミリ以上になっている。一方、北東部のカラモジャ地方やビクトリア湖西方地域では年降水量が750ミリ以下であり、カラモジャ地方では近年干ばつも問題になっている。雨季は地域によって差があるが、エンテベやカバレなど南部では3～5月と11～12月に雨季がある。全体として高原であるため年平均気温は21～23度程度であり、一年を通じて温暖である。ウガンダは他の東アフリカ諸国より降水量が多いため、それだけ植生も豊かである。しかし、かつては熱帯雨林が国を広く覆っていたが、人口増加とともに農耕地に改変され、部分的にしか残っていない。キデポバレー、マーチソンフォールズ、クイーンエリザベス、ルウェンゾリ等10の国立公園があり、ライオン、ゾウ、キリン、シマウマ、カバなどの野生動物が保護されている。また、西部の山地にはマウンテンゴリラも生息している。

ウガンダの自然を特徴づける代表的なものに、コンゴ民主共和国との国境をなすルウェンゾリ山地（最高地点5109メートル）がある。キリマンジャロやケニア山とともにアフリカで希有な氷河を有する、アフリカで三番目に高い山であるが、近年の温暖化で氷河は急速に縮小している。下から熱帯雨林、雲霧林、高山草原（ヒース）、高山荒原、氷河と変化し、背丈が数メートル以上にもなる熱帯高山特有の大型半木本性ロゼット形植物であるジャイアント・セネシオ（キク科）やジャイアント・ロベリア（キキョウ科）が特異な植生景観を呈している。

このルウェンゾリ山地を生んだのは東アフリカを南北に縦断して引き裂くアフリカ大地溝帯（リフトバレー）である。アフリカは全体として見ると、6億～30億年以上前の非常に古い先カンブリア時代の岩類を基盤とする地殻の安定した大陸であるが、東アフリカには地下深部から集中的に熱の供給を受けている部分があり、そのため大地が隆起し、地下からマグマが上昇し、活発な火山活動が生じている。その上昇流が地殻（地表の表層）を持ち上げ、その隆起の中心部に二つの平行な断層が生じ、中央部が陥没してアフリカ大地溝帯が形成された。アフリカ大地溝帯はビクトリア湖をはさんで東西2列に分かれて南北に延びているが、その西部地溝帯の西縁には、中新世末の数百万年前以降、地殻

Ⅰ

国土の特徴と住民

図1－1　ウガンダの降水量分布

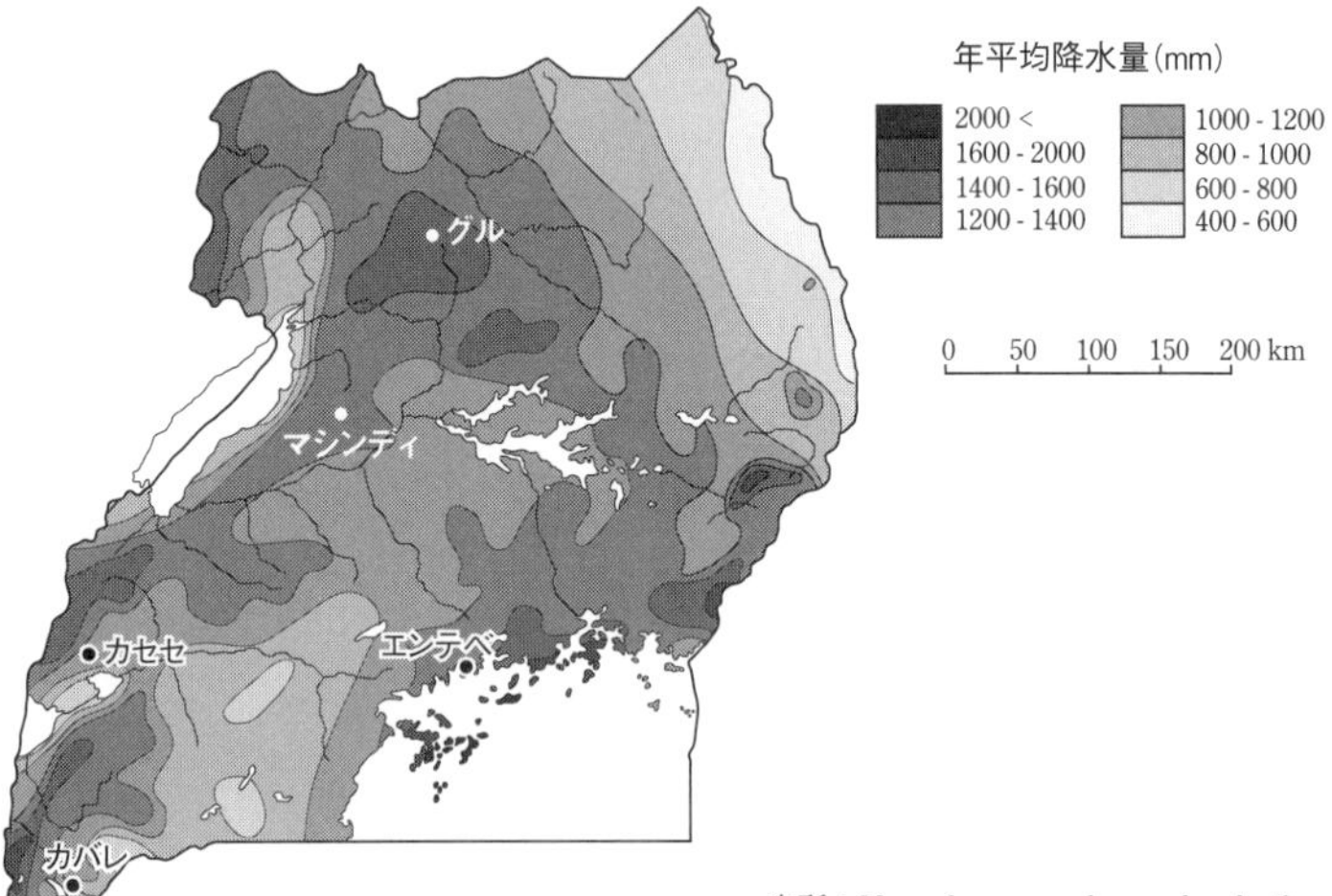

出所：Uganda, secondary school atlas

図1－2　ウガンダの植生分布

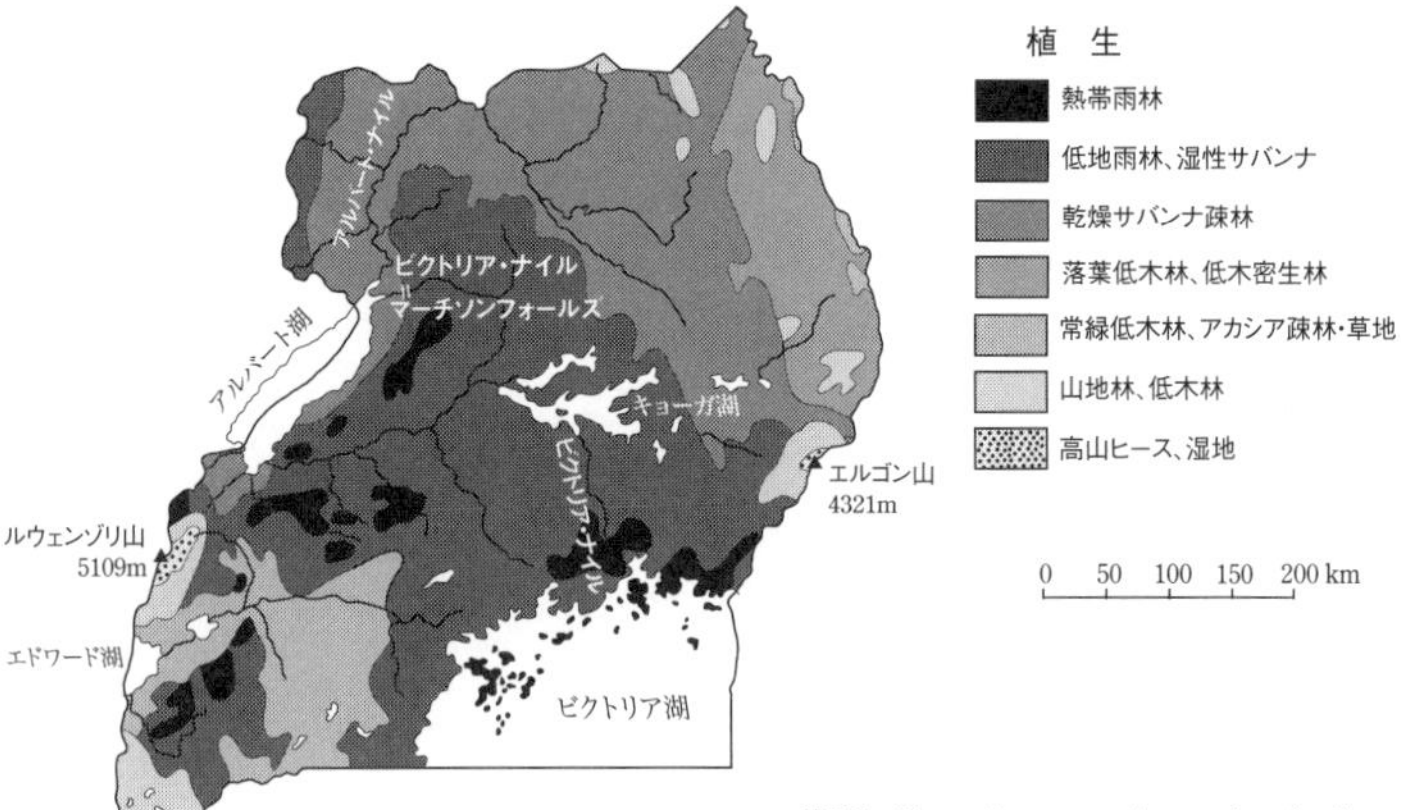

出所：Uganda, secondary school atlas

が隆起して南北に連なる高地が形成された。その最高峰がルウェンゾリ山地なのである。断層に沿って相対的に沈降した部分を地溝と呼び、隆起した部分を地塁と呼ぶが、ルウェンゾリ山地は地塁にあたる。一方、エルゴン山やその北にあるカラモジャ地方の火山はケニア山やキリマンジャロと同様に東部地溝帯の火山活動にともなうものである。

西部地溝帯に沿って400万年前に隆起してできたルウェンゾリ等の高地の出現により、西からの湿潤気流が東方へ侵入するのが妨げられ、それまでの熱帯雨林に覆われていた東アフリカは乾燥し、サバンナや草原に変化した。それが人類の祖先が森林から東側のサバンナに出て進化するきっかけになったという考えがあった。一方、地溝帯には水がたまって、断層に沿う長細い巨大な湖（断層湖あるいは地溝湖という）が誕生した。代表的なのはタンガニーカ湖やマラウイ湖であるが、ウガンダとコンゴ民主共和国との国境に位置しているアルバート湖やエドワード湖もそれに相当する。エドワード湖周辺はツェツェバエやハマダラカが多く生息し、生活には適していない。

ビクトリア湖（湖面標高1134メートル）は、ケニア、ウガンダ、タンザニア3国にまたがり、面積6万8800平方キロメートルでアフリカ最大、世界第3位（淡水湖では世界第2位）の湖である。東西の大地溝帯に沿う隆起帯にはさまれた浅い皿状の凹地にできた湖なので、水深は浅く最深点でも84メートルにすぎない。いくつかの流入河川があるが、流出河川はビクトリア・ナイルだけである。ビクトリア湖はもともと400種もの固有種の魚類が生息したといわれているが、近年、ヨーロッパや日本に大量輸出されているスズキの仲間の肉食外来種ナイルパーチが放流され、それにより多くの在来種が絶滅し、生態系が大きく破壊された。もともとビクトリア湖に生息していた多くの魚は草食性

ルウェンゾリ山地最高峰のマルガリータ峰（右のピーク）［和田篤志提供］

で沿岸の藻類を食べていたが、在来種が激減したため、湖には藻や浮草のホテイアオイがはびこるようになり、景観も大きく変化したのである。湖の水深が浅いことと相まって湖水の富栄養化が問題になっている。ビクトリア湖は赤道直下で大きな水体を有するため、湖陸風が発達し、日中は湖から吹き出す湖風、夜間は周辺の陸地から湖に吹く陸風が見られる。夜間には湖上に上昇気流が発達するため、雨が降りやすく、ビクトリア湖周辺は雨が多いのである。

２世紀の科学者プトレマイオスの描いた地図にはナイルの源流として「月の山」が描かれていた。その「月の山」とされるルウェンゾリ山地の氷河に発する水は、エドワード湖、アルバート湖を通り、東のビクトリア湖から流出するビクトリア・ナイルを合わせて、白ナイル川となる。エドワード湖（湖面標高９１２メートル、面積２１５０平方キロメートル、最大水深１１１メートル）の水は北端からセムリキ川として流れ出して北北東のアルバート湖に注ぎこまれ、アルバート湖から流出するアルバート・ナイルがスーダンに入って白ナイルと呼ばれている。ビクトリア湖から流出するビクトリア・ナイルはキョーガ湖を通り、落差120メートルのマーチンソンフォールズを経てアルバート湖（標高619メートル、面積5300平方キロメートル、最大深度55メートル）の北東端に流入している。

かつてヨーロッパでは東アフリカ内陸に巨大な一つの湖があり、それがナイル川の源流と考えられていた。多くのヨーロッパ人がナイルの源流に興味を持っていたのである。そんななか、イギリス王立地理学協会の支援のもと、バートンとスピークがナイル川源流を探しはじめた。1857年にザンジバルを出発した二人は、陸路カゼ（現在のタボラ）に到着し、そこで在住のアラブ人から、その大きな湖が実は三つの大きな湖（タンガニーカ湖、ビクトリア湖、マラウィ湖）であることを教えられる。彼らは翌年にタンガニーカ湖畔のウジジに着いたものの、二人とも病に冒され、カゼまで戻る。バートンが病に伏せている間、スピークはその北にある湖、すなわちビクトリア湖の南端まで旅行し、これがナイル川の源であろうという自信を持ったのである。イギリスに戻ったスピークはグラントと組んで再びビクトリア湖にたどり着き、現在のジンジャでナイル川がビクトリア湖より流出しているのを確かめた。ときに1862年7月28日のことである。イギリスに戻ったスピークはナイル川の水源はビクトリア湖であると報告するが、この説には、前の同伴者バートンをはじめ強い異議が唱えられた。そしてそれについてバートンとスピークの討論会が予定されたが、その前日にスピークは自殺かと思わせるような銃の暴発事故で命を落としてしまう。ウガンダは、エジプト文明を支えたナイル川の源に位置するという点でも、その源流の存在とともに、長く歴史のなかで語られてきたのである。

（水野一晴）

2

人口増加

★その背景とゆくえ★

日本では人口減少が報じられ、少子高齢化にともなう社会問題が広く議論を呼んでいるが、ウガンダでは、多くの発展途上国と同様、急激な人口増加が問題となっている。一人の女性が一生のうちに産む子どもの平均数（いわゆる「合計特殊出生率」）は、日本では1・3程度であるのに対して、2006年の人口保健調査（DHS）によればウガンダでは6・7。つまり一人の女性が日本では平均して1～2人の出産を経験するのに対して、ウガンダでは実に6～7人もの出産を経験していることになる。ウガンダの人口増加率は世界的に見てもきわめて高く、『国連人口白書（2010年版）』によればアフガニスタンやブルキナファソなどと並び、世界トップクラスに位置するほどだ。

人口増加傾向は最近に始まったものではない。ウガンダの人口統計によれば、1948年におよそ500万人であった総人口は、2002年には2430万人となり、半世紀あまりで5倍近くに増加した。2007年には3000万人を突破したといわれ、今後もこの傾向が続くものと予測されている。この傾向が続けば、2050年には9130万人まで増加するという見解が出ている。特に近年の人口増加は著しく、1991年か

図2－1　ウガンダの人口と年平均人口増加率の推移（1911～2002年）

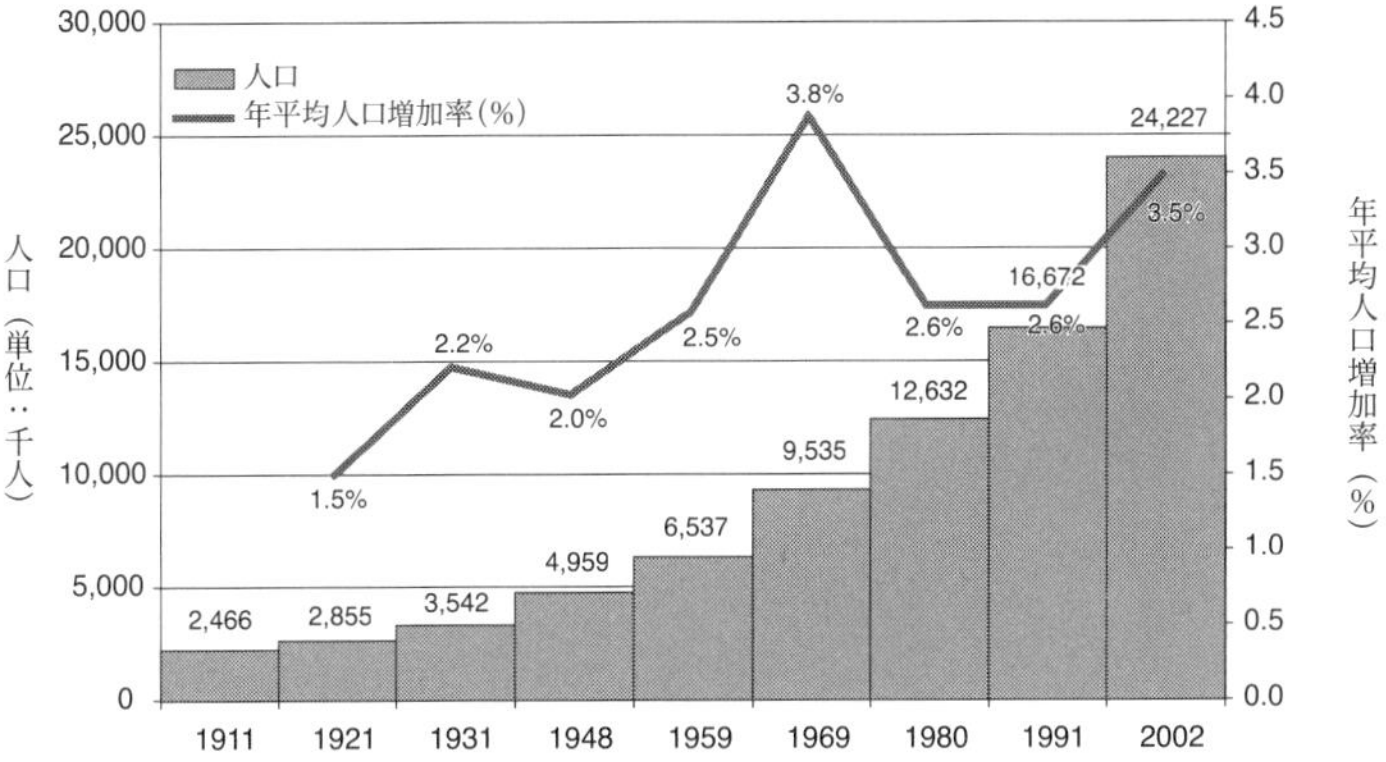

出所：Ministry of Planning and Economic Development (1997) *Statistical Abstract* および Uganda Bureau of Statistics (2006) *Statistical Abstract*.

ら2002年までの年平均人口増加率は3・2%に達している。

これらの人口増加は主に農村部で生じている。2002年のセンサスでは、総人口の88%が農村部に居住しており、都市住民の割合は12%にすぎない。ただし、都市人口の年平均増加率は4・4%で、全国平均よりも高いことから都市への人口流入が見られることを示している。したがって、都市部の急激な人口増加は農村部での増加人口の一部を都市が吸収した結果だと考えられる。

このような人口増加は多くの社会的な影響を及ぼすと予想されている。たとえば、一般家庭では調理用燃料として薪や木炭などが広く利用されていることから、人口増加によって薪炭需要が高まり、国内の木材利用が高まることが予測される。また世帯数の増加による住宅需要の増加は、建築資材となる木材の需要増加に拍車をかけている。欧米の援助国が行うプロジェクトに森林保護を目的としたものが多いのも、このような人口増加を背景としている。

近年の人口増加の原因は、1986年のムセベニ政権発足以降、安定的な政権運営により、大規模に出生数が急増したためといわれている。しかし同政権以前から出生率の高さが指摘されてきたことから、それだけを原因にするのは難しい。出生率が高く維持された原因として、社会保障制度が乏しい他の途上国と同様に、多くの子どもを育てることが各世帯の家計を支える際の将来的な保障になっているとの見方とともに、多様な宗教、民族性ゆえに、出生抑制のための対策が実効力を持たなかったことを指摘する見解もある。

実際、これまで人口増加に対する政府の対応は積極的ではなかった。人口増加が国家的な課題とされたのは、第2次5カ年計画（1966～1971年）である。ただ、当時は人口、特に若年人口の増加によって教育負担が増大することが懸念された程度で、独立直後のオボテ政権下では、人口増加率の低下を意図した政策は実施されず、また全国的な家族計画プロジェクトには関心が払われなかった。人口増加が深刻な問題と見なされず、また民族的な対立から、産児制限が政治的に慎重を要する課題と見なされたためとされている。

その後、第3次5カ年計画（1971／2～1975／6年）では、人口増加に関し一章が割かれるなど、人口増加に対する問題関心が高まった。経済、社会、保健医療の諸問題の原因に高い出生率があるとの認識が示されたためである。このことから、出生率の低下を目的とした家族計画の実施を全国的に推し進める動きが盛り込まれた。しかし、こうした家族計画の推進は、ローマ・カトリック等の宗教団体からの反対によって大きく後退する。

そのため、1980年には、人口増加に対する政策提言は、民族文化上あるいは宗教上の抵抗が強い家族計画を中核に置くのではなく、健康・保健の維持向上を中核とするものへと力点をシフトし、①家族計画を人口増加による理由から支援すること、②家族計画を保健衛生とともに普及すること、③人口増加に目標を設定すること、④家族計画サービスを拡大すること、⑤家族計画に関する情報、教育、コミュニケーションを国家および民間団体とともに各コミュニティでも実施していくこと、などで構成された。しかしながら、具体的な施策は断片的なものに終始し、たとえば、子どもの数が多ければ多いほど、政府系住宅が割り当てられやすくなるなど、他の政策と整合しないものであった。政治的な混乱が頻繁に繰り返されるなか、政府側、反政府側双方において自陣を支持する「人口数」が重大な関心事であったことも、施策が実施されない背景にあったと指摘されている。

ムセベニ政権による1987年の「経済復興計画」では、生産部門の復興が重要視され、人々の出生に大きくかかわる保健衛生等の社会サービス部門は当初それほど重視されなかった。しかし、その後、経済の安定化にともなって社会サービスに対する施策実施に向けた環境が整い、またこの時期に、乳幼児の保健や健康への支援活動に国際的な関心が注がれ、社会サービスに関係する国際機関やNGOが積極的に活動するようになったことで、妊産婦や乳幼児の健康保健や家族計画に関する政府の政策ガイドラインが制定され、施策が実施されていくことになった。ただし、政策上優先的な課題は経済開発であって、開発課題と人口増加に関する施策が十分に言及されていないと批判されている。現在の人口増加は、このような歴史的背景と政策的な文脈のなかで課題として位置づけられる。

2000年以降の順調な経済成長を追い風にして、ウガンダ政府は、経済成長による経済・社会問題の解決を目指しているように見える。しかし、人口増加率は依然として高い水準で推移しており、今後も人口は増加を続ける見通しだ。人口の年齢構成を見ると若年人口の増加が著しく、彼らが結婚・出産する時期に差しかかっていることに注意が必要だが、それ以外にも高い経済成長のもとで増加を続ける労働力人口に十分な雇用が提供されるかといった問題もある。また増加する人口に見合うだけの食料供給が、自給か輸入かを問わず、提供されるかといった点も懸念される。経済成長による貧困削減に多くの期待が寄せられてはいるが、著しい水準で人口増加を続ける現状は、貧困削減の試みを根底から揺るがしかねない。ウガンダが示す人口増加という問題は、経済成長による貧困削減の限界を垣間見せる一例といえるであろう。

（竹本将規）

3

ゴリラと野生生物の復活劇

★内戦の悲劇を越えて★

忘れられない風景がある。1980年に、私が最初にウガンダを旅したときのことだ。ザイール（現コンゴ民主共和国）へ陸路で向かうために車でウガンダを抜けていったのだが、アミン政権崩壊の直後で国内は混乱していた。ケニアの国境ブシアを越えてウガンダに入ると、たちまち武装した兵士の姿が目立つようになり、数百メートル進むたびにドラム缶や鉄条網でつくられた関門が待ち構えていた。首都のカンパラが近づくと、道路にはまだ犠牲者の死体が放置されているのが目に入った。ホテルは軒並み爆撃で壊され、ビルの残骸には銃弾の跡が生々しく残っていた。南の州都カバレを通ってルワンダへ抜けるまで約600キロメートルを車で走ったが、ハゲコウやハタオリなど数種の鳥以外、野生動物の姿をまったく見かけなかった。

それまでウガンダは野生動物の宝庫だった。大地溝帯が南北に走り、ルウェンゾリなどの高山地帯、アフリカ最大のビクトリア湖を有し、熱帯雨林、湿原、サバンナなど多様な地形と植生に多様な動物が生息し、特に大型哺乳類と鳥類の種類と量では抜きんでた存在だった。クイーンエリザベス国立公園にはいたるところにゾウの群れが闊歩し、キデポ渓谷の水辺はカバで

ンガヒンガ国立公園のマウンテンゴリラ

埋めつくされているといわれていた。それらの大型動物の約95％がアミン動乱後の10年間に消滅したと推測されている。多くの保護区は戦場となり、兵士や難民によって大量の動物が銃火の犠牲になったのである。

私の調査対象のゴリラも大きな被害を受けた。ウガンダにはヴィルンガとブウィンディという二つの保護区にゴリラが生息している。アフリカ中央部の熱帯雨林を故郷とするゴリラが、大地溝帯より東に生息しているのはここだけで、最も標高が高い山地に住むのでマウンテンゴリラと呼ばれる。ブウィンディ森林は北部と南部に分かれるが、１９８０年代はじめの調査では南部だけに１００頭ほどのゴリラの生息が見込まれた。現在は北部につながるコリドーにも姿を現し、４５９頭（２０１９年）のゴリラが確認されている。八つの火山からなるヴィルンガ火山群のうち、ウガンダ側にあるのはムハブラ山とンガヒンガ山だが、私が1980年に訪れたとき、どちらの山にもゴリラの痕跡は見られなかった。現在は少なくとも3つ以上の群れが確認されている。戦乱中は群れが消滅したか、国境を越えて安全な場所に移動していたのだろう。

ゴリラは世界最大の霊長類で、成熟したオスは体重200キログラムに達することがある。チンパンジーに次いで人間に近縁で知能が高い。このため、古くからさまざまな逸話を生んできた。キングコングのモデルになったのも、凶暴で、美しい人間の女性を好むという噂が流れたためである。1946年に発見されて以来、探検家たちはこぞって巨体のオスゴリラを仕留め、生きたゴリラを欧米の動物園に運んだ。マウンテンゴリラは1902年に発見されたが、当初から野生の生息地の保護が奨励された。そのため、1925年にはヴィルンガ全体がアフリカで最初の国立公園となり、現在はマウンテンゴリラの姿を動物園で見ることはできない。

日本人が野生のゴリラと対面したのも意外に古い。日本で最初にゴリラが一般に公開されたのは1957年の上野動物園だが、それより20年以上前の1931年に当時「モダン侯爵」と呼ばれた蜂須賀正氏がベルギーの探検隊に参加し、東京日日新聞記者の三好武二とともにヴィルンガを訪れている。蜂須賀は多くの野生動物を撃ち、ゴリラの群れに遭遇し、大英博物館から依頼されたゴリラの巣を収集した。ゴリラとの出会いは一瞬で、流布していた噂のためか「醜怪な」という印象を残している。しかし、1950年代にドイツ人のワルター・バウムガルテルがムハブラ山のふもとにトラベラーズ・レストを建て、ゴリラツアーを始めると、ゴリラの印象は徐々に変わっていく。彼は当時日本で成功したニホンザルの観光事業を知って、ゴリラを餌付けしようと考えた。50年代後半には今西錦司たち日本の霊長類学者がムハブラ山を訪れ、ゴリラの餌付けと調査を試みる。しかし、ゴリラは人間の餌に手を伸ばすことはなく、ミケノ山で餌を用いずに調査していたアメリカ人のジョージ・シャラーがゴリラの観察に成功する。そして、コンゴ動乱の後その調査を引き継いだダイアン・フォッシーによって、ゴリラを間近で観察することができるようになったのである。

私は1980年にフォッシーのもとでゴリラの調査を始めたが、このときヴィルンガ全体でゴリラは240頭前後しかいなかった。保護区内でも山のふもとには多くの罠が仕掛けられ、ゴリラは山の上のほうに追い詰められていた。ゴリラが密猟された現場に出くわしたこともある。それが最近では480頭に増えた。地元の政府が自然保護政策を強化し、人々にもゴリラの観光資源としての価値が認められるようになったおかげである。観察できるゴリラの群れは次第に増え、私たちはゴリラの生態を次々に明らかにしていった。ゴリラが平和を好み、子煩悩で、なわばりを持たず、人間の家族に似た群れをつくっていることがわかってきた。ゴリラはキングコングではなく、人間の進化の隣人と見なされるようになった。

蜂須賀、今西、そして私が訪れた時代は、それぞれ違うウガンダの顔を映し出している。植民地時代に白人ハンターがビッグゲームを楽しんだ時代、独立前夜でウガンダ人が自らの土地と資源に目を向けはじめた時代、そして独裁政権による大破壊から立ち直ろうとしていた時代である。1960年にブウィンディの森を歩いた伊谷純一郎は、その「入らずの森」がいかに豊富な動植物に満ちており、狩猟採集民のトゥワ人がそれを昔ながらの方法で利用して暮らしているさまを生き生きと描いている。現在トゥワ人たちは昔の森の暮らしを再現してカルチャーツーリズムに一役買っている。

21世紀を迎えて、ウガンダの自然保護政策は功を奏し、危機に瀕した野生動物たちは次々に復活の兆しを見せはじめた。ウガンダにある10の国立公園で確認されている鳥の種類は少なくとも５４７種、世界でも最大級の種数を誇っている。哺乳類はかつて見られた３４１種のうち２３４種が確認されている。未確認種の多くはげっ歯類とコウモリ類で、人目につかないところで小型の哺乳類が絶滅していることがわかる。希少種のシロサイやクロサイが絶滅してしまったのは残念だが、ゾウは10中９の国立公園に生息しており、カバやバッファローは着実に数を増やしている。霊長類は16種で、すべての国立公園に生息する。ケニア、タンザニアに続いてウガンダは観光立国となり、特にゴリラやチンパンジーをはじめとする霊長類が観光の目玉である。ゴリラはンガヒンガとブウィンディ、チンパンジーはブドンゴ、キバレ、カリンズといった保護区や国立公園で見ることができる（第59章参照）。ウガンダは度重なる戦火の被害を受けつつも、野生動物たちが見事に復活したまれな国である。しかし、１９６０年代に７００万人だった人口も７倍近い４７２５万人に増えた。これからどうやって野生動物と共存していくかが、この国の大きな課題だと思う。

（山極寿一）

復活したクイーンエリザベス国立公園のカバ

コラム1

ウガンダ博物館

國松　豊

　ウガンダ博物館は100年以上前（1908年）に設立された由緒ある博物館で、シェラトンホテルやスピークホテルのある首都カンパラの中心部から北へ2キロメートルほど離れたキラロード沿いにある。

　博物館が取り扱う内容は民俗学から自然史まで幅広い範囲に及ぶ。展示自体は、お金をかけて製作された先進国の博物館の展示に比べれば、あまり見栄えがしないかもしれない。しかし、この博物館、実は人類学の方面では大変貴重な標本を所蔵している。それは中新世の類人猿の化石である。

　アフリカからは人類誕生以前の初期の類人猿の化石が見つかっているが、その産出状況には大きな偏りがあって、アフリカのなかでもごく一部の地域でしか出土していない。ウガンダはアフリカのなかで類人猿化石を産出する数少ない国の一つなのだ。化石の総数でこそ隣国ケニアに及ばないが、ウガンダ博物館も類人猿の進化を研究するうえで重要な標本を所蔵している点では負けていない。

　植民地時代にはウガンダ博物館を拠点にして、イギリス系の研究者がこういった化石を発掘していたのだが、独立後の政治と経済の混乱は博物館にとっても不幸なことだった。同じくイギリスの植民地であったケニアでは独立後も社会が比較的安定していたために、途切れることなく現在まで古生物学的な調査が進められてきた。上記のようにウガンダが化石標本の数において大きく水をあけられたのには、独立後の混乱も大きな要因の一つであることは否めない。混乱の時期には標本の管理もままならなかったようで、1990年代に私がウガンダ博物館をはじめて訪問したときには、非常に重要な標本なの

ウガンダ博物館［吉田栄一撮影］

に行方がわからなくなっていたものもあった（幸いなことに、これは後にウガンダ博物館の学芸員の努力により、欧米に流出していたことが判明し、ウガンダ博物館に返還された）。

国に安定が戻ってきた１９８０年代以降は、ウガンダ博物館とフランスの調査隊などが協力して古生物学的調査を進めてきた。フランス隊は当初、ウガンダの西部国境地帯の西部大地溝帯沿いで野外調査の発掘をしていたが、残念ながら１９９０年代には西部大地溝帯の周辺でルワンダやザイール（現コンゴ民主共和国）の動乱が起き、ウガンダ西部で調査が困難になってしまった。

ウガンダではなかったが、筆者が大学院生のころ、はじめてアフリカで野外調査を経験したのも西部大地溝帯だった。地溝帯をはさんでその対岸のザイール側で化石を探す日本隊の調査に参加したのである。だが、西部大地溝帯周辺で起きた動乱のため、日本隊のザイール調査も私が参加した回を最後に中断してしまった。ウガンダ西部からザイール東部は、現在、ゴリラやチンパンジーの分布の東限にあたり、現生アフリカ大型類人猿や人類の進化を研究するうえで、古生物学的な調査をするとてもおもしろそうな場所なので、この地域が混乱したのは残念なことだった。

ウガンダに話を戻すと、幸いなことに、ウガンダ博物館と外国の調査隊が協力して行う古生物学的野外調査は、調査地域をウガンダ東部に移して、その後も続けられた。ウガンダ東部ではモロトやナパクなどの中新世前期の化石産地が独立以前から知られている。これらの産地で精力的に古生物学的な野外調査が実施されて、大型類人猿をはじめとして、霊長類やその他の脊椎動物の新しい化石標本が採集されている。

こういった野外調査で採集された化石は、研究のために一時的に国外の研究機関に貸し出されることもあるが、最終的にはすべてウガンダ博物館に収蔵される。博物館は、これら貴重な化石を整理し、保管し、そしてウガンダ国民だけでなく人類全体の遺産として後世に伝えていく役割を担っているのである。

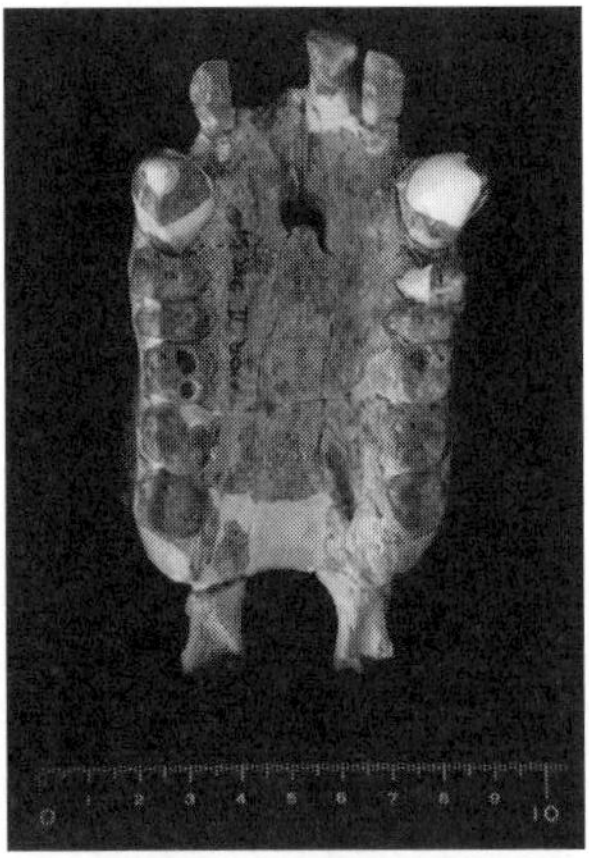

中新世前期の化石類人猿モロトピテクスの上顎標本［ウガンダ博物館蔵］

4

農　業

★種子作物・イモ類・バナナの共存★

日本の本州ほどの面積を持つウガンダには、標高600〜5000メートルの間に山岳地や丘陵地、平地など多彩な地形が広がっている。気候は大部分が熱帯サバンナ性であるが、年間での雨季の回数（赤道付近は2回、北部は1回）と期間、降水量（500〜2000ミリ）が緯度や標高等によって異なる。このような自然条件のもと、営まれる農業もまた多様である。それらを大きくとらえるための一つの指標として、この章では各地で見られる作物の種類に注目していく。

ウガンダでは、さまざまな種類の主食作物が栽培されている。国連の統計によると、2021年における生産量の多い順に料理用バナナ（1118万トン）、トウモロコシ（616万トン）、キャッサバ（226万トン）、サツマイモ（127万トン）、コメ（73万トン）、モロコシ（英語でソルガム、33万トン）、ジャガイモ（24万トン）、「ミレット」（主にシコクビエ、9万トン）となっている。現代の日本人にとってはおかずとして認識されているものの、なじみの薄いものも、ここでは主食に含まれている。

これらの作物はそれぞれ異なる歴史的背景を持ち、今日のように栽培されるにいたっている。まず、ウガンダで最も古い作物の一つがシコクビエ（*Eleusine coracana*）である。英語でフィンガーミレットという。この穀物の栽培起源地、つまり野生種から栽培種が生まれた「ふるさと」は、アフリカ東部のウガンダ、南スーダン、エチオピアにかけての一帯と推定されている。長い年月にわたる栽培を通して品種分化を繰り返した結果、遺伝的な多様性が高い。ウガンダでは主に東部、北部、西部で栽培されており、首都カンパラでは「カロー」という粘り気のある茶色い固粥の材料として親しまれている（コラム6参照）。実は、日本でもかつて山あいの農村でシコクビエがよく栽培され、粥や団子、そばがきにして食べられていた。日本とウガンダ、およびアフリカの意外な共通点といえる。なお、生産量がトウモロコシ、コメに次いで3番目に多い穀物であるモロコシ（*Sorghum bicolor*）の栽培起源地もアフリカにある。ウガンダではバナナの醸造酒づくりの過程で、炒ってすりつぶしたモロコシが加えられる。日本では、タカキビなどとも呼ばれる。

バナナ（*Musa spp.*）は東南アジアを栽培起源とし、アフリカ大陸には紀元前に持ち込まれてその後土着化した。赤道付近の乾季の短い環境に適応し、人々の嗜好に適うこともあって、大航海時代の以前から湿潤な地域で広く栽培されていた。そのなかで、ウガンダ、コンゴ民主共和国、ルワンダ、ブルンジ、タンザニア、ケニアの標高1000～2000メートルの地域では、住居の周りをバナナ畑が取り囲む「ホームガーデン（屋敷畑もしくは庭畑）システム」（コラム3参照）という独特の農業形態が発達していった。現在、この一帯は人口密度がアフリカ大陸のなかでも突出して高いが、その食料の多くをこのホームガーデンシステムが支えている。ウガンダでは中部のビクトリア湖周辺が従来からの産地であるが、首都カンパラへの供給を目的とした西部と東部での生産が、この30年ほどで活発化している。なお、バナナと同じ東南アジア起源であるヤムイモの一種（*Dioscorea alata*）も、バナナと同様に古くからウガンダで栽培されていたと考えられている。

中南米を栽培起源とするトウモロコシ（*Zea mays*）、キャッサバ（*Manihot esculenta*）、ジャガイモ（*Solanum tuberosum*）、サツマイモ（*Ipomoea batatas*）は後からこの地域にやってきた作物である。大航海時代以降にアフリカに伝わったが、19世紀後半まではウガンダに伝わることがなかったか、あるいは普及することなくごくまれに育てられる作物として扱われていた。たとえばキャッサバは、アラブ商人によってタンザニアより1862年から1875年の間にはじめて持ち込まれた。そして、20世紀前半に植民地政策によってまずウガンダ中部へ、そして西部と北部へと広まっていったと考えられている。トウモロコシは、1900年の時点ではまだ珍しい作物であった。その後、西欧・アラブとの接触を一つの契機としてウガンダ各地に普及していった。この50年間では、トウモロコシとキャッサバ、サツマイモの生産量が4～5倍と著しく伸びており、これらが自然環境や人々の生活によく適合したことがわかる。

料理用バナナ「マトケ」。果実は緑色の未熟な状態のうちに収穫される。

このように、ウガンダは各時代において新たな作物を受け入れてきた。そして、伝来した作物が在来作物を駆逐しきることなく各地の作付体系のなかに組み込まれていき、現在のような種子作物、イモ類、バナナといった作物の共存が見られるようになったのである。

より具体的に各地の自然条件と農法を調べた農業省の研究によると、ウガンダの農業は主に六つに地域区分されている。それぞれ主要な作物と特徴は以下の通りである。

①北部・西ナイルシステム（北部）：シコクビエ、トウモロコシ、キャッサバ、モロコシ、ワタ。年1回の雨季での豊富な雨量が期待できる。1年目ゴマ→2年目シコクビエ→3年目ワタ→4年目以降キャッサバといった輪作が行われる。土地の共同利用が広く見られる。

②牧畜システム（北東部）：モロコシ、シコクビエ、トウモロコシ。ヤギやウシの放牧と年1回の短い雨季を利用した粗放的な作物栽培が行われる。

③テソシステム（北東部ソロティ周辺）：トウモロコシ、シコクビエ、モロコシ、キャッサバ、サツマイモ、ワタ。雨季が年1回と年2回の遷移帯にある。標高の低い平地で栽培がなされる。1年目ワタ→2年目シコクビエといった輪作が見られる。牛耕が行われる。

④バナナ・シコクビエ・ワタシステム（中部と北部の中間地帯）：シコクビエ、キャッサバ、サツマイモ、トウモロコシ、料理用バナナ、ワタ。雨季が年1回と年2回の遷移帯にある。料理用バナナの栽培を志向するが、年ごとの降雨の不安定性に対応するためにシコクビエとキャッサバ、サツマイモの栽培を基本としている。

⑤バナナ・コーヒーシステム（中部、西部）：料理用バナナ、トウモロコシ、キャッサバ、サツマイモ、コーヒー（ロブスタ種）。1年間のなかに大雨季と小雨季が訪れ、乾季が短い。肥沃な丘陵地において小規模な常畑栽培が営まれる。人口密度が非常に高い。一部でサトウキビ、茶の大規模

農業も行われている。

⑥高地システム（南西部、東部高地）：東部ではトウモロコシ、コムギ、料理用バナナ、コーヒー（アラビカ種）。南西部ではモロコシ、ジャガイモ、シコクビエ。標高1500メートル以上で急勾配な土地が多く、段々畑でのテラス栽培がよく見られる。東部では換金作物としてのバナナとコーヒーの栽培が拡大している。ウシ、ヤギの飼養も広く見られる。

ところで、2000年代に導入された作物に、アジアイネ（*Oryza sativa*）とアフリカイネ（*Oryza glaberrima*）をかけ合わせる過程を経てつくられた「ネリカ」（NERICA：New Rice for Africa）がある。日本の援助でこの作物の普及を中心とした農業開発が強力に進められ、陸稲ネリカだけでなく水稲ネリカの生産も始められた。天水（＝雨水に依存した）畑地、天水低地での栽培に加えて灌漑による栽培も行われており、2000年代初頭から20年間でコメの生産量は約6倍に増加している。コメはウガンダ人消費者からの人気が高いだけに、その生産と消費がさらに拡大し、従来の農業が変容していく過程が注目される。

（佐藤靖明）

バナナとコーヒーの木に囲まれた農家。前にコーヒーの実の乾燥用の棚がある［吉田昌夫撮影］

5

多民族国家の民族分布

★民族集団と政治経済★

サハラ以南アフリカは、どの国も言語や文化の異なるさまざまな民族を抱えている。第6章では、ウガンダの主要な民族系統の歴史的由来の概略が述べられている。この章では、多民族的な状況の現在を把握するための基礎情報を記しておきたい。

ウガンダ人口センサス（2002年）は、民族集団別の人口分布を記している。人口100万人以上の大きな民族集団が、全体の7割を占める。この7割のなかでも、人口が突出して大きいのは中部に分布するガンダ人であり、総人口の17％を占める。ウガンダの国名は、この民族集団名「ガンダ」に抽象名詞を表す接頭辞「u－」をつけて成り立っている。人口が100万人を超える民族集団はこのガンダ人のほかアンコレ人、アチョリ人、テソ人などである。この人口センサスに登場する民族集団名は、1995年憲法の別表にリストアップされた「在来のコミュニティ」と一致する全56集団となっている。

こうした民族集団は、言語、文化、歴史、社会などの背景事象によって、ある程度恣意的に分けられているものだ。その分け方の指標のなかでも有力なのは、言語だろう。よく、ウガンダでは何語が使われているのですか、という質問を受ける。さすがにアフリカ人は「アフリカ語」をしゃべると考える人は今ではあまりいないが、ウガンダは「ウガンダ語」だと思っている人はまだ多いようだ。言語系統で大きく分けるとバンツー系諸語の話者（ガンダ人、アンコレ人、トーロ人、ニョロ人、ソガ人をはじめ、主に中部湖岸地域と西部に分布）、ナイル系諸語の話者（テソ人、ランゴ人、アチョリ人をはじめ主に中央部から北部に分布）、中央スーダン系諸語の話者（ルグバラ人、マディ人など北西部に分布）、およびクリアク系諸語の話者（イク人など北東部に分布）という四つの系統に分かれ、さらに細かく分けていけば、先の民族集団と同じか、あるいはそれ以上の数の言語を話す人々がこの国に暮らしていることになる。家庭で話されるこれらの言語（母語と呼ばれることもある）とともに、公用語として学校で小学生のときから習う英語が、最重要の共通語である。近隣のケニアやタンザニアで公用語となっているスワヒリ語は、１９７０年代にアミン大統領が公用語の一つと指定したが、軍隊・警察で使われるにとどまったという。２００５年には憲法で（英語に次ぐ）第二の公用語に指定されたが、特にカンパラ周辺と中部では依然としてガンダ語が優勢で、今日にいたるまでスワヒリ語が広く使われているとはいえない。

また、独立後しばらくの間、行政領域である県（district）の区分は、ブガンダ王国の内部にあった数県のほかは、おおむね主要民族集団の居住領域に、その民族名を冠した一つの県が割り当てられるという形の全国18県で成り立っていた（１９６９年時点）。ある民族集団に地方行政領域が割り振られるということは、そこから国会議員が選出され、地方行政制度が整備されるということであり、そうすると、議員は誰しも自らの選挙民の暮らす県に予算配分を獲得するというパフォーマンスに腐心するようになる。こうした側面から、民族集団をある種の利益集団として分析する研究者もいる。

アフリカ人は自分の民族というものに強くアイデンティティを感じているのだろう、という質問もよく受ける。これに対して簡単に答えるのは難しい。確かに、民族集団は言語、文化、歴史、社会などの背景を共有し、言葉や食べ物、生業や装いの違いなど、国民各自が自らお互いを同一化したり差異化したりする指標を含んだ単位となりやすく、人々のアイデンティティのよりどころになっていることは事実だ。だがこうした利益集団としての側面を抜きにして、民族間の紛争を、何か先験的で神秘的な民族アイデンティティがそうさせるのだ、と理解することは単純であり、誤りだといえる。

国政のトップに立つ大統領が、どの民族集団の出身かということも、国民にとっては重要な関心事だ。1986年以来現在（2024年）にいたる38年間の長期政権を保持しているアンコレ出身の大統領ムセベニは、賢明にも閣僚など政府要職の多くに自民族集団を配置するような政治を回避した、バランス感覚のある政治家だという印象を持たれていた。しかしまた、当初からオボテやアミンなどの歴代大統領を輩出した北部の出身者を冷遇しているともいわれる。またこれと並んでムセベニ政権の抱える難題として、ブガンダとの緊張関係がある。ブガンダ王国の領域であったウガンダ中部では、この国の文化的中核を担うと自負するガンダ人が他を圧倒する勢いを持っている。

このほか、ウガンダにおける民族集団と政治経済という主題を考える際に無視できないのが、統計上は「非アフリカ人」や「アジア系」のカテゴリーに入れられるインド・パキスタン系住民だ。インド・パキスタン系移民は、保護領期初期より小商人として輸入商品を売る店舗を構え、ウガンダ小農からの買い付け・仲買人として国内農産物流通の担い手となったが、そのうち繰綿工場や砂糖の生産などで成功し、財閥を形成してヨーロッパ系企業に対抗するにいたる者も出てきた。アミン大統領が

1972年に経済的搾取などを理由にインド・パキスタン系アジア人住民の追放を宣言し、独立時に7万2000人ほどいたといわれる彼らのほとんどが国外退去を余儀なくされたことはよく知られている。1990年代以降は、これらのアジア人の遺産を引き継いだ者たちが再び渡来しはじめ、ウガンダの産業と商業の発展に大きく貢献しているものの、怨嗟の的にもなりやすい。たとえば近年カンパラに次々と店開きしているショッピングモールのオーナーは、実際には南アフリカ人やケニア人も多くいるのだが、「ほとんどがインド人だ」という噂が首都周辺の人々からしばしば聞かれる。

このように、民族集団と政治経済とは複雑に絡まり合っている。ミクロに見ていけば、異なる民族集団間での通婚はもともとあるし、近代化にともなう人口移動ともあいまって、民族集団の境界も、ある人がどの民族（何人〔なにじん〕）なのかも、そもそも曖昧なものだと考えるほうが自然だ。それでもなお人々は民族集団を意識するというところにこそ、この主題の奥深さがあるのだ。

なお、ウガンダの民族名、民族語、「～人」などの呼び方については混乱がよくみられるので、（特にバンツー系の民族に関して）次のような原則を知っていると便利である。まずこれらを指す語には、語幹と接頭辞とがあり、何を指すかに応じて接頭辞が変化する。ガンダの場合を例にとると、単数のガンダ人はムガンダ（mu-ganda）、複数のガンダ人はバガンダ（ba-ganda）と呼ばれる。またガンダ人の住む領域はブガンダ（Bu-ganda）と呼ばれ、言語はルガンダ（lu-ganda）と呼ばれる。この呼称の方式は領域によって多少の変化があり、たとえばアンコレの場合はニャという音が入り、人についてはムニャンコレ（単数）・バニャンコレ（複数）、領域についてはアンコレ、言語についてはルニャンコレとなる。だからたとえば、「バガンダ語」「ブガンダ人」などの表記は接頭辞の意味を考慮していないし、「バガンダ人」「ルガンダ語」「ブガンダ地域」などの表記は同義反復で、やはり正確ではない。本書では、人と言語については語幹のみを使い、それに「〜人」「〜語」などの日本語をつけ、領域については慣例に従ってブガンダ王国などとする呼び方を採用した。バンツー系でない民族に関しては、基本的に語幹のみを使い、それに「〜人」「〜語」「〜地域」などの語を付ける呼び方を採用している。

（白石壮一郎）

II

激動をくぐり抜けた歴史

6

大湖地方の王国の盛衰、牧畜民の移動

★保護領化以前★

ウガンダの民族のうち多数を占めているのは、バンツー系の言語を話す民族と、西ナイル系そして東ナイル系の言語を話す民族である。イギリスの保護領になる前には、バンツー系民族の多くは中央集権的な社会を持ち、中部から西部にブガンダ王国、ブニョロ王国、トーロ王国、アンコレ王国などの王国を形成していた。その四つの王国の母体と考えられているのがキタラ王国である。一方、北部から東部にかけて帯状に分布するアチョリ、アルル、ランギ、アドラなど西ナイル系民族と北東部からケニア国境付近に分布するイテソ（テソ）、カリモジョンなど東ナイル系の民族は牧畜生活を基本としており、中央集権的な国家は持たず、クラン（氏族）の首長や軍事的リーダーのもとで緩やかに統率されていた。

口頭伝承によれば、7世紀から12世紀の間に、大湖地方に中央集権的政治システムを持つキタラ王国が存在した。現在のウガンダ南部、ケニアの西部、コンゴ東部、ルワンダ、ブルンジ、タンザニアなど近隣国も含む領地を有していたという。王国には非バンツー系の支配者によるテンブジ、チュウェジ、ビトの王朝が盛衰した。創造主ルヒンダによってテンブジ王朝が創設され、7世代経たカルブンビがチュウェジ王ンダフラだといわれる。

チュウェジは、コーカソイド系の人々だったとか、エチオピア由来のクシュ系民族の末裔だとかいわれる。長角牛の大群を連れ、超自然的な力を持っていたという。王都と各州に中央集権的な官僚機構が整えられ、すべての役職の任命権は王（ムカマ）に集約された。王権のレガリア、つまり王冠、太鼓、槍、矢、床几（しょうぎ）が王の象徴とされ、樹皮布加工、鉄器製造、コーヒー栽培などの新技術を導入した。ンダフラ王を継いだワマラ王の死後、天然痘や牛疫の蔓延、バンツー系農耕民の抵抗運動などにより弱体化していたところに北から西ナイル系ルオの侵攻を受け、王国は崩壊した。アチョリ人の占い師に支配の終焉を宣告されて、チュウェジは自ら王国を明け渡し、南へと去ったという。西ナイル系は言語の分類でルオとは伝承上の王国とのつながりに言及される際に用いられる用語である。

14世紀に誕生したブニョロ王国（ビト王朝）は、サザと呼ばれる地域が結合した連邦で、サザはムカマに任命された首長によって統治された。首長は王族から選ばれた。初代王ルキディは、前王朝とテンブジの神々との連続性を強調して正統性を打ち出し、チュウェジにならって儀礼を整え、王宮を建造し、新たに玉座、太鼓、槍、盾、角、サンダル、聖火などをつくった。版図が拡大すると、周辺地域は半ば独立状態となり、王位の後継者争いが頻発した。ニャムトクラ3世の4人の王子は父王に反逆し、カボヨ王子はルウェンゾリ周辺の住民の協力を得てトーロ王国を創設した。農業を担う人々（イル）の待遇に配慮を怠ったこともあって、ブガンダ王国の勢力拡大にともなって王国は衰えた。

カボヨ王が1850年代に死ぬと、トーロ王国には内紛が続いた。兄弟間の血で血を洗う闘いのすえ勝利を収めたのはニャイカ1世である。1876年、ブニョロ王カバレガに侵攻され、王国は存亡

図6－1　デンブジ王朝からビト王朝までの関連図

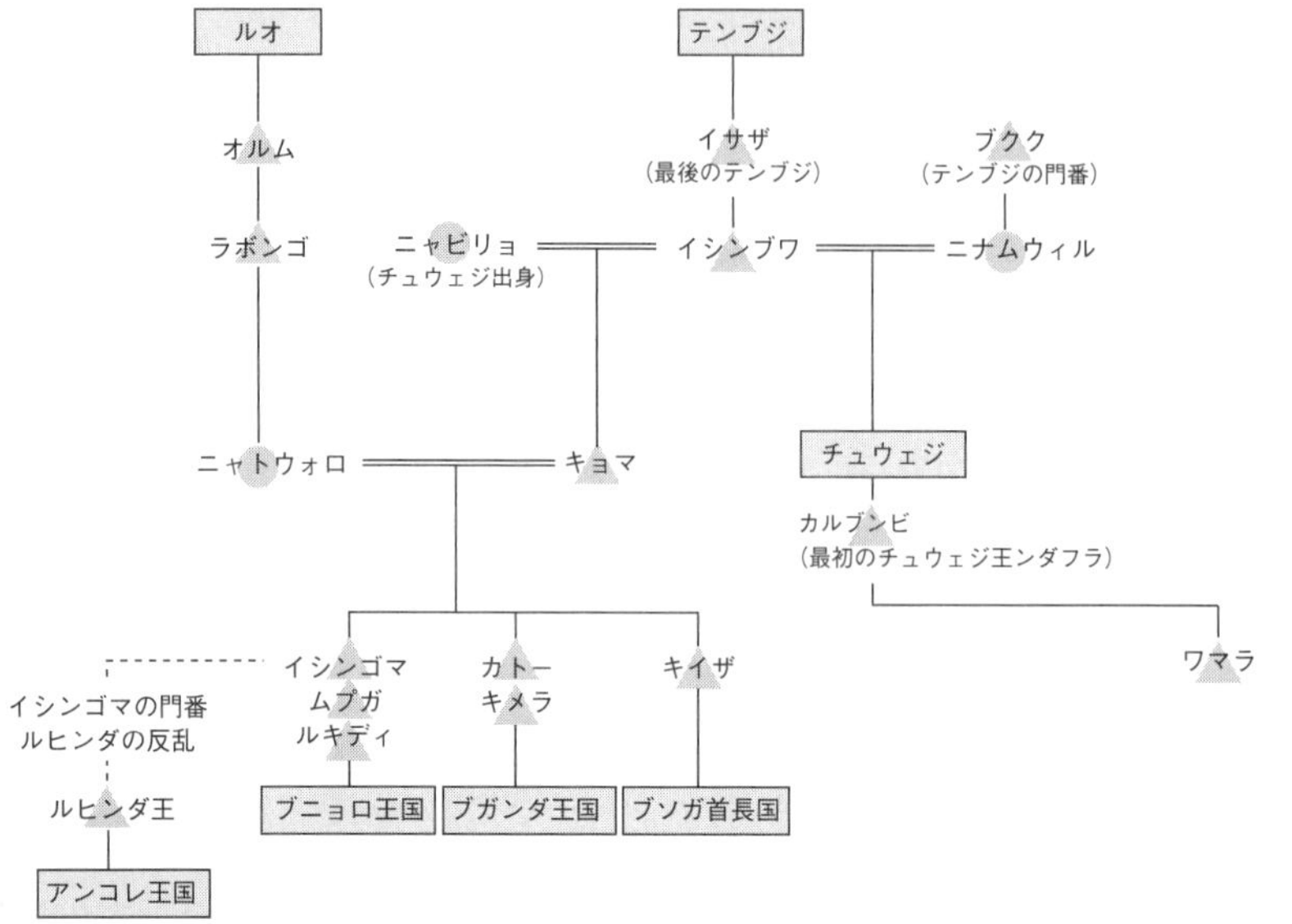

▲は男、●は女、＝は結婚を表す。
出所：アティエノ・オディアンボ他『東アフリカの歴史』1977年、28ページをもとに筆者作成。

の危機に直面した。ニャイカ1世は心臓発作で死んだが、カバレガの呪詛と信じる者も多かった。イギリス軍の助力でカバレガ軍は撤退を余儀なくされ、トーロ王国が独立した。

ブガンダ王国は、エルゴン山の方角から来たキントゥあるいはチュウェジの末裔キメラが始祖といわれる（ブソガ首長国の始祖キイザはキメラの兄弟だという伝承もある）。14～15世紀にはガンダ王（カバカ）の権威は限られており、17世紀半ばまでは地方の諸侯は自律性を保っていたが、ブニョロ王国の外圧に抗して団結するうちに王の中央集権体制が整った。18世紀から19世紀初頭には、チュウェジの旧王都ブウェラなどの要地をブニョロ王国から奪った。アラブや西洋人からの文物を取り入れ、勢力は拡大した。儀礼を執り行う王の権威は神聖視され、諮問機関であるルキコ（議会）、カティキロ（大臣）、ムラムジ（裁判官）などが定められた。地方の諸侯の娘を妻とし、子弟を教育し王宮の仕事に就けて諸侯を中央システムに取り込んだ。19世紀にはカバカの権力は絶対的なものとなった。

図6－2　ウガンダと近隣の王国

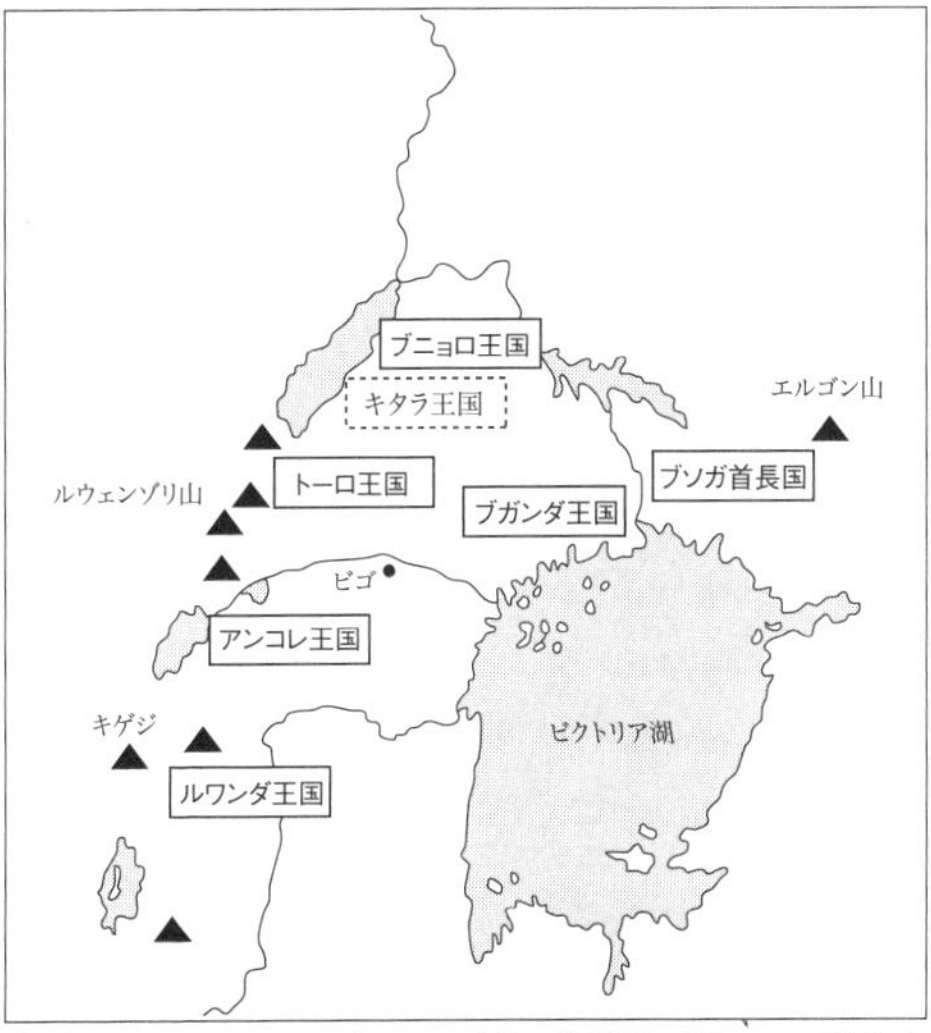

出所：アティエノ・オディアンボ他、前掲書、59ページをもとに筆者作成。

１３５０年ごろ創建されたアンコレ王国はチュウェジ王朝が消滅したあとに現在のルワンダ方面から来たルヒンダらが、神であるチュウェジの流れをくむ者だと称して創建した。実際にはイシンゴマの門番だったルヒンダが反乱を起こして建国したともいわれている。王はムガベと呼ばれ、王権を体現するのはワマラ王から継承されているという太鼓である。支配者層ヒマは牧畜民で、被支配者層イルは農耕民だった。長角牛は、ヒマの象徴であり富の象徴でもあった。１８７５年ごろまで勢力を拡大したが、牛疫、天然痘などの流行や干ばつに苦しんでいるところをルワンダ王（ムワミ）に攻め込まれた。イギリスの介入（１８９０年代）により崩壊を免れた。

図6－3　ナイル系民族の移動経路

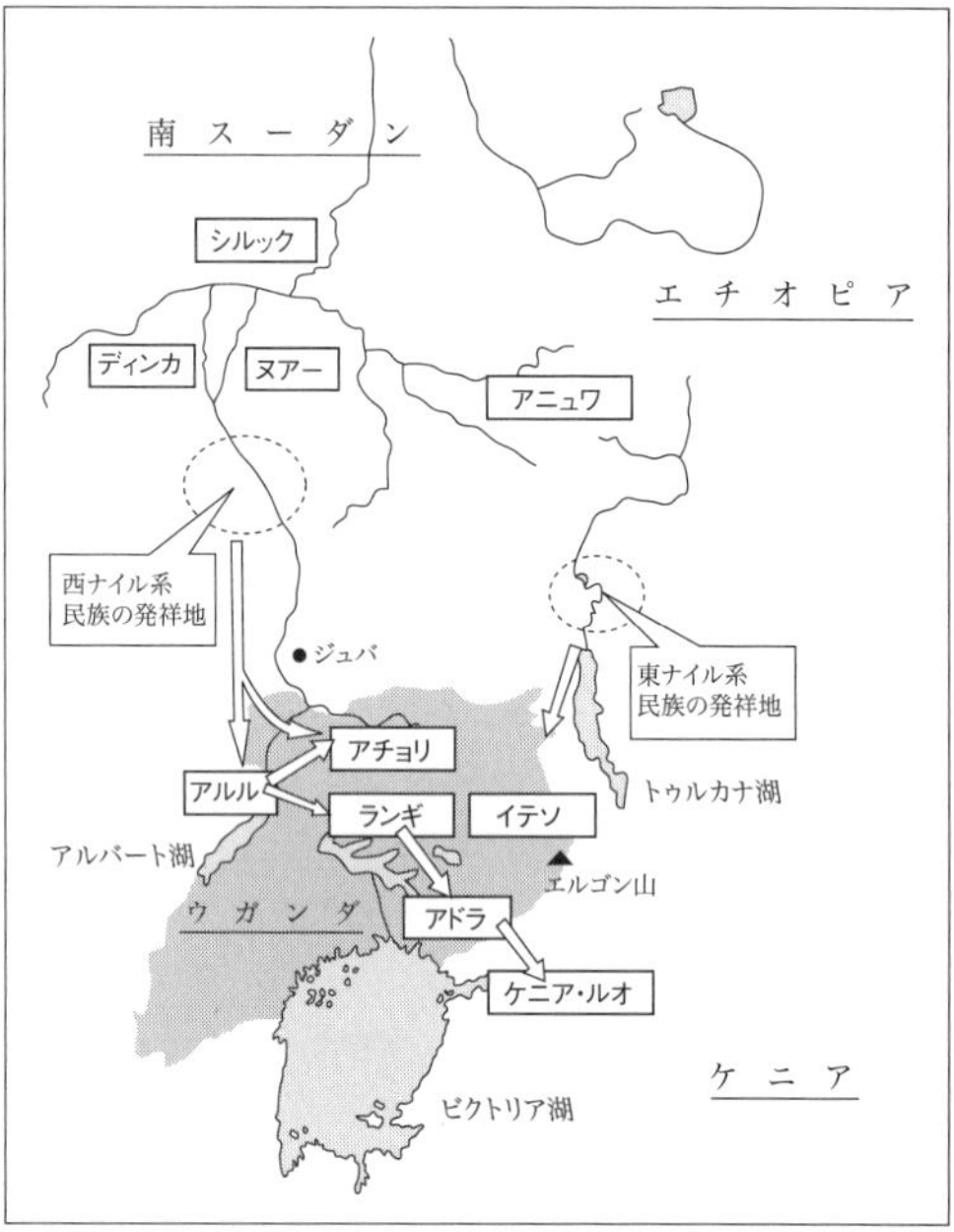

出所：アティエノ・オディアンボ他、前掲書、32ページをもとに筆者作成。

各王国との関連でもわかるように、西ナイル系ルオは現在の南スーダンを発祥地とし、15世紀末ごろから19世紀までの間に、行く先々でバンツー系の人々と接触、衝突あるいは融和を繰り返してきた。小グループに分かれ、長い時間をかけた移動だったが、以下の四つのグループに分けられる。①アルバート湖北湖畔からナイル川を渡って西へ向かい、レンドゥやマディなどを支配して小国をつくりアルルの祖先となったグループ、②伝説の始祖ラボンゴ（〈図6－1〉参照）に率いられて南下し、キタラ王国に侵攻してビト王朝の始祖となったグループ（一部は後に北に引き返してアチョリに入り、アルル、ランゴ、ブソガ、アドラなどに合流した）、③アルバート湖北湖畔に長らく駐留したが、次第にアチョリ、アルルなどに移住をしていったグループ、④アニュワと分かれてラフォン丘の方面からアチョリに入り、他のグループと同じく南下していったグループである。彼らはともに牛に高い社会的価値を付与し、その血を採取し、搾乳した。年齢組組織を持ち、ルウォトと呼ばれる首長のもとに統合されていた。

　他方イテソ、カリモジョンら東ナイル系民族の母集団はトゥルカナ湖近辺から西方へ移動してきた。カリモジョンは北部カラモジャ平原にとどまり定住せずに現在も遊牧生活を続けている。イテソにはエルゴン山麓のソロティを中心に定着して有畜農耕民化したグループと、さらに南下してケニアとの国境付近のブシアを中心に定着したグループがいる。軍事的リーダーとエムルオンという予言者はいるが、ともに首長制は持っていない〈図６－３〉。

　長い歴史のなかでバンツー系、西ナイル系、東ナイル系諸民族は、互いに接触、衝突、そして融和を繰り返してきた。特に西ナイル系民族はかなり活発に複雑な経路を経て移動を繰り返してきたことが、口頭伝承による歴史分析からわかっている。また、バンツー系の諸王国も、西ナイル系の移動や侵攻の影響を受けつつ、ダイナミックに盛衰してきたこともうかがうことができる。


（梅屋　潔）

7

イギリスによるウガンダ統治の始まり

★帝国イギリス東アフリカ会社の進出★

19世紀半ばになって、イギリス王立地理学協会は古来の謎であったナイル川の源流を探るため、遠征隊を送ることを決めた。まずバートンとスピークの2人を派遣し、インド洋岸から旅を始めた彼らは1858年に現在のタンガニーカ湖にいたった。バートンはこれこそナイル川の源であると考えたが、スピークはそこから1人で北に向かい、別の大きな湖をはじめて見て、こちらがナイル川の源だと考えた。これを確かめるためにスピークはグラントと組んで再度探検に赴き、前に見た大きい湖（後にビクトリア湖と名づけられる）の西岸を通って、北岸に位置するブガンダ王国に到達した。そこから彼は1人で東方に向かい、現在のジンジャ市の地点で湖から大きな川が流れ出しているのを見て、これこそナイル川の源であるとの確信を得た（1862年7月28日）。スピークのこの発見は、その後アメリカの新聞記者スタンリーがビクトリア湖を船で一周して、この地点が唯一の川の流出口であることを確かめ、その正しさが証明された。ただし現在は、ビクトリア湖に注ぐ最大の川のカゲラ川の源流がブルンジ共和国にあり、これを真のナイル源流であるとする意見が強い。

第７章
イギリスによるウガンダ統治の始まり

スピークが見たビクトリア湖からのナイル川の流れ口。当時のリポン滝は下流にダムができたため水位が上がり、現在は消滅し、このような急流があるのみである

このようなナイル川水源の発見物語も、もともとその地に住んでいた人々にとっては、本来あまり意味のないことであった。しかしこれら探検家たちの活動によってヨーロッパ人の関心がアフリカに集中し、種々の介入を始めるようになり、住民に大きな影響を与えることになるのである。この介入の端緒となったのが、スタンリーがブガンダ王ムテサと会見して、ムテサがキリスト教伝道に非常に興味を持っているということを新聞記事として書き送ったことであった。このスタンリーの呼びかけが西欧のキリスト教伝道団の活動への大きな誘い水となり、ムテサの思惑にかかわりなく、ブガンダ王国を目指して多くの伝道団が送られることになったのであった（キリスト教の伝道については第31章参照）。

その後１８８４～85年のベルリン会議で、ヨーロッパ列強がアフリカ全土を自分勝手に分割する方式を決議した。列強はアフリカでまだ他国の権益のない場所を併合する自由があることが決められ、このことが列強を駆り立て、現地に早く有効な権益を樹立するための競争を引き起こしたのである。これがいわゆる「アフリカの帝国主義的分割」である。

現在のウガンダに関しては、イギリスとドイツがその領有権を得ようと熾烈な競争を繰り広げた。イギリス側は商事会社の資本家マッキノンが1888年に帝国イギリス東アフリカ会社（略してIBEA会社）を設立、同年にイギリス国王の勅許状を得て、特許会社として、その後6年にわたる東アフリカの統治と通商開発に乗り出したのである。ドイツはこれより早く、1884年にカール・ペータースがドイツ植民会社を設立しており、ビクトリア湖に南から到達していたが、1890年にドイツの宰相ビスマルクが失脚すると、イギリスはドイツと協定を結び、ウガンダをイギリスの勢力範囲として認めさせる結果をもたらした。IBEA会社は、ただちにウガンダに実質的な支配を樹立するため、キャプテン・ルガードを隊長とする統治軍を派遣した。この後IBEA会社の統治は、ルガードの方針によって大きく左右される。

1890年にルガードはブガンダ王国に入り、カンパラの丘に会社旗を立てると、ブガンダ王のムワンガに条約締結を強制し、その後ただちに連れてきたスーダン人、ソマリ人、ザンジバル人の兵を率いて周辺諸王国の平定に乗り出した。まずブガンダの長年のライバルである北隣りのブニョロ王国の王カバレガの討伐に向かった。カバレガの抵抗は強く、それまで支配下に置いていたトーロ王国からは後退したが、なお戦い続け、出費増加を恐れたIBEA会社は、ルガードに1892年末までにウガンダより引き上げるよう命令を出したほどであった。同年イギリスに戻ったルガードは、イギリス政府に対し、ウガンダを保護領として、統治の責任を政府がIBEA会社から引き受けるよう説得した。またイギリスのザンジバル駐在総領事であり、ルガードの後始末にウガンダに赴いたポータルも強力に保護領化を進言した。こうしてイギリス政府は、国内の議会の反対を押し切って、1894年8月27日にブガンダ王国の保護領化を宣言した。しかしこの時点でブニョロ王国はまだゲリラ戦を続けており、イギリスがブニョロ、トーロ、アンコレ、ブソガに保護領を拡大したのは、1896年7月であった。

保護領化を達成したとき、イギリスの支配はウガンダ北部に及んでいなかった。しかしイギリスにとって都合のよかったことに、ブガンダ王国の将軍セメイ・カクングルが、自らの軍勢を率いて北部を平定してくれたのである。1893年と98年にブニョロを打ち破り、次いでキョーガ湖の北と東に進出して、テソ、ブギス、ブケディを占領した。占領地に彼はブガンダの統治制度を導入し、ガンダ人の首長を統治官として任命した。しかしカクングルの自主的な行動はイギリスにたくみに利用され、彼が本拠を置いたムバレは1903年にイギリスに押さえられ、彼が占領した1万平方マイルの地域はイギリスの支配下に入ってしまった。このような経過をたどってウガンダの東部と北部に首長制が導入され、イギリスの統治下になって初期のガンダ人の首長は徐々に現地民族出身の首長に代えられ、イギリスの目指した間接統治制度は、こうして北部にも適用されることになった。（吉田昌夫）

8

イギリスの間接統治

★独立運動が起こった素地★

ウガンダにおけるイギリスの統治の歴史を知るためには、まず1900年の「ウガンダ協定」の内容を理解することが必要である。1894年にウガンダはイギリスの保護領として、その間接統治の支配のもとに置かれることになったが、そのウガンダ独自の統治の基礎を決めたのが、この協定であった。協定の名前は「ウガンダ協定（Uganda Agreement）」であったが、その内容はむしろ「ブガンダ協定」というべきもので、協定はイギリス政府弁務官（Commissioner）のハリー・ジョンストンと、ムワンガ王の息子で幼少のブガンダ王のダウディ・チワとの間に結ばれたものである。ムワンガは当時逃亡しており、チワはブガンダの総理大臣役のアポロ・カグワをはじめとする摂政制に支えられていた。

この1900年協定によってブガンダは、「ウガンダ」という他の州をも含んだイギリス保護領の1州と定められ、カバカという称号を持つ王によって引き続き統治されることが認められたが、3人の大臣職とルキコと呼ばれる議会が設置され、実際の行政はこの3大臣により行われ、立法はルキコによって行われることになった。ルキコの89名の議員は王による任命制であったが、職権議員として地方ごとに任地を持つ首長が大きな力を持ち、またルキコはブガンダ内での最高控訴裁判所としての機能を兼ね備えるものであった。こうしてブガンダ内での王制は存続したが、その内容は以前の絶対主義的なものではなくなり、議会制というある程度の近代的制度が導入されたものとなった。ただブガンダは広範な自治を許されたといっても、その上には厳然とイギリスの統治機構が存在していた。王は保護領政府の勧告を守り、ブガンダ住民は保護領政府の法律を守ること、もしブガンダ政府が保護領政府の方針に反した場合には、この協定は破棄されること、などが協定文に書かれていた。

ブガンダ政府の財政についても、保護領政府は制度をつくり、住民は1戸あたり3ルピー（当時はインドにならって貨幣単位はルピーであった）の家屋税を課せられることになったが、官僚的な政治機構を持っていたブガンダにおいては、首長による徴税はかなりきちんと行われた。協定では保護領政府が新たな税を導入する場合は、ブガンダ政府の同意が必要であるとされた。

1900年協定で最も重要な決定は、土地制度改革に関するものであった。当時ブガンダにおいては、すべて土地は王に属するものとされ、王が臣下を首長として意のままに任命したり罷免したりしたのであるが、土地とその住民は任命された首長の職権に付随するものとされていた。そこにジョンストンは土地の私有制を導入したのである。彼はまずブガンダ全土のうち半分の人口希薄な土地をクラウン・ランド（イギリス王領地の意）として保護領政府の管轄下に置くことをブガンダに認めさせ、次いで他の半分の肥沃で人口稠密な土地に、マイロ・ランドと呼ばれる私有制を導入することをはかった。この制度は、王、王室、大臣、郡首長および他の約1000人の首長に土地を分配して、西

図８－１　植民地期末のウガンダの王国と県の位置

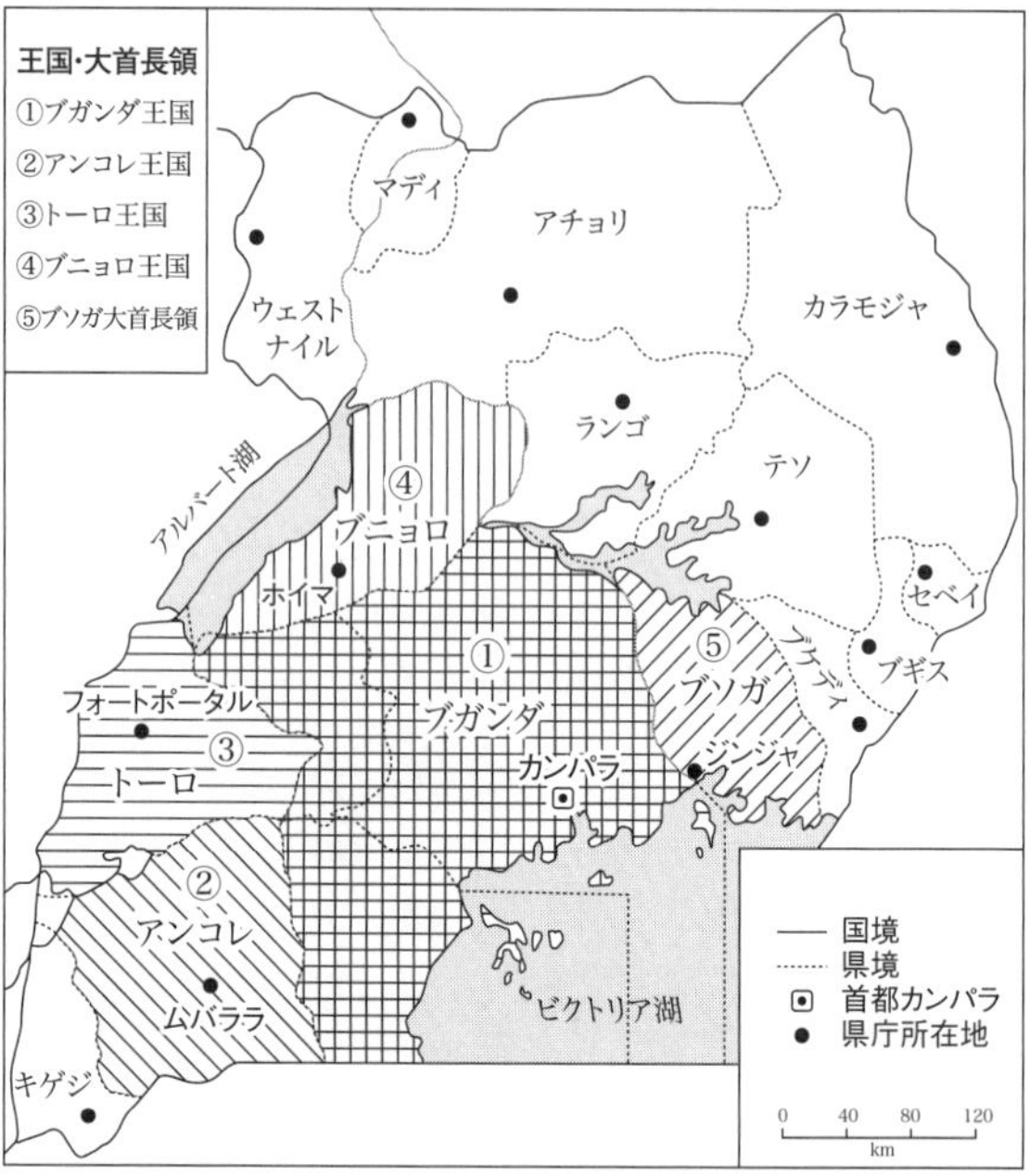

出所：Tumusiime, J. (ed.), *Uganda 30 Years 1962-1992* をもとに筆者作成。

欧的な概念による所有権を与えたものであった。この土地は1平方マイルという大きな単位で測られたので、マイルのなまったマイロ・ランドと呼ばれるようになった。この土地改革は革命的なもので、土地は所有者の意のままに売買可能な財産となり、その土地の所有権を得た上層の首長たちの力を著しく強めた。しかし土地の分配にあずからなかった下層首長たちは、ただちに不満の声をあげた。イギリス保護領政府はこれに譲歩し、マイロ・ランドを分配する首長の数を４０００に増やし、また土地の所有者となった彼らに対し、その土地内に住む住民に地代を課することを許可した。こうしてイギリスはブガンダの上層および中堅層から植民地統治への支持を取りつけたのである。

ブガンダとの協定が締結されると、ジョンストンはただちに西隣のトーロ王国とアンコレ王国を訪れ、１９００年６月にはトーロ協定を、91年８月にはアンコレ協定を結んだ。この両協定ともブガンダのものよりずっと簡単で、また王の権力を弱めるような土地の私有化は導入されず、伝統的な土地制度がほとんど手をつけられずに残された。ブニョロ王国に関しては、その王であるカバレガがイギリスの支配に対してゲリラ戦をもって抵抗し続け、１８９９年に逮捕されてインド洋のセイシェル島に流される（１９２３年まで）という歴史を経た。このためブニョロは保護領政府から占領地と見なされ、他の王国と同様の形式を持ったブニョロ協定は１９３３年まで結ばれなかった。カバレガは今では、反植民地闘争のヒーローと考えられている。王制を持たない東部および北部の地域は次第に保護領の統治に組み込まれていったが、当初はガンダ人が代理人の役を果たして統治機構をつくっていった。こうしてテソ、ランゴ、ブケディを制圧し、最後まで残ったアチョリからの鉄砲の排除に乗り出して１９１２年にはこの地も制圧し、その中心地のグルに２年後に原住民協議会が設立された。

ウガンダの経済開発を推進するために、距離が１０００キロメートルも離れたインド洋岸のモンバサから鉄道を引く計画がイギリス政府によって１８９６年から始められていたが、１９０１年にはウガンダ鉄道という名のその鉄道はビクトリア湖岸のキスム（現ケニア国内）まで到達し、キスム港からカンパラ近郊の港まで汽船連絡が行われるようになって、貿易のための基礎施設がつくられた（カンパラまで鉄道が到達したのは１９３１年）。１９０３年にはウガンダに綿栽培が導入され、その栽培はブガンダから始まって東部ウガンダに急速に広がり、住民は現金収入の道を得るようになった。外国からの輸入商品の販売と、綿花の買い付け、輸出に携わるインド人商人が移民として住むようになり、商業が活発となった（第15章参照）。隣国ケニアの場合と違って、ウガンダ保護領政府はヨーロッパ人入植には消極的で、1911〜29年まで農務長官であったシンプソンがプランテーション反対論者であったことが、ウガンダの小農経済の発展につながった。

しかし1920年代前半になって、ブガンダの土地問題が表面に出はじめた。1900年の協定によってマイロ・ランドが創設されたとき、以前から血縁関係に基づいて土地を管理し、氏族地を保有していた氏族長（バタカ）の権利はほとんど無視され、任命による首長層の都合のよいようにマイロ・ランドが分配された。不満を抱いてきた氏族の長老たちは「バタカ・アソシエーション」を組織して、ブガンダ王に直訴する手段をとった。その要求は、伝統的な氏族地で、マイロ・ランド創設のときに消滅させられたものを復活せよというものであった。同時に彼らは、マイロ・ランドの地代（ブスルおよびエンブジョと呼ばれる地主に対する貢納物）が強化され、強制的に徴収される高額な小作料となって耕作者の重圧になったことに対し、小農民層の不満を代弁する集団となっていったのである。事態は1926年にイギリス植民地相の裁定に委ねられたが、植民地相はブガンダ自身の決定には介入しないと通告し、バタカの土地復活は失敗した。しかしこの小農民の不満の表明は、保護領政府になんらかの行動を強いることとなり、小作料を比較的低額に固定した1927年の「ブスル・エンブジョ法」の成立を助けた。

その後、小農民やバタカの不満は、1939年の「キントゥの末裔」（キントゥはブガンダの神話による最初の王）の創設によって取り上げられることになる。この組織は、ブガンダの小首長の息子でイギリス留学の経験を持つイグナチウス・ムサジに率いられ、ほかにサムイリ・ムカサのようなバタカの系統の者、ジェームズ・キブのように同年に設立されたウガンダ運転手協会系の労働組合運動家、バムタのように商業に手を出して失敗した者など、多様な背景を持つ者たちが指導者となり、大衆的な組織を指向していた。その目的は農民や商人の不満を政府に向けて代弁することであり、当時のブガンダ政府を改革しようとした。このようにブガンダ王国内に限られてはいたが、戦闘的な大衆運動が第2次大戦前に育っていたのである。

第2次大戦には多くのウガンダ人も徴兵され、ビルマ戦線で日本軍と戦うなどの経験をした。しかし戦時経済体制は、農産物価格を低く固定するなど、ウガンダ内で大きなひずみを生み、住民の保護領政府への不満が高まり、保護領政府は、その統治機構である立法審議会にアフリカ人指名議員を入れることによって、問題を軽減しようとした。しかしウガンダ内でも独特の自治に近い体制をとっていたブガンダ王国内の住民は、ブガンダ内の民主化、すなわち首長やルキコ議員の民選を実現させることのほうに関心を抱いていた。1945年1月に起こったブガンダ王国政府閣僚退任を求める民衆暴動ののち、46年にはブガンダ内で初の選挙が行われて、ルキコに31名の選出議員が89名の任命首長らと席をともにすることになった。また大戦前のバタカ運動が再生し、指導者のジェームズ・ミティのもとに名前を「バタカ党」とつけて農村地域と都市を結ぶ政治活動を始めた。1947年には、ムサジを指導者としてウガンダの農民を組織した「ウガンダ・アフリカ人農民組合」(UAFU)が誕生し、綿花の農民による自由販売と、繰り綿工場設立の許可を求めて、ウガンダ政府に要求をつきつけ、1949年にはカンパラ周辺の、大衆による焼き打ち暴動に発展した。バタカ党とUAFUはこのため保護領政府により、非合法化されてしまう。

これらの動きは、それまでブガンダに限定されていた政治運動を超えた、ウガンダ全土を包摂しよ

ムサジ氏（左）と筆者。カンパラ通りシティ・バー店前で（1964年12月）

うとする民族主義運動の成長を物語るものであった。その運動の中心人物といえるのが、イグナチウス・ムサジであった。彼は1950年にUAFUの名前を少し変えて再生させ、さらに1952年3月に、当時まだマケレレ大学学生であったアブ・マヤンジャと組んで、はじめての全国政党「ウガンダ国民会議（UNC：Uganda National Congress）」を創設した。UNCはウガンダ全民族の統合とウガンダの自治達成、経済を住民本位のものとすること、義務教育制などを主張し、組織基盤は農民組合運動のものを受け継いだが、その指導層は、高等教育を受けたエリート層が占め、圧倒的にガンダ人が多かった。

（吉田昌夫）

9

独立達成までの困難

★紆余曲折の政治過程★

ウガンダ国民会議（ＵＮＣ）は、地方組織をこれまで接触のなかった地域に拡大するため、多大の努力を注いだが、それが最も成功したのは北部ウガンダであり、特にアチョリとランゴの両民族の間に大きく拡大した。ムサジはアチョリ地域をしばしば訪問し、多くの支持者を集め、アチョリはブガンダ以外で最も強いＵＮＣの支部となっていたといわれる。しかし初期のウガンダ全体の目標を追求するというＵＮＣの運動は、次第に地方の特殊な問題にとらわれ、党内部の統制がとれないようになっていった。そのことを象徴するような問題が、イギリス保護領政府によるブガンダ王の追放事件であった。

１９５２年にイギリスによりウガンダ総督として任命されたコーヘンは、その直前に植民地省のアフリカ部長の任にあり、ウガンダに民主制を導入しようとする強い意欲を持ち、ＵＮＣの立場に共感を持っていた。ところが１９５３年にイギリス植民地相が、当時成立したローデシア・ニアサランド連邦のことに触れた講演のなかで、将来ケニア、ウガンダ、タンガニーカの３植民地を統合して一つの連邦をつくる可能性は皆無ではないと口をすべらせた。連邦となればケニアのヨーロッパ人入植者に政治の権力を握られてしまうことを危惧したブガンダ王ムテサ2世とその側近は、ただちに反対声明を発表、イギリス政府がそのような計画を否定したにもかかわらず、王自身がウガンダ総督に手紙を送ってブガンダをその東アフリカの連邦に組み入れない保証をあくまでも求め、さらにはブガンダ王国の独立のタイムテーブルをつくるよう要求するところにまで事態はエスカレートした。

総督のコーヘンと王との直接会談も実を結ばず、53年11月、総督は王をロンドンに追放する実力行使に出た。この追放事件はブガンダ王国内に激動を巻き起こし、王国内の民衆の激情に火をつけ、一方UNCは、この事件をウガンダ全体の問題として取り上げることができなかった。その間にブガンダのみに基盤を置く別の政党「進歩党」が立ち上がり、ブガンダ王の帰還を唯一の目標として植民地政府との交渉にあたるなど、政治活動の一時的な結集団体となった。ブガンダ王の帰還は1955年10月に実現した。

この追放事件がUNCに与えた影響は計り知れないものであった。UNCは王の帰還に一定の役割を果たしたにもかかわらず、ブガンダ政府との関係は悪化していた。ブガンダ議会（ルキコ）の議員の直接選挙はUNCの重要な目標であり、王の帰還をもたらしたイギリスとブガンダ王国との1955年の新協定でも、それは条件にされていたが、復古派が力を得たブガンダ政府は、これをその議会の議決で一言のもとに拒否した。1958年になると、UNCから脱退した若手の一部が「統一会議党」を創設したり、反執行部の動きによりムサジがその翌年には党首の座を剥奪されたりしたのち、当時UNCがブガンダ問題に勢力を使いすぎることを批判していたウガンダ北部の若手リーダーでランゴ人のミルトン・オボテが党を割って、新たにウガンダ人民会議（UPC：Uganda Peoples

Congress）を1960年に創立した。これより先、1956年にはブガンダのローマ・カトリックの信者を中心に、民主党（DP：Democratic Party）が結成されていたが、UPCは国民政党を目指して「統一会議党」に一時は入った政治家を吸収して勢力を伸ばした。UNCは分裂がたたって力を失った。

このように、1950年代後半のウガンダの民族主義運動は混迷状態にあり、多くの政党が出現しては消え、アフリカの植民地のなかで割合に早く独立達成が可能であると見なされていたウガンダが独立に遅れをとった一因はここにあった。

民族主義政党は60年代に入って、三つの流れにまとまってきた。一つはUPCで、オボテを党首として北部と東部を地盤とし、ブガンダ内でもある程度の支持を得ていた。もう一つはDPで、ガンダ人弁護士のベネディクト・キワヌカが党首になってから政治活動を活発化させた。ブガンダ以外でもカトリック教徒の多いアチョリなどにおいて大きな政治勢力となった。第三の政党は、ブガンダの新伝統主義を標榜する「カバカ・イェッカ（KY）」であり、その党名は「カバカ（王）のみ」という意味で、1961年に設立された。KYの出現には次のような経緯があった。1960年9月にイギリス植民地相はウガンダ立法審議会に直接選挙による議員選出制を導入し、多数政党が中心となり、これに任命制による閣僚をも加え、総督を長とする内閣を設置することを勧告した。これに対し諸政治勢力はウガンダ内の王国の地位を将来どのように位置づけるかについて、まず決定が行われるべきだと主張した。UPCは単一国家制を主張したが、ブガンダ、アンコレ、トーロ、ブニョロの4王国は連邦制を主張して譲らなかった。同時にブニョロは植民地化の過程でブガンダに組み入れられたブヤ

1962 年国会議員総選挙の風景。UPC の選挙運動（カンパラ市内、1962 年 3 月）

ガとブガンガジの二つの郡の返還を要求してブガンダとの新たな紛争を起こした。ブガンダは、王を含む強力な使節団をロンドンに派遣して総選挙の延期と、独立後のブガンダの連邦の地位獲得をせまったが、イギリス政府はその両方とも拒否した。その結果、ブガンダ政府は住民に総選挙のボイコットを呼びかけた。

こうして、１９６１年のウガンダの総選挙はＵＰＣとＤＰの争いになった。ブガンダ内の有権者はほとんど登録せず、実際に登録したのはほとんどＤＰの支持者であった。総選挙全体の結果は、ＵＰＣの得票数がＤＰのそれを上回ったにもかかわらず、ＤＰが43議席を獲得して第一党となり、次いでＵＰＣが35議席、ＵＮＣが1議席、無所属のアジア人（インド・パキスタン系）が2議席という結果となった。キワヌカは与党党首として総督のもとに内閣を率いることになった。

同年6月にイギリス政府の任命したウガンダ関係調査委員会の報告書が発表された。その報告書はブガンダの分離独立は問題外だとしたが、ブガンダに連邦の地位を認め、アンコレ、トーロ、ブニョロ、ブソガには半連邦の地位を認めた。またブガンダ議会議員が全員直接選挙で選ばれるならば、ウガンダ国民議会のブガンダからの選出議員はその議会（ルキコ）による間接選挙によってもよいことを認め、ブガンダに対して大きな譲歩を行い、同年９月にロンドンで行われた憲法会議では、この勧告通りの決定がなされた。ＫＹという政党はこのような時期に生まれ、来るべき独立直前の総選挙でブガンダの新伝統主義勢力の議員をウガンダ国民議会に選出し、あくまでブガンダ独自の利益を守ろうとする政党の性格を持つものであった。総選挙は62年４月に行われ、予想通りＵＰＣが43議席を獲得して第一党となり、新憲法のもとでその党首オボテが首相として内閣を組閣することになった。ブガンダ議席を独占したＫＹが24議席、ＤＰが同じく24議席を獲得したが、ＵＰＣとＫＹは、民主主義政党と王党というまったく異なる性格を持っていたにもかかわらず、ＤＰに対抗するという共通の意図を持って、選挙前からの両者の協定通り連立内閣を組むことになった。ウガンダは１９６２年10月９日に独立を達成。その１年後の63年10月８日には、イギリス女王の名代としての総督に代わってブガンダのムテサ２世が、憲法で権限を制約された制度のもとに大統領として就任した。

（吉田昌夫）

10

独立後の政治混乱の時代

★アミンはなぜ大統領になったか？★

独立直後、オボテ首相は次々と政治的試練を乗り切っていた。１９６４年1月にタンガニーカ、ウガンダ、ケニアと波及した軍隊の反乱も、不満の原因である兵士の大幅な賃上げとともに、イギリス人将校の退職とアフリカ人司令官の任命という手を打って、これを抑えた。このときアフリカ人の下士官の何人かが将校に格上げされたが、その一人が後に総司令官にまで昇格することになったイディ・アミンである。また議会政治のうえでも、同年カバカ・イェッカ（ＫＹ）から7名、民主党（ＤＰ）から14名の国会議員がウガンダ人民会議（ＵＰＣ）に移り、ＵＰＣは議席の３分の２の多数を押さえることになった。綿花とコーヒーの二大輸出産物の生産も好調であった。

しかしまもなく政府とブガンダ王国との対立が表面化する。きっかけは懸案のブヤガ、ブガンガジの両郡の住民投票を断行したことであった。前章で述べたように、ブニョロはこの地域が植民地化の過程で奪い去られたと主張しており、独立交渉ではブガンダの強硬な反対で解決していなかった。64年11月にその住民投票が行われ、結果に従って両地区のブニョロへの併合が決まったが、この一件は大統領と首相の対立にまで発展していった。

ＵＰＣ内部の主導権争いもこのころより顕在化した。党首で首相のオボテや書記長のＪ・カコンゲは、次第に社会主義指向の政策を目指すようになったが、入れ替わって書記長となったＪ・イビンギラを中心とする漸進派はオボテと対立の動きを見せ、ＫＹからの移籍党員もこれに同調するようになった。１９６６年２月になって事態は急転換する。国会においてＫＹ書記長のダウディ・オチェンが、ウガンダの副総司令官アミン大佐がかかわったとする、コンゴ東部からの金と象牙の密輸入に関連する銀行振り込みの証拠を暴露し、首相を含む閣僚３名がこれに絡んでいるとして、その調査委員会の設置を実現させた。この密輸事件は、当時コンゴで反政府ゲリラ運動を起こしていたグベニエ派に、東アフリカ三国がひそかに武器援助を行おうとしたことと関連があったが、その真相は現在にいたるまで明らかではない。この反オボテ勢力の攻勢に対してオボテは巻き返しをはかり、ついにイビンギラをはじめとする５人の反対派閣僚を逮捕するという強硬手段に訴えた。

３月に入ってオボテは憲法を停止し、新しい憲法草案を国会に提出、これは62年憲法で定めた連邦制を廃止し強力な大統領制を敷くことをねらったものであった。国会で野党全員と与党議員数名が抗議して退席した後、この暫定憲

ウガンダ国会議事堂。正門前より望む。

法は承認されてオボテは新大統領に就任した。ブガンダはこれにあくまでも抵抗しようとし、5月にブガンダ議会の決議で、ウガンダ政府が10日以内にブガンダ領地内から立ち去ることを求めた。政府の置かれている都市カンパラはブガンダ領内にあるので、これはブガンダ独立宣言を行ったことに等しく、ウガンダ政府にはとうてい受け入れられないものであった。その4日後、オボテはガンダ人の軍総司令官を罷免し、アミン副総司令官に国軍を率いてブガンダ王宮を急襲させ、これを陥落させた。ブガンダの王、ムテサ2世は奇跡的に宮殿を脱出してイギリスに亡命したが、のち69年に死去した。

武力によるブガンダ制圧は、以後ウガンダ政府を軍隊と警察力に依存させることになった。アミンは国軍の総司令官に任命された。非常事態宣言は撤回されず、その間に「共和国憲法」が１９６７年9月に制定され、ブガンダ、ブニョロ、トーロ、アンコレ、ブソガの王、あるいは大首長の地位は廃止され、連邦制の残存もすべて消滅した。国会議員選挙は行われず、野党から与党派の議員の移動が続き、ＵＰＣの事実上の一党制となっていった。

１９６９年から71年はじめまで、ウガンダは政府主導の社会主義化を進めるようになる。具体的には、オボテが「左への動き」と自ら呼んだ一連の文書の発表と、これに基づく政府の施策が行われた。まず69年10月9日の独立7周年記念日を前に発表された「庶民憲章」で身分や土地を基盤とする特権の一掃を呼びかけ、次いで70年5月には「ナキブボ宣言」を発表して、85社の外国企業の株式60％の強制国有化に踏み切った。しかし接収された企業側は補償問題を全面に出して運営に協力せず、政府も有効な手を打てなかった。

ウガンダ経済が停滞するなか、71年1月にシンガポールで英連邦会議が開かれた。１９６５年にローデシアで白人政権が一方的独立を宣言し、国連の経済制裁を受けたことに、英連邦としてどう対処するかが会議の目玉になっており、会議に出席したオボテはローデシア排除の急先鋒であった。このような状況にある1月25日、アミンの率いる軍隊はクーデターを起こし、オボテに忠実な特殊部隊を難なく圧倒して政権を握り、自らを大統領と宣言した。このクーデターには、ローデシア問題追及を恐れたイギリスと、オボテのスーダン大統領ニメイリへの接近を警戒したイスラエルによる裏工作があったという疑惑が持たれているが、いずれにしてもオボテは国外にいて無力であった。ウガンダに帰国もできなかったオボテは、隣国タンザニアのニエレレ大統領を頼って亡命した。

こうして大統領となったアミンは、当初ブガンダを味方につけるため、ムテサ2世の遺骸をロンドンから運んできて国葬を行ったりし、60％の株を国有化した政策を手直しして、政府の株保有分を49％に引き下げたりした。しかし72年になって、彼は態度を豹変させる。ウガンダでは少数派のイスラーム教徒であるアミンは、同年2月に突如イスラエル人のウガンダからの退去を命じ、次いでイスラエルとの国交を断絶した。さらに8月、彼は「アッラーのお告げ」を理由に、約5万人のウガンダ国籍を持たない在住アジア人（主として独立前にインドから移住した祖先を持つ者でイギリス国籍を持ち、ヒンドゥー教徒が多いが、イスラーム教徒、シーク教徒やゴア人のキリスト教徒も多い）を90日以内に国外追放すると宣言した。この措置は大混乱を国内に引き起こし、ウガンダ国籍を持っていた者も含め、インド・パキスタン系のアジア人のほとんどが国外へ退去した。このアジア人追放で、ウガンダの卸小売業を握っていたアジア人がいなくなって商業など流通業の麻痺が起こり、経済破綻につながったことはよく知られていることであるが、それと同じくらいに重要な、ウガンダの社会インフラ、特に医療関係

大統領の肖像画のある紙幣が、軍政を敷いたアミン政権下のウガンダで初めて発行された

の活動に大打撃を与えたことはあまり知られていない。それは当時ウガンダがアフリカにおいて医療の面では比較的進んだ国であり、首都のみでなく地方にも病院が多くつくられ、アジア人の医師や薬剤師たちがそれを支える重要な要員であったからである。この後イギリスはアジア人追放に抗議し、経済・技術援助の打ち切りを通告、ウガンダは73年5月に全イギリス企業の接収を行い、イギリスとの関係は最悪の状態となった。

自国民に対しても、アミンは容赦のない弾圧を行った。タンザニアにかくまわれたオボテが亡命者たちを動かしてウガンダ侵入を試みた１９７２年には、オボテの出身地のランゴ人や、その近隣のアチョリ人など、軍隊に多くの人員を出していた地方の者が集中的に粛清された。また国の重要人物でアミンに反対の意思を明らかにした者はひそかに殺害され、こうして当時最高裁判所長官だったB・キワヌカ、マケレレ大学副学長のF・カリムゾ、ウガンダ教会の大主教J・ルウム、ウガンダ中央銀行の頭取J・M・ムビルなどが命を落とした。しかし一般の住民にとっての痛手は、生活の困窮化、すなわち医療施設や井戸の荒廃・破損、高いインフレ率にともなって悪化した「マゲンド」と呼ばれる闇市場の横行と、闇価格と正規公定価格との著しいギャップなどが相乗的にもたらした家計条件の崩壊なのであった。このころの経済悪化を示す数字として、輸出の低下とその結果としての輸入の減退と物資不足がある。輸出で特に大きく低下したのは綿花で、１９７１年の７万８０００トンから77年には９９００トンにまで落ち込んだ。１人あたりのGDP

（1966年価格）は、71年に745ウガンダシリングであったのが、79年には508ウガンダシリングに落ちた（Nsibambi, Uganda Now, p. 97）。物資不足でインフレーションは加速し、特に低所得者の生活費を直撃した。1971年から77年までのその生活費の上昇率は531％であったといわれる。この間に餓死者などが見られなかったのは、都市生活者が帰るべき故郷を持っていたからであり、そこでは輸出向け農産物生産をやめて食料農産物生産を自給用に、あるいはマゲンド市場用に転換したからであった。このような生活者の苦境をもたらしたもう一つの要因に軍事費の増大があった、アミンのクーデターの1年後には、軍事費が政府予算に占める割合は27％に跳ね上がっていた。

アミンの転落は、1978年10月に始まった。ウガンダとタンザニアの国境は現存の直線ではなく、それより30キロメートルほど南を流れるカゲラ川が国境であるべきだ、と突然主張したばかりか、ウガンダ軍を出動させて、現国境とカゲラ川の間のタンザニア領土約710平方マイルを占領した。これはアミンがウガンダ国民の目を外にそらせようとして行ったものだといえるが、タンザニアとウガンダ人亡命者に反撃する機会を与えた。タンザニアのニエレレ大統領はアミン軍撃退の決意を国民の前で表明、10月20日、4万人にのぼる市民軍を動員してウガンダ人亡命者とともにカゲラ占領地域からウガンダ軍を押し戻し、そのままウガンダ内に進軍、その間にそれまでばらばらに分かれて反アミン闘争を行っていた諸解放勢力を糾合するための準備が実り、79年3月23～25日に、タンザニアのモシで全解放運動組織代表が会合し、「ウガンダ民族解放戦線（UNLF）」が結成された。その議長には元マケレレ大学副学長のユスフ・ルレが選ばれた。

これに対し、アミン政権はすでにリビア軍の支援を要請しており、3000名からなるリビア軍が兵器を持ち込んでウガンダに駐留したが、ウガンダ人の解放勢力とタンザニア軍は3月28日にはカンパラに進出し、アミン軍とリビア軍はカンパラを放棄して北部に敗走、79年の4月6日にはUNLFがカンパラ制圧を発表し、5月中にはウガンダ全土が制圧された。こうして8年にわたったアミンによるウガンダ統治は終わり、アミンはリビアを経てサウジアラビアに亡命した。

しかし、アミンの退場によってもウガンダに平和は戻らなかった。UNLFは寄せ集めの連合集団であり、ルレ新大統領のもとに4月11日に成立した政権も、閣僚がそれぞれ自派の勢力を伸ばそうとして内紛が収まらず、ルレ大統領は68日という短い期間で辞任に追い込まれ、元オボテ内閣の法相であったG・ビナイサが新大統領となった。しかしビナイサも、オボテ派の軍参謀長官を解任したことから軍が反発、80年5月にUNLF軍事委員会が実権を掌握して、彼も短期間のうちに追放された。UNLFの軍事委員会委員長のP・ムワンガはただちに内閣を組閣し、1967年憲法を復活させ、その法規に従って大統領と国会議員の選挙を行う段取りをつけたが、これはムワンガがオボテ派として仕組んだ方策であったことは誰の目にも明らかであった。1980年12月10日に行われた選挙では、タンザニアから戻ったオボテが党首として率いたUPCが対立党のDPを押さえて第一党になり、オボテが再度大統領として復活したのであるが、この80年選挙には大規模な不正があったとして野党から厳しく糾弾された。野党の一つ、ウガンダ愛国運動（UPM）創立者のヨウェリ・ムセベニは、このときから反政府ゲリラ活動を始めるにいたった。

ムセベニはウガンダ西部のアンコレの出身で、タンザニアのダルエスサラーム大学の学生のとき、学内のアフリカ解放運動グループに入り、1969年にはモザンビークでポルトガル軍と戦っていたモザンビーク解放戦線（ＦＲＥＬＩＭＯ）のゲリラに加わったこともあった。アミン政権のときはタンザニアに亡命し、アミンを倒すために、79年にはタンザニア軍とともにＵＮＬＦの一員としてウガンダに侵攻した。後に大統領になる過程で不正選挙の疑いのあったオボテに対抗して１９８０年にゲリラ活動を始めてから、彼は自分の政党を「国民抵抗運動（ＮＲＭ：National Resistance Movement）」に変え、党首に国外にいたルレを据え、自らはＮＲＭの軍部である国民抵抗軍（ＮＲＡ）のリーダーとして、ブガンダやアンコレの農村部を支配するためのゲリラ活動を率いて戦った。

BANK OF UGANDA
ONE HUNDRED SHILLINGS
SHILINGI MIA MOJA
LEGAL TENDER FOR ONE HUNDRED SHILLINGS
100
282496

オボテ大統領の肖像画のある100シリング紙幣

オボテ大統領は国際通貨基金（ＩＭＦ）と協調しながら経済復興に乗り出したが、遅々として進まず、政治的安定も得られなかった。国軍の規律も低く、ＮＲＡに対する掃討作戦は、国軍の残虐行為のため国際世論の非難を招いた。なかでもルウェロ地域の殺戮は世界のメディアにその証拠が流された。分裂した国軍は85年7月27日、総司令官ティト・オケロをはじめとするアチョリ人グループによるクーデターを起こし、オボテ大統領を追放、軍事政権を樹立した。しかしムセベニに率いられたＮＲＭの軍部であるＮＲＡがこれに対して総攻撃をかけ、ケニアのモイ大統領の調停努力も実を結ばず、86年1月26日にカンパラを陥落させた。ＮＲＭ党首のルレはすでに死去しており、ムセベニが大統領に就任、軍民混合の国民和解政権を樹立して、４年後の総選挙を約束した。

（吉田昌夫）

11

ムセベニ政権による政治安定化と経済復興への道のり

★ウガンダの再建★

1986年に政権をとった国民抵抗運動（NRM）は、当初、民主主義への強い志向を持っていた。大統領となったときの宣誓式の演説で、ムセベニは「我々の最初のプログラムは民主主義の回復だ」と述べ、ゲリラ闘争のときに開放地区でまず行ったのは、村の評議会（RC：Registance Council）委員の選挙であったと強調した。この村落レベルの民主化がNRM政権の第一歩をしるすものであった。具体的には、地方の権力保持者であった首長を廃止し、村レベルのRCを住民選挙で選び、そこがさらに上部の地方自治体の委員を選ぶという積み上げ方式で、最上部に国の議会ともいうべき国民抵抗評議会が選出されるという方式がつくられた（第12章参照）。また国の統一を推進することを最重要の課題とし、過去に宗教やエスニック差異を強調することによって分裂が生じた悪弊をなくす政策を進めると演説した。このときに成立したRCシステムと呼ばれる方式は、NRMの性格を、政党ではなく運動体としたことの特徴を表していた。しかし旧来の政党の存在は許されていた。

一方長期の政治混乱で破壊された社会サービスと経済の復興が国家の急務であった。NRM政権は経済自由化政策を選び、世界銀行をはじめとする先進工業諸国の援助を積極的に受け入れる方針をとった。政府の独占経済機構は次々と廃止されたが、その象徴となったのがコーヒー・マーケティングボード（コーヒー販売庁）を1990年に廃止したことであり、この後最大の輸出産物であるコーヒー輸出には、民間商社が自由に参入することとなった（第15章参照）。

ムセベニ政権成立のころは、ウガンダの国境周辺には、多くの武装反政府軍が残っていた。オボテを支持したUNLAの残党や、アミンを支持した軍人たち、テソの反政府武装グループ、西部のコンゴ国境付近で活動を活発化させたADF、北部ではオケロ政権で中心人物であったバジリオ・オケロに率いられたUPDA、さらにはアチョリ人のなかに支持を増やそうとした宗教指導者アリス・ラクウェナの精霊運動の後継者コニーが率いる「神の抵抗軍」（LRA：Lord's Resistance Army）などが反政府運動を起こしていた（この件は、本書の第53章、および第55章から第57章までを参照）。国家統合を目標とするNRM政権は、これらの武装グループに対し国軍を動員して鎮圧し、あるいは武装解除することに成功したが、この過程で人権侵害が多発していたことは否めない。しかしともかくも1990年代後半には、スーダン国境をまたいで出没したLRAをのぞいてほとんどの武装グループの活動は終止し、政治的安定がウガンダに戻ってきた。

経済復興も軌道に乗り、外国に亡命した国民の帰国が進んできた1989年に、ムセベニ政権は憲法草案作成委員会を設立、次いで全国民の直接選挙による制憲議会の議員選挙が94年3月に行われた。新憲法制定にあたって大きな課題となったのが、ブガンダの復古主義者らが主張した伝統的な王の地位の復活問題であった。67年の「共和国憲法」により、それ以前に連邦を構成していた5王国の王の地位は剝奪されたままであったが、ムセベニ政権は住民の主張を最大限に取り入れようとした。結局連邦制に戻ることは否決されたが、王などの「伝統的統治者」が以前所有していた土地などの財産を返還し、彼らの地位を住民の合意があれば復活させるが、①それは祭儀的なものに限られ、②彼らが政治に参加することは禁ずるという条件つきで、文化的継続のためにこれを認めた。また草案審議の過程で、選挙は政党別ではなく、全員無所属の個人立候補制（いわゆるノー・パーティー選挙）によるものと定められた。新憲法は議会で採択され、1995年10月に制定された。

こうして96年5月に新憲法による大統領選挙が、6月には国会議員選挙が行われた。90年から95年までの平均年間国内総生産（GDP）成長率6・6％を達成したことが評価され、さらにアミン政権時代に没収したインド・パキスタン系アジア人の資産を持ち主に返還して、彼らの新たな投資を呼び戻すきっかけをつくり、経済再建の実績を積み重ねてきたムセベニが圧倒的多数の支持を得て大統領に選ばれた。また無党制とはいえ、NRM支持と見られる立候補者が国会議員の多数に選出された。

国内経済は順調に回復し、成長の軌道に乗る一方、対隣国関係が一時的に悪化し、そこには軍隊の国内政治における勢力の増大が見てとれる。それはコンゴ民主共和国（旧ザイール）でモブツ大統領を追放した1997年の解放闘争において、ローラン・カビラに率いられたコンゴ反政府軍を支援したこと、その後コンゴとウガンダ西部国境付近に出没していたウガンダの反政府勢力ADFの根絶のためと称して軍を出兵させ、さらに1998年にはウガンダが隣国ルワンダの軍と地域を分け合ってコンゴ東部出兵を強行し、コンゴの後継大統領のジョセフ・カビラと対立するにいたった一連の動きに見てとれる。このコンゴ派兵には、コンゴ東部の鉱物資源収奪のためにウガンダ軍上層部が関与していたとして1999年6月にコンゴ政府が国際司法裁判所に提訴し、2001年には国連安全保障理事会も調査団中間報告書を発表して、疑惑が存在することを指摘した。国際的糾弾を避けるためにムセベニは自ら2001年5月に、イギリス人判事ほか6名の国際検察官よりなる「コンゴ問題真相究明のための専門委員会」を国内に設置して問題の拡散をはかった。結局この問題の真相は明らかにされず、ウガンダは2002年にコンゴから撤兵したが、ジェームズ・カジニが2003年に総司令官の職を解かれただけで、他の軍部の指導層は罰せられなかった。この事件はウガンダの国際的地位を傷つけることになった。

ムセベニ政権が初期のNRMの民主主義尊重の態度を薄めて権威主義に傾いてきたことから、NRMのなかからも無党制から多党制への転換を望む声が強まった。政府はこの問題の決着を国民投票で決めることを試みた。2000年7月1日に国民投票が行われ、NRMの名称の基である「ムーブメント」は全国民に開かれた運動体で政党ではないと宣伝に力を入れ、これが功を奏して、ムーブメント支持を意味する「ノー・チェンジ」への賛成票は94・3%という高い率に達した。しかし野党としての存在感を強めてきた民主党（DP）とウガンダ人民会議（UPC）は、ともにこの投票のボイコットを呼びかけ、DPは憲法裁判所にこの国民投票は無効であるとする提訴を行った。

この後、住民の間に不満が強いと見てとったムセベニ政権は、2004年になって多党制導入の方向へ舵を切ることになった。2004年12月に政府は国民議会に119項目に及ぶ憲法改正案を提出したが、そのなかの一つに、憲法で定められた大統領の任期を2期までに制限した（1期は5年間）項目を撤廃するという重要な事項が含まれていた。これが通ればムセベニは2006年の大統領選挙に

2011年の大統領選挙に勝利した直後のムセベニ
［出所：『ニュービジョン』紙、2011年2月21日］

出馬することができるようになる。NRMの古くからの重鎮のなかからも、この国会の議決に反対する者も出たが、結局国会議決により、この大統領任期の2期限定の項目は廃止された。この後、2005年7月に、多党制導入の賛否を問う国民投票が行われ、93％の賛成で決定された。

2006年6月の大統領選挙と国会議員総選挙は、1962年以後はじめて政党間で争われた選挙であった。ムセベニに率いられたNRMに最も強力に対抗したのは、元ゲリラ戦線でムセベニの同僚であり、彼の主治医でもあったキッザ・ベシジェが結成した民主改革会議（FDC：Forum for Democratic Change）であり、これにUPC、DP、その他の小政党が続いた。結果は大統領選挙ではムセベニが59・3％の票を取り、ベシジェの37・4％を引き離して政権を維持した。国会議員の当選者数は、319議席のうちNRMが205、FDCが37、UPCが9、DPが8、保守党が1、JEEMAが1、政党なしが36であった。

この後の政治は、ブガンダの復古派が主張する連邦制（フェデロと呼ばれるようになった）を採用するかどうかの政権側の対応に、注目が移ってきている。ムセベニはフェデロの考えを真っ向から否定してはいないが、ブガンダ内での地方自治を、他の地域と同じように議員選挙制にすることを条件としており、復古派は地方行政の責任者をブガンダ議会の任命制にすることを主張して対立が続いている。こうした情勢下で、２００９年9月にブガンダ王のムテビがブガンダ内から離脱する動きを見せていた一地方の式典に参加しようとして、警官による阻止にあい、カンパラで民衆が暴動を起こして警官の実力行使で20人が死亡する事件が起こった。

このようなブガンダ問題を抱えるなかで、２０１１年2月16日に行われた大統領選挙および国会議員総選挙に再出馬したムセベニがどのような票を獲得するかに住民の注目が集まったが、結果は２００６年選挙のとき以上の大差で、ムセベニ（ＮＲＭ）がベシジェ（ＦＤＣ）を破り、国会議員選挙でもＮＲＭが、全国的に見ればＦＤＣ、ＤＰ、ＮＰＣなどの野党を寄せつけず、与党の地位を守った。

（吉田昌夫）

［補記］

２０１２年の旧版刊行から12年が経過した現在もムセベニ氏は大統領の座にある。この間２０１６年と２０２１年に大統領選挙があり、2回ともにムセベニ氏の勝利に終わった。80歳を迎えた彼は、すでに40年近く政権を維持していることになるが、この2回の選挙とも対抗候補は政権党（ＮＲＭ）による不正と他党選挙運動の弾圧を訴えており、このため都市部の若い層を中心に反政府運動が盛んになり、対立候補への支持を広げている。

また、本書の第13章で説明されているように、政権党は地方行政体である「県」の数を増やしつづけてきたが、これは政権党が選挙で有利になるように仕組まれた政治行動の一部として考えられる。

コラム2

ウガンダの国旗と国祭日

吉田昌夫

ウガンダの国旗は、黒、黄、赤の横縞が六つ並び、真んなかの丸のなかに、国のシンボルである「かんむり鶴」を配した、とても目立つ旗である（カバー折り返し部分を参照）。この国旗は1962年10月9日の独立の日をもって制定され、現在まで変えられることはなかった。

旗の色について、黒はアフリカ人、黄色は輝く太陽、赤はアフリカの同胞を表す血の色を指していると解説されている。真ん中に位置しているのが、よくあるような鷲などの猛禽類ではなく、「かんむり鶴」というおとなしい性質の鳥が選ばれているのが興味深い。かんむり鶴をカンパラ市内で最近見かけることはほとんどないが、1960年代にカンパラから20キロメートルほど北にあるマケレレ大学の農学部農場に半年ほど住んでいたときは、牧場の上を2羽のつがいで飛んだり、牧場でえさをついばんだりしていたのをよく見た。首をまっすぐ上に伸ばして歩く姿はとても気品に満ち、頭の上にまさに王冠のように黄色のふさふさした毛を持ち、体は全体として灰色の羽で覆われているが、目の後ろ、くちばしの下、尾などに赤色があって、それが目立つような大きい鳥であった。

ウガンダの国旗と違って、国祭日のほうは独立後変わってきており、また数が増えてきて、2011年現在で年に13日ある（左の表を参照）。1968年当時は7日しかなかった。その選び方は、日本とはまさに逆である。日本の現在の国祭日は政治色と宗教色をできるだけ出さないように選ばれているが（もっとも第二次世界大戦前は天皇制や神道の祭りが多かったが）、ウガンダの国祭日は七つがキリスト教とイスラームに関係する祝日で、五つが政治や政治運動に関係する祝日と大部分を占め、完全に中立的な祝日は

1月1日の「新年の日」しかない。また宗教的祭日はクリスマス（国家が定めたのではない事実上の国祭日）とそれに続くボクシングデー、および「殉教者の日」を除き、毎年、暦のなかの日付けが変わる移動祝日である。

暦のなかで日付けが変わる祭日はどのように決まるのか、説明が必要であろう。その日はほぼ全世界的にキリスト教ないしイスラームにとって同じ日に祝日となるのである。まず復活日（イースター）であるが、この日は、春分の日の後の最初の満月の次の日曜日ということになっている。春分の日は固定的であるが、満月の日は変わるので、復活日は年によって3月末ごろになったり、4月中旬ごろになったりする。次にイード・アル・フィトルであるが、これはラマダンと呼ばれる断食月がイスラーム暦の第9月と決まっており年々移動するので、ラマダンが明けた夜の次の祝日も移動することになる。イード・アル・アドハーは、イスラーム暦の最後の月（12月）の10日目で、通常ラマダンの終わりの日から70日後に来るが、この日をもってメッカ巡礼の季節が終わりとなるとされている。

このように、ウガンダの国祭日には宗教色や政治色が強いが、宗教については、キリスト教徒とイスラーム教徒の双方が祝日を持てるようにバランスを保っているのが特徴である。

◆ウガンダの国祭日

1月1日	新年
1月26日	NRM（国民抵抗運動）勝利の日（カンパラ陥落の日）
3月8日	女性の日（国際女性デー）
移動祭日	グッドフライデー（キリスト復活日の2日前の金曜日） イースターの日曜日（キリスト復活日）とその次の月曜日 イード・アル・フィトル（イスラームの断食明けの日）
5月1日	メーデー　（労働者の日）
6月3日	殉教者の日（1880年代に火あぶりの刑を受けたキリスト教信者迫害を記憶する日）
6月9日	英雄の日（ウガンダ独立闘争などで示された英雄的な行為をたたえる日）
移動祭日	イード・アル・アドハー（イスラームの犠牲祭の日）
10月9日	独立記念日
12月25日	クリスマス
12月26日	ボクシングデー（クリスマスの次の日）

車が渋滞するカンパラ市街の中心部［吉田昌夫撮影］

ムバララ近郊のバナナ農場に買い付けに来たトラック［吉田昌夫撮影］

III

行政と経済・生業

12

地方分権化の歴史

★政治的背景とその展開★

ウガンダは1970年代、長引く内戦と広範な人権侵害に悩む「絶望的な」アフリカの象徴であった。しかし、1986年の国民抵抗運動（NRM）政権成立以降、1990年代になると、ヨウェリ・ムセベニ大統領の指導のもとでアフリカの改革推進国の一つに浮上した。ウガンダ復興に大きく寄与したのが、無党制民主主義という政治体制の導入と、それと密接不可分な地方分権化の推進であった。そのねらいは、一般市民の政策決定への参加の拡大にあった。実はウガンダの分権化は、アフリカでも最も野心的な試みの一つである。1992年に正式に実施されはじめて以来、ウガンダの分権化の歴史は30年以上がたった。したがってウガンダの実績を再度振り返ってみることは非常に有益である。

ウガンダの分権化改革の制度的な支柱となっているのが、地方評議会（LC：Local Council）制度である。これは、村レベルのLC1から県レベルのLC5までの階層構造を持つ。各評議会は立法機関でもあり、行政機関でもあるため、日本でいう議院内閣制に近い。選出された議員は2種類に分かれ、恒常的に勤務する限られた議員（地方政府における内閣を担う閣僚）と、議

表12－1　ウガンダの地方政府組織図

レベル	英語名	日本語名	政治代表者の選出	行政組織	2010年の数	2023年の数
LC5	District	県	直接選挙	副知事（助役）のもとに各種地方公務員が勤務	115	135
LC4	County	郡	間接選挙	副知事（助役）補佐のみが勤務	162	361
LC3	Sub-County	準郡	直接選挙	準郡長、会計担当者のもとに各種地方公務員が勤務	1,147	1,488
LC2	Parish	地区	間接選挙	地区長のみが勤務	7,771	7,553
LC1	Village	村	直接選挙	行政職はなし	66,739	58,197

注：2010年の数はウガンダ地方自治省、2023年の数は ウガンダ統計庁による。

会開催時にのみ登院する議員がいる。前者の議員が政策決定機関を政治的に主導し、地方公務員が勤務する行政機構は政治部門の監督下にある。五つの階層からなる地方評議会は、それぞれの階層ごとに、政治的代表者の選出方法や、地方行政の配置が異なっている（表12－1）。

ＬＣ制度は、国民抵抗軍（ＮＲＡ）が政権転覆をはかるゲリラ戦を展開していた当時の組織である抵抗評議会（ＲＣ）を起源としている。ＲＣは地域住民との連絡に効果的であったため、政権確立後に全国に拡大することにしたものである。

ＲＣ／ＬＣ制度の全国展開に続いたのが、政治行政体制の法的枠組みの再編である。ムセベニ大統領は１９９２年10月、分権化政策を正式に発表し、１９９３年以降分権化政策は急速に進展していった。１９９５年に採択した新憲法は分権化を全国的政策に位置づけ、ＲＣ制度は地方評議会（ＬＣ）制度に改称された。１９９７年に制定された地方自治法は、分権化推進の法的枠組みを詳細に定めている。その後同法は数度にわたり修正され、選挙の仕組みにより民意を反映したり、また行政機構をより整合的にするための改善がはかられた。

ＲＣ／ＬＣ制度により、草の根レベルにおいて人々が比較的自由に意見表明をすることができる政治的な場が大きく拡大した。とりわけ、女性、若者、高齢者などにとって、政策決定に意見を反映させる機会が保証されることは、実に大きな変化であった。この制度が人々にとって身近になっていくにつれ、制度の問題点が浮き彫りになったが、そこでさらなる改善が実施されるという一種の好循環が生まれた。とりわけ、村にあたるLC1は、村民の自治会的性格が強い。LC制度は2000年代までは、ウガンダの草の根レベルにおいて欠かすことのできない政治行政組織となっていた。

このような分権化推進の結果、LC制度は以前よりもはるかに大きな自治を獲得するにいたっている。ウガンダでは、地方自治大臣といえども地方自治体の決定を容易に覆すことはできない。他の多くのアフリカ諸国ではありえないことである。

このような分権化の推進は、NRM政権が誕生した1986年の状況に端を発している。政治的に見れば、RC制度は、老練な他の政党の攻勢に直面していた当時まだ新興政治勢力であったNRMが人々の支持を固めるために設立したものである。したがって、地方分権化は、NRM自身の政治的考慮と国家全体の安定という二つの目的が一致した結果、推進されたのである。そのため、NRMの政治体制である無党制民主主義およびRC／LC制度は表裏一体であり、不可分であったといえる。

NRMの政治体制はこのころ政党活動を禁止しており、選挙に出る際は個人として立候補する必要があった。NRMの言い分は、それ以前の政党は民族および宗教の違いに沿って形成されており、それが内戦を長期化させた要因の一つになったからだとしている。これに代わるRC／LC制度では、あらゆるウガンダ人が、性別、年齢、宗教および政治的所属関係による差別を受けることなく、政策決定に参加できるはずであると主張した。LC制度がなければ、NRMの政治体制では大衆参加の機

地方評議会（LC）のあり方についての研修会（2000年）

会がきわめて限られてしまう。実際に、LC選挙は、1986年、1989年、および1996年以降5年おきに実施され、2021年に最後の選挙が行われた。

分権化改革の実施に影響を与えたもう一つの重要な政治的要因は、ブガンダ王国の政治的影響力である。同王国は過去から現在にいたるまで、ウガンダで最も政治的影響力を有する王国である。独立後のウガンダの歴史を見てみると、ブガンダ王国の十分な支持を得ることなく全国を政治的に安定させることはほぼ不可能なことが明らかとなる。1990年代前半、ブガンダ王国において「分権化」は、ブガンダ王により多くの政治的・経済的自治を付与する連邦体制と解釈された。この解釈は明らかにNRMの政治的意図に反するものであった。ブガンダ王国による連邦制の主張を前もって阻止するため、1990年代前半の時点では迅速な分権化が必要と考えられた。このブガンダ王国の要因は、ウガンダにおける1993年以降の急速な分権化の推進に貢献した。

以上二つの要因は、分権化改革が内発的であることを示している。これはきわめて特徴的である。一般に途上諸国における分権化は、外部援助機関が主導することが多い。ウガンダでは、援助機関は重要な役割を果たしたが、同時に分権化の意向は外部から押しつけられたものではなく、NRMの政治的な必要性から発していたのである。おそらく幸運であったといえるのは、このNRMの政治的意向は、長年の内戦を経たのちの安全の確保と生活の正常化という大多数の国民の願いに応えるものであったことである。LC制度はこの願いを満たす適切な仕組みであった。

しかし、内戦で疲弊したウガンダの復興を支えた無党制民主主義も、その歴史的役割を終えることになる。すなわち、1990年代以降の冷戦後の世界的民主化の流れや、ウガンダ自身の政治的・経済的復興により、2005年の国民投票では、複数政党制による総選挙をウガンダ人は選択した。2006年の総選挙では、1986年のNRM政権成立以降でははじめて、与党と野党との間で選挙が戦われた。これがウガンダの分権化政策の大きな分岐点となった。これによりLC制度は、いわばNRM政治体制という生みの親から離れ、どの政党や政治体制にも属さない地方自治制度として歩んでいくこととなった。しかしながら、次章でみるように、これ以降分権化は肯定的より否定的側面が強くなっていった。

（斎藤文彦）

13

地方行政と開発

★与えられすぎた地方自治？★

ウガンダにおける地方評議会（ＬＣ）制度は、独立以降アフリカに典型的に見られた近代化を推進するための中央集権体制からの転換を意味した。地方分権化とは、中央政府が持っている権限を地方自治体に委譲する過程を指すが、そのことによって人々の生活に直接影響を与える政策を人々により近いところで決定することを意味する。そのため、地方行政は開発において、従来にも増して重要な役割を果たすようになったのである。

分権化をどの程度本気で実施しているかは、予算配分と人事権の実態を見るとわかる。ウガンダにおいて、政府予算総額に占める地方自治体支出の割合は２００５年度で32％にものぼり、ＧＤＰの７％近くを占めている。この値は、他の途上国と比較して大幅に高い。地方への財政移転総額は２０００年代に７倍近く増加した。財政移転の３種類（条件付き交付金、無条件交付金、平等化交付金）の割合は２０００年代中頃まで大きな変化はなかったが、２０１０年頃から条件付き交付金の割合が大きく増加した。１９９０年代後半、地方自治体の財政の35％から40％ほどは自主財源で賄われていたが、この割合は２００１年度以降、10％台前半となり、さらに２０１０年頃から約５％へと低下した。その結果、ほとんどの地方自治体はその財源を中央政府からの交付金に頼るようになった。この傾向は近年より顕著となっている。このように、現在の財政の地方分権化には大きな進展と深刻な問題点の両方が見受けられる。

人事について見ると、ウガンダでは中央政府が給与水準を決定するものの、人事権は県（LC5）が有する。県は基本的にすべての地方公務員の、採用、昇進、解雇をする権限を持つ。実はこのように幅広い権限が地方自治体に与えられている国は、途上国においてはきわめて珍しい。

一方、人事権についても方向転換が見られる。地方自治体の幹部行政官は2006年度より中央政府が任命することになった。この変化は一方では、幹部行政官を過度な地方政治による干渉から保護し、その職務保障を高めることと解釈されている。しかし他方で、これは地方自治体に対する幹部行政官の説明責任を阻害しかねない。幹部行政官は今後は中央省庁へ忠誠を誓うようになる可能性が強いからである。この変化は人事管理を超えて、地方自治の後退を示しているであろう。

地方行政制度の有効性を把握する一つの方法は、地方評議会（LC制度）に対する国民の参加の度合いを見ることである。筆者が2000年に実施した調査では、全世帯のおよそ3分の1ないし半数が定期的に近くの村評議会（LC1会合）に出席していると推定された。ウガンダ統計局が2004年に実施した調査によれば、その割合は36％である。調査方法が異なるためこれらのアンケート調査結果の解釈には注意が必要だが、ウガンダ農村部の厳しい状況下において一定の参加度が2000年代中ごろまで保たれていたのは興味深い。

LC制度に対する国民の支持率は、公共サービスの供給が目に見えて向上したかどうかにかかっている。これは地域の一般市民にとってきわめて重要な問題である。地域における話し合いが公共サービスの目に見える向上につながることが、人々の地方自治体に対する満足につながるからである。しかし、目に見える向上につながらないと、話し合いは空疎なものになり、「参加疲れ」を招きかねない。

２００２年に実施されたアフロバロメーターという世論調査によれば、県（ＬＣ５）が提供するサービスについて過去5年間で向上したと感じている人の割合を示すと、教育が77％、保健が69％、農村道路が64％、水・衛生が54％という結果になっている。つまり、地域住民の多くがサービスは悪化しているのではなく向上している、と考えていた。他方、同じ調査では、農業分野についてサービスが向上した、と回答した割合はわずか46％で、半数以上の人が悪化した、と回答している。農業分野のサービスに対する不満は根強いものがあり、サービス改善の動向も一律でないことがわかる。

改善傾向にあった各種の公的サービスは、２０００年代半ばをピークにそれ以降は低下傾向にあると、多くの国民が意識するようになったことは、２０２２年のアフロバロメター調査でも確認された。その大きな理由の1つが地方自治体の「増殖」である。より多くの地方政府は、よりよい住民サービスの提供へとはつながっていないのである。

それは県（ＬＣ５）の数が２０００年以降、大幅に増えていることに端的に表れている。１９９０年代初頭に33であった県の数は、２０００年前半では45に、２００６年には80に、２０１０年では１１２に、そして２０２０年には１３５へと大きく増加した。県が新設されると、公的資金に占める地方評議会議員および行政官の給与の割合が確実に増えていく。実は、県だけではなくそれより下位

図 13－1　ウガンダの県別区分図（2020 年 3 月現在）

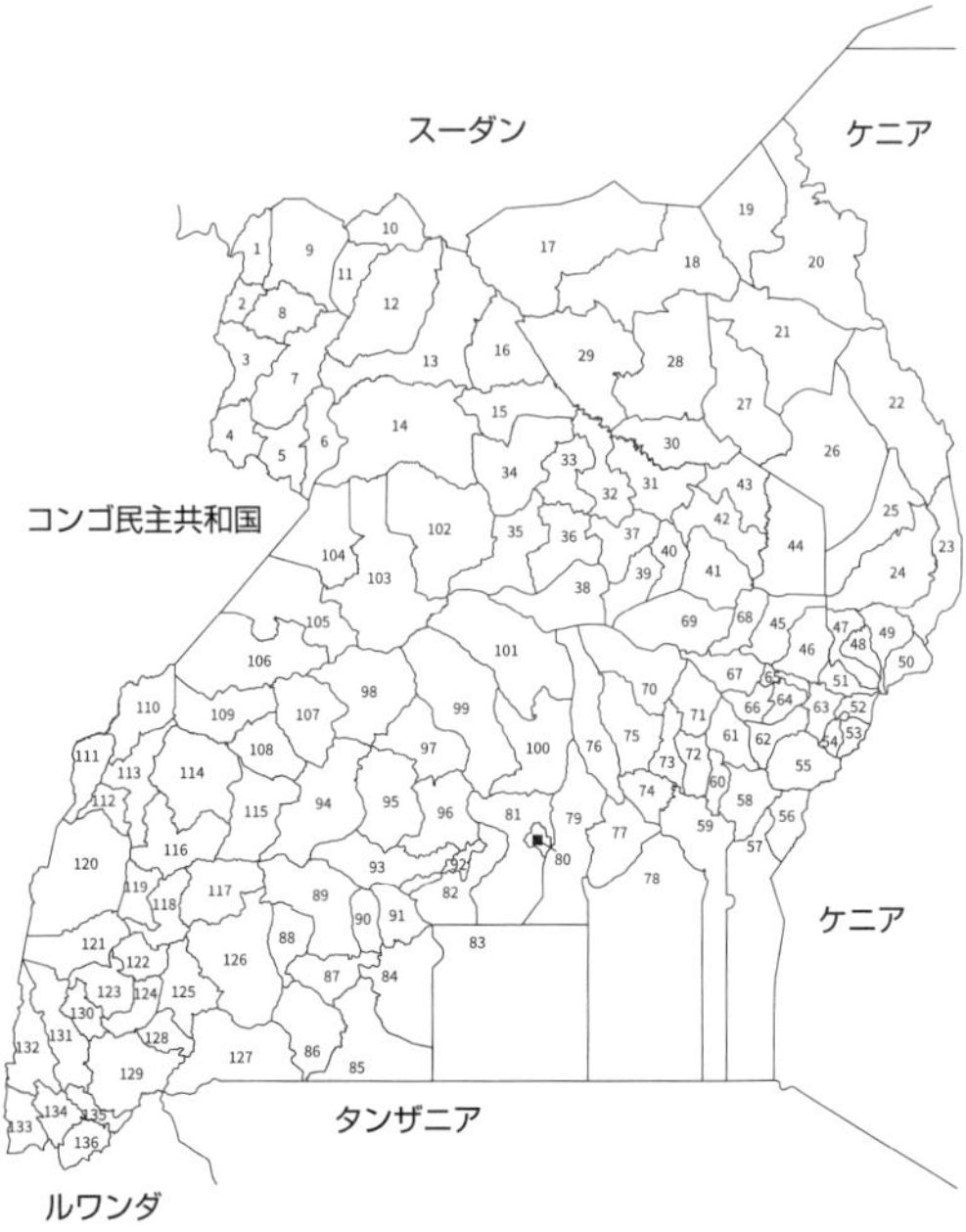

県名とその位置

1 Koboko
2 Maracha
3 Arua
4 Zombo
5 Nebbi
6 Pakwach
7 Madi-Okollo
8 Terego
9 Yumbe
10 Moyo
11 Obongi
12 Adjumani
13 Amuru
14 Nwoya
15 Omoro
16 Gulu
17 Lamwo
18 Kitgum
19 Karenga
20 Kaabong
21 Kotido
22 Moroto
23 Amudat
24 Nakapiripirit
25 Nabilatuk
26 Napak
27 Abim
28 Agago
29 Pader
30 Otuke
31 Alebtong
32 Lira
33 Kole
34 Oyam
35 Apac
36 Kwania
37 Dokolo
38 Amolatar
39 Kaberamaido
40 Kalaki
41 Soroti
42 Amuria
43 Kapelebyong
44 Katakwi
45 Kumi
46 Bukedea
47 Bulambuli
48 Kapchorwa
49 Kween
50 Bukwo
51 Sironko
52 Bududa
53 Namisindwa
54 Manafwa
55 Tororo
56 Busia
57 Namayingo
58 Bugiri
59 Mayuge
60 Bugweri
61 Namutumba
62 Butaleja
63 Mbale
64 Budaka
65 Butebo
66 Kibuku
67 Pallisa
68 Ngora
69 Serere
70 Buyende
71 Kaliro
72 Iganga
73 Luuka
74 Jinja
75 Kamuli
76 Kayunga
77 Buikwe
78 Buvuma
79 Mukono
80 Kampala
81 Wakiso
82 Mpigi
83 Kalangala
84 Masaka
85 Kyotera
86 Rakai
87 Lwengo
88 Lyantonde
89 Sembabule
90 Bukomansimbi
91 Kalungu
92 Butambala
93 Gomba
94 Mubende
95 Kasanda
96 Mityana
97 Kiboga
98 Kyankwanzi
99 Nakaseke
100 Luweero
101 Nakasongola
102 Kiryandongo
103 Masindi
104 Buliisa
105 Hoima
106 Kikuube
107 Kakumiro
108 Kibaale
109 Kagadi
110 Ntoroko
111 Bundibugyo
112 Bunyangabu
113 Kabarole
114 Kyenjojo
115 Kyegegwa
116 Kamwenge
117 Kazo
118 Ibanda
119 Kitagwenda
120 Kasese
121 Rubirizi
122 Buhweju
123 Bushenyi
124 Sheema
125 Mbarara
126 Kiruhura
127 Isingiro
128 Rwampara
129 Ntungamo
130 Mitooma
131 Rukungiri
132 Kanungu
133 Kisoro
134 Rubanda
135 Rukiga
136 Kabale

注：■は首都を示す。
出所：国連難民高等弁務官事務所（UNHCR）のデータ（https://data.unhcr.org/en/documents/details/83043）をもとに筆者作成。

に位置する地方自治体の数も増加している。新設された県をはじめとする地方自治体の多くは経済的に自立できていないために、深刻な問題を生じさせている。アフリカの比較的小さい内陸国にこれほど多くの地方自治体を設立する経済的な根拠は薄い。

したがって県を新設する根本的な理由は新家産主義という政治的な論理であると考えられる。ごく単純にいえば、これは親分－子分の関係にたとえられ、政治的忠誠を子分が示すかわりに、親分は子分に対して各種の便益を提供する関係である。この閉じられたつながりの内側では、親分と子分の間では一定の合理性がある。つまり、親分（パトロン）にとってみれば、知事や地方議会の数の増加はそれだけ自分を支持する子分（クライアント）の確保につながるので好都合である。県や郡が、しばしば選挙前に新設され、国民抵抗運動（ＮＲＭ）政権が政権支持者に対して恩恵を配分する機会が増えていった。同様の論理が中央の政治のみならず、地方政治においても見られるので、県を筆頭に基礎自治体にいたるまでが細分化されてしまっていた。しかし、このような極めて内向きの理由は、社会全体としては大変弊害が大きい。

ここの状況の変化は、ウガンダの変化を示しているように思われる。１９８６年に成立した現ＮＲＭ政権もすでにひどく長期政権化してしまった。１９９０年代においては、さまざまな困難を抱えるアフリカにおいて、治安回復と経済復興を成し遂げたムセベニは希有な指導者と絶賛された。しかし、２０００年代になると、長期政権化にともなう弊害が随所に見られはじめ、国家の私物化や縁故びいきが目立つようになってきた。国際社会においても、２０００年代の前半まで、ウガンダはアフリカ改革のモデルとも評価されたが、現在にいたってはその輝きは失われてしまった。

ＮＲＭ政権が１９９３年より実施してきた地方分権化政策は、間違いなく、ウガンダにおける今日の社会的安定に寄与してきた。しかしながら、成功しすぎた分権化は強大な権限を持った地方自治体を生むことになった。それはパトロン－クライアント関係により社会を統制しようとする傾向をいっそう強めている中央政府にとっては、きわめてやっかいな存在となってきた。そのため２０００年代の中ごろから、制度的には分権化を維持しつつも、条件つき交付金の増加をはじめ地方自治を骨抜きにする方策がとられるようになっていった。

現政権の長期化にともない、今では地方分権化政策は、幾つもの難題を抱えている。自治を強化するために元来実施された分権化政策において、地域住民の地方政府への関与は薄まり、住民はサービス向上を実感できていない。さらに、分権化政策と他の政府の目標との整合性が取れていない。２０１４年に政府は各県が地域経済発展計画を策定すべきとしたが、この方針に分権化がどう関わるか不明なままである。

（斎藤文彦）

14

地方分権化のその後

――★地方自治体の機能低下と存在意義を高める王国★――

２０１０年時点で１１２あった県の数は、その後も数を増やし、２０２３年現在では１４６の県と10の市がある（前章図13－1の２０２０年３月時点からさらに増加）。日本の場合、市は県の下位区分にあたるが、ウガンダの場合、県と市は同等の行政区画である。また、ウガンダには県より大きい行政区分として定められた地域区分はないが、統計上や政策実施の便宜性のため、県と市は15の地域（sub-region）に分けられる。ウガンダ統計局（Uganda Bureau of Statistics）の２０２２年統計要覧の例では、これら15の地域は、カンパラ、ブガンダ南部、ブガンダ北部、ブソガ、ブケディ、エルゴン、テソ、カラモジャ、ランゴ、アチョリ、ウェストナイル、ブニョロ、トロ、アンコレ、キゲジである。

県および市の数が増えているにもかかわらず政府予算総額に占める地方自治体支出の割合は年々減少し、２０１１年度には23％だったが、２０２０年度は11％まで落ち込んだ。同様に、ＧＤＰに占める割合も年々減少している。地方自治体は自主財源をほとんど持たず、財源のおおよそ96％を中央政府からの交付金に頼っているため、政府予算総額に占める地方自治体支出の割合の減少は、地方自治体のサービスのあり方に直接的に反映される。なお、地方自治体の財源において中央政府からの交付金が占める割合が96％というのは、アフリカ各国の中でウガンダが最も高く、隣国のタンザニアで90％、ルワンダで89％である。

１９９５年憲法の第１７９条によると、県の増加は、地方自治体の効果的な運営と、人々により身近なサービスデリバリーの実施のためとされている。しかし、経済的に独立していない地方自治体の運営は決して効果的とは言えず、サービスが向上しているとは言いがたい。例えば、筆者の調査地であるウガンダ西部ブニョロ地域には、８つの県と１つの市があり、そのうち、３つの県と１つの市は２０１０年以降に新設された。教育と保健は、地方自治体が提供するサービスの柱であり、ブニョロ地域で最も古い県であるホイマ県では、県の全体予算の42％を教育事業に費やしている。しかし、２０１０年に74％だった初等教育の純就学率は、最新の統計の２０１７年では63％であった。中等教育の純就学率も同様で、２０１０年には25％だったが、２０１７年では18％であった。また、２０１８年にホイマ県から分割したチクベ県では、就学率の推移に関するデータはないが、チクベ県内の多くの村に小学校が設立されておらず、２００名以上の教員が不足しているという。

ウガンダでアフロバロメーターという世論調査が実施されるようになって23年が経つ。２０００年の初回調査では、地方評議会議員の過去12か月のパフォーマンスを高く評価した回答者の割合は全体の23・2％を占めたが、２０２３年に行われた最新の調査では9・1％となった。同様に、地方評議会をどれほど信頼しているかという質問に対しては、２００２年の調査で大いに信頼していると回答した人の割合は全体の25・2％を占めたが、２０２３年の調査では17・8％であった。他方、全く信頼していないと回答した人の割合は2002年の調査でわずか4・8%であったが、2023年の調査では17・9%にのぼった。

サービス向上が見られない一方で、地方評議会議員や行政官のみならず国会議員に支払われる給与支出ばかりが増加していることに、人々の不満の一因がある。県が新設されると、地方評議会議員および行政官の数が増えるだけでなく、各県の選挙区を代表する国会議員の数も増える。2011年時点で国会議員の数は375名だったが、現在は557名まで増えた。国会議員の給与は公表されていないが、現地の報道や民間の国会監視団体によると、おおよそ3300万ウガンダシリング（日本円にすると約130万円）の月収に加え、車購入のための2億ウガンダシリング（約800万円）が5年任期の始めに支給されるという。つまり、政府予算総額に占める地方評議会議員、地方行政官、国会議員に支払われる給与の総額はこの10年で大幅に増加しているのである。筆者が2021年に実施したインタビュー調査では、「地方評議員や国会議員はただ椅子に座っているだけで、私たちのお金と税金を食べている」と述べた人もいた。

地方評議会議員のパフォーマンス評価や地方評議会への信頼度が下がる一方で、伝統的権威の地方統治における影響力や、市民の伝統的権威への信頼度が上がっていることは興味深い事実である。ウガンダ国内には、王やチーフなどの伝統的権威が存在している。王国は、本書の第10章にあるように、第一次オボテ内閣の時代に制定された共和国憲法によって廃止されたが、1995年に制定された憲法で「文化リーダー」として復活した。王やチーフなどの伝統的権威は、憲法上はあくまでも文化リーダーと定義され、政党政治及び行政への参加が禁止されている（第47章参照）。アフロバロメ

ブニョロキタラ王国の首相や大臣が執務する王国事務棟。2021年に改修された。（2021年6月）

ターによると、地方統治において伝統的権威がどれほどの影響力を持つかという質問に対して、２００８年の調査で大きな影響力を持つと回答した人の割合は全体の18・8％で、２０２１年の調査では28・2％を占めた。また、伝統的権威をどれほど信頼しているかという質問に対しては、２００２年の調査で大いに信頼していると回答した人の割合は全体の18・3％だったが、２０２３年の調査では43・0％にのぼった。

伝統的権威の影響力強化の背景には、さまざまな理由があるが、その一つは機能が低下しつつある地方自治体の補完的役割を担うことにある。例えば、ブニョロ地域には、大湖地域で最古とされるブニョロキタラ王国があるが、王のもとに王国首相がおり、王国首相が、王国大臣やブニョロ地域内の郡以下の各行政区画に配置されている王国チーフからなる王国組織を運営している。王国は、２０２０年に社会事業大臣の指揮で、ブニョロ地域内の教育および保健サービスに関する大々的な調査を実施し、教育保健サービスをどう改善すべきか、地方自治体に対して提言を行った。また、２０２１年には、国会議員や地方評議会議員などの県（ＬＣ５）と市の代表を集め、王国のリーダー陣との会合の場を設けるなど、王国主導で、地方自治体と王国の積極的な連携が見られるようになった。ブニョロキタラ王国の財源は決して大きくないため、地方自治体に代わりサービスを提供することはできない。しかし、王国の領域内の人々の声を代弁し、それを行政に反映させようと働きかけているのである。こうした王国の働きかけが、市民の伝統的権威に対する信頼度の高まりに表れているのではないだろうか。

ウガンダ国内の15の地域（sub-region）の中には伝統的権威を有さない地域もあるし、また、一口に伝統的権威と言っても、その歴史や形態は多様である。中部のブガンダ王国や西部のブニョロキタラ王国の場合、その歴史の長さや体系だった組織のあり方により、市民からの信頼が厚かったり、地方自治体との連携が取りやすかったりするのだろう。１９９７年に地方自治法が制定されてから四半世紀が経った。地域差に注意を払いながら、今後の地方自治体のあり方、それに対する市民の反応、そして地方自治体と伝統的権威の関係性について引き続き観察していきたい。

（大平和希子）

15

小農輸出経済の形成

★コーヒーと綿花生産が支えた農業発展★

ウガンダを代表する輸出品といえば、古くは綿花、最近はコーヒーということになるだろう。これらは植民地となってから栽培が進んだ農作物であるが、世界の熱帯農産物によく見られるようなプランテーションで大規模に生産されるのではなく、広い範囲の土着の小農民によって生産され、多くの買い付け商人が農民から生産物を買って、世界の市場へ輸出するという形で、20世紀初頭から発展してきた（ウガンダではプランテーションは、サトウキビ栽培と茶栽培のみに見られる）。この二つの農作物がウガンダの経済発展を支えてきたといってもよく、独立達成直後の1966年で見ると、ウガンダの総輸出額に占める割合は、コーヒーが52％、綿花が23％で、両方をあわせると、75％という高い割合にのぼっていた。最近の数値では、コーヒーの輸出が2007年に2億2700万ドルとなっており、その後も農産物輸出品では第1位を保ち、ウガンダの総輸出額に占める割合は14％となっている。これに対し綿花のほうは、1970年代後半から生産が激減し、現在では輸出品目での順位は20位以下で、国内繊維産業向けに主として供給されている。

しかし歴史的に見れば、綿花の重要性は際立っていた。第2

次世界大戦前の１９２６〜38年ごろには、日本の三大綿花商社の「日本綿花」「東洋綿花」「江商」が駐在員をウガンダに置いて綿花を買い付け、同時に日本の綿布を売り込んでいた。ウガンダにおける綿花生産は、１９０３年にイギリス商社の「ウガンダ会社」と、ウガンダ植民地政府が別々に種子を輸入して、ブガンダ地域を中心に行政首長に配布し、農民に植えさせたことに始まる。当時は１９０１年にインド洋岸のモンバサからビクトリア湖岸のキスムまでウガンダ鉄道が開通したばかりで、インド人の小商人たちが移民としてやってきて、その商売を競って拡大し、積極的に綿花を買い付けて、イギリス、インド、日本などの輸出商にそれを売り込んだ。こうして綿花生産は、住民の間に急速に拡大し、その栽培もブガンダから東部地域のブソガ、ブケディ、テソ、ランゴなどを主産地とするようになっていった。

綿花生産はアフリカ人小農民が担っていたが、集荷された綿花から種子と繊維を分離する地場の繰綿工場は、イギリス商社が去った後インド人系企業に独占されるようになっていった。第２次大戦中には政府の流通介入が進み、生産者価格が政府により固定された。戦後になると、１９４９年に綿花の流通を管理する公社「リント・マーケッティングボード」が設立され、世界市場価格から見て生産者価格は低く設定され続けたため、ボードは多額の余剰金を蓄積し、それを政府の一般開発資金に回したことが生産者の不満をあおった。ウガンダ政府は、不満をやわらげるため綿花生産者の販売協同組合組織化を支援し、独立前の10年間に10の繰綿工場を強制的に買い上げて、アフリカ人協同組合所有に移していった。協同組合員数はこれらの政府奨励策のおかげで急速に伸び、１９５１年には３万７０００人であったものが、61年には25万２０００人に増えた。61年度に協同組合が販売した綿花繊維（リントと呼ばれる）は全体の32％にのぼった。

綿花輸出は1970年にこれまでの最高の7万8100トンに達したが、その後は、アミン大統領のアジア人（インド・パキスタン系）国外追放や、第1次オイルショックによる世界市場の収縮などの影響で、1977年には9900トンに輸出が低下し、その後もウガンダの綿生産と輸出は回復することがなかった。

これに対し、1957年にウガンダの輸出品の第1位にあがって綿花を抜き去り、その後も第1位の地位を保ち続けているのがコーヒーである。ウガンダのコーヒーは主としてブレンドの増量用などに使われるロブスタ種で、インスタントコーヒーが世界で飲まれるようになってから需要が大きく伸びた。ウガンダはロブスタ種の原産地の一つでもある。ロブスタ（robust＝「強い」に由来する）という名の通り、この種は病害に対して強く、低地でもよく生産され、主産地はブガンダ地域とブソガの西部である。これに対してブランドもののアラビカ種は、病害の少ない高地で主として生産され、ウガンダでは、ケニアとの国境付近のエルゴン山の西南山麓付近で栽培されているものが主で「ブギスコーヒー」という名で通っている。またウガンダ西部のトーロ高地とウェスト・ナイル高地もアラビカ種を産する（図15－1）。いずれの地域も雨量が多い地域であり、ウガンダでは、コーヒーの樹はバナナと混栽されているのが普通である。コーヒーは苗を植えつけてから3～4年ほど経たないと果実をつけないので、それまではバナナの収穫で農民は食料と現金を得る。

コーヒーの実を収穫した後、果皮を取り去る加工を行わねばならないが、その加工法に「ウェットプロセス」と「ドライプロセス」とがあり、前者は収穫後すぐ水につけながら金属にとがりのついているドラムを回す機械で果肉を剥ぎ取り（この加工後の状態をパーチメントと呼ぶ）、たなの上で干して乾燥させた後、下皮の部分を工場の機械工程で取り去って、グリーンコーヒーと呼ばれる状態に加工する。これを競り市に出して輸出商社が買い取り、国外に輸出する。

図15－1　ウガンダのコーヒー生産地

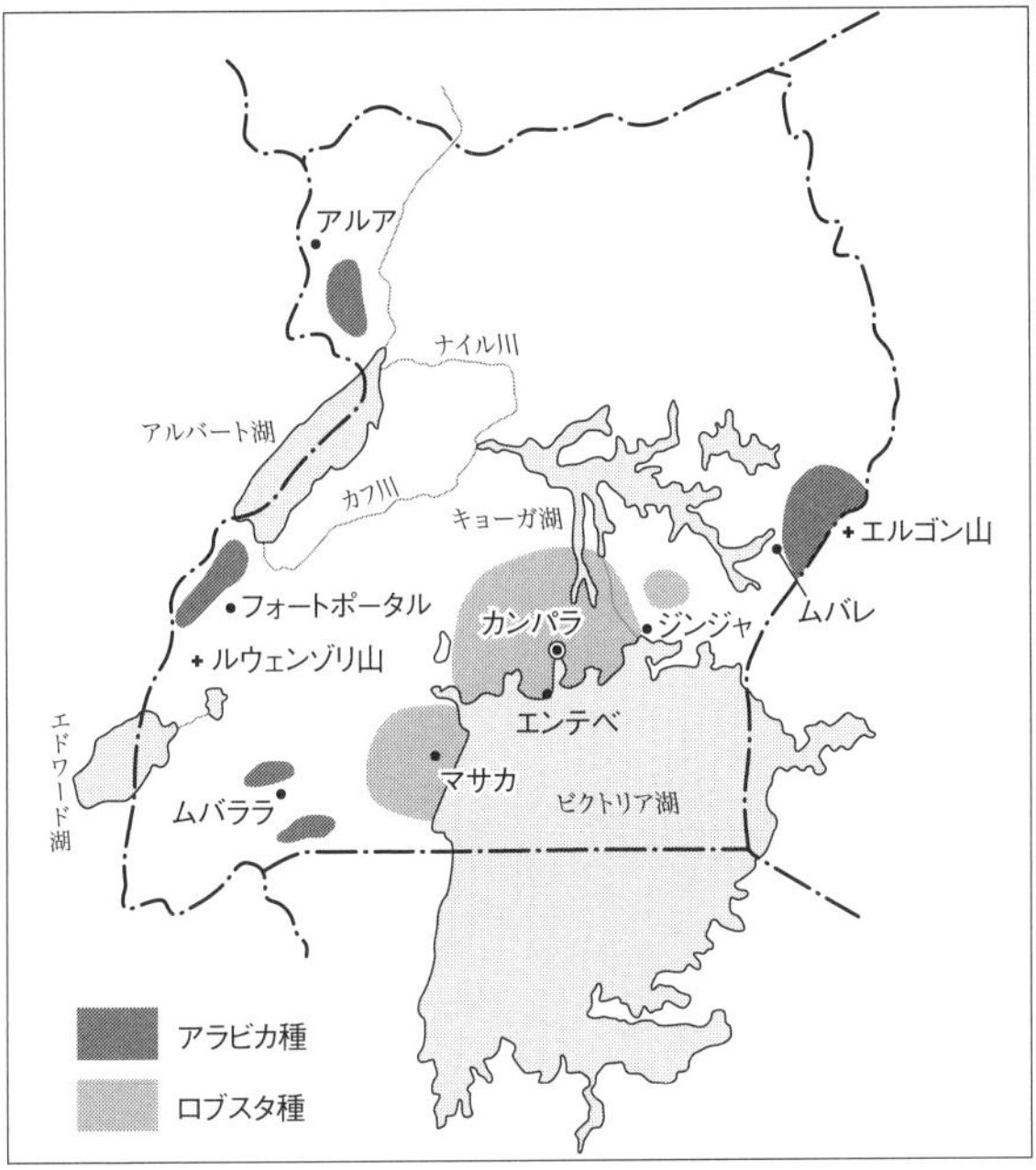

出所：FAO, *World Coffee Survey*, 1968.

このウェットプロセスは主としてアラビカ種のコーヒーに使われるが、ロブスタ種に使われるのは、主にドライプロセスのほうである。これは収穫後、農家がそのまま天日に干し（この状態をキボコと呼ぶ）、これを加工工場に出荷して全部の皮を一気に剥ぎ取る方法である。ウガンダのコーヒー生産地では、庭先に敷いたむしろの上で黒っぽいコーヒーの実＝キボコを干している情景をよく見かける。

　綿花と同じように、第2次大戦中は、コーヒーも植民地政府による流通の統制が進んだ。綿花とは違い、加工方法に違いがある商品であるが、その大部分を占めるドライプロセスのキボコの生産者価格を政府が決めるようになった。また加工工場も政府認可のものに限られるようになったが、その工場所有者は、ヨーロッパ系とインド人系のものが約半数ずつであった。綿花と同じようにこの政府管理方式を受け継いで公社方式のコーヒー・マーケッティングボードが１９５３年に設立され、生産者価格を低く設定したために多額の資金を蓄積したので、これを生産者価格安定基金とした。エルゴン山麓で産するブギス・コーヒーだけは、高品質のため、早くから独自の生産者協同組合が設立され、輸出業者に売るまでの流通を司った。

こうして独立前後から綿花とコーヒーの国家による流通支配体制がつくられ、生産者側は自己の下部組織としての販売協同組合を組織して、マーケッティングボードの活動を支えるという仕組みがつくられたのであった。コーヒーの世界市場においては、「国際コーヒー機構」（ＩＣＯ）が存在し、毎年輸出国ごとの数量割り当て制がとられて生産過剰による価格低落を防いでいたが、１９８９年７月にＩＣＯは、消費国からの圧力で割り当て制を廃止、当時世界の輸出国で10位以内の地位を保ってきたウガンダは、コーヒー価格の急落で、大打撃を受けた。１９９０年代には政府は世界銀行／ＩＭＦの勧告を受け自由市場化を進め、コーヒー・マーケッティングボードを廃止して、流通は完全に自由化された。ただコーヒー生産の低下を防ぎ、品質の向上や老化した樹の植え替えを促進するなどの方策を推進するため、コーヒー開発庁（Uganda Coffee Development Authority）が１９９１年に設立された。

（吉田昌夫）

16

農業を支える取り組み

★農産物の生産と流通支援★

ウガンダでは国民の9割近くが農村に居住し、全労働力人口の約7割が農業に従事している。他産業にとっては原材料供給源でもあり、また農産物輸出は輸出所得の約7割を占める（農林水産業産物とその加工品、2008年）など、農業はウガンダ経済の要となっている。

ウガンダ政府が1997年から実施している「貧困撲滅行動計画」においても農業の役割は期待されており、重要なプログラムの一つとして農業近代化計画（PMA）と称される政策が実施されている。PMAは、自給自足型農業から市場志向型農業への脱却をはかり、農業の生産性を上げ、農家の所得向上や雇用を創出することで貧困削減を目指そうという枠組みで、2001年に始動された。PMAの重点分野には、①研究・技術開発、②農業指導サービス、③農業教育、④農村金融、⑤加工と流通、⑥自然資源の持続的利用と管理、⑦インフラ整備の七つがある。なかでも農業指導サービスの充実に向けた動きは最も早く、PMAの実施と同じ2001年には全国農業指導サービス（NAADS：The National Agricultural Advisory Services）が開始された。効率性や効果の点で問題が多かった

NAADS事業による、パッションフルーツ生産グループの看板

従来の政府主導型の技術普及体制を刷新し、農家主導型で、かつ地方分権型、さらに民間企業をも巻き込むかたちで、農家需要に即した技術や情報を提供する仕組みをつくることが目的である。受益者としては、女性、若者、障害者など貧しい農民が重視される。各県と７００以上のサブカウンティにコーディネーターが配置され事業が実施されている。

ＮＡＡＤＳのサービスは基本的に民間企業から農民グループを通じて農家へ提供される。各農民グループは地域特性や比較優位性を考慮しつつ、市場を通じて利益を得られるような生産事業を三つ選択して実施する。たとえばコーヒー、香辛料、果物などの換金作物生産、コメ、トウモロコシなどの穀物生産、酪農、養蜂、養魚など、全国で50種以上の事業が展開されている。事業選択に際してはＮＡＡＤＳや関連団体からの助言を受ける。実施の段階では入札によって選ばれた民間企業から、投入財、農業機材、技術支援や研修サービスを調達したり、購入主体との連携をはかったり、またグループ間協力による回転資金で必要資金を調達することも可能となる。ＮＡＡＤＳの年次報告書によれば、２００７年６月までに約４万の農民グループが形成され、70万戸あまりの農家が事業利益を享受することができたとされている。

もっとも、組織力を生かして農家を支援する取り組み自体は協同組合によって早くから行われてきた。ウガンダにおける協同組合の歴史は１９１３年までさかのぼる。前章で見た通り当時の農民は外国人商人によってコーヒーや綿の加工および流通を掌握されていた。その対抗手段として設立されたのが最初である。これを契機に協同組合運動は全国に広がり、植民地政府による一部統制はあったものの、１９５２年には協同組合条例によって組合の自由と自治が保障され、組合活動が全盛した。こうしたなか、生産協同組合にかぎらず、流通、貯蓄信用、消費者組合など全国の種々の組合を束ねる代表組織としてＵＣＡ（Uganda Co-operative Alliance Ltd.）が１９６１年に設置された。ところが62年の独立後、協同組合は政治の道具となったり、組合内では汚職や無計画な事業拡大、過剰雇用といった経営上の問題が蔓延し、組合員の利益となるはずの本来の活動は滞ってしまった。その後、暗中模索の時期を経て、もう一度農民のための組合活動を復活させようという機運が90年代後半から高まり、現在見られる活発な活動にいたっている。再建の際にＵＣＡによってまず注力されたのが貯蓄信用

庭先で乾燥キャッサバを粉に加工する少女たち

街道沿いで販売される色とりどりの農産物

組合（SACCO）の育成支援である。SACCOは持続的な組合経営に重要な自己資金を確保すると同時に、農家への資金提供を可能にした。この成功と拡大に次いで営農支援事業も充実され、5〜20の組合や組織でつくる効率的規模の地域協同組合事業（ACE）を通して営農支援が行われてきた。UCAの年次報告書によると、2008年6月現在、260のSACCOと協力関係にあり、約20万人の農民にサービスが提供され、合計資本金額は5億円弱、預貯金額は12億円強、貸付規模は13・6億円強にものぼっている。またACEも年間60近く展開され、余剰金を出している。さらにUCAは組合運動やロビー活動はもちろんのこと、最近では若者の事業支援や生命保険事業も展開するなど、農家の暮らしを総合的に支援している。

1992年に設立されたウガンダ全国農家連合（UNFFE：Uganda National Farmers Federation）も農家と農業を支援するウガンダ最大級の農民組織である。UNFFEはウガンダ全国の農民の力を結集し、政府機関やNGOなどとの連携をはかりながら、農民の声を反映させた農業政策へのロビー活動を行うほか、見本市の開催を通じた農産物取引の振興、農業指導員の育成による営農支援、およびジェンダー問題や保健・医療問題に関する生活支援を行うなどしている。設立のきっかけは農業・畜産・水産省によって開催された新技術導入の農家コンペティションであった。そこでの勝者たちが、贈賞された欧米研修旅行で力強い農民組織を目の当たりにし、自分たちもそのような農民組織をつくりたいと願い出て、同省の協力のもとに組織化された。UNFFEが2009年に政府へ提出した建議書のなかでは、全国で約91の農民組織が加盟しているとされ、20万人以上の農民がメンバーとなっている。メンバーになるには各県で定められている年会費（個人会員で約100～200円程度）を支払う必要がある。こうした独自の財源を持つ一方で、国際機関や援助ドナー国からも大きな支援金を受けている。

以上に見た三組織は各々、NAADSは半独立政府系機関として農業技術普及を、UCAは協同組合として金融・生産・生活支援を、UNFFEは法人としてロビー活動や農業振興を、活動の中心に据えている。だが三者ともに、農民の組織力を強化し、生産流通環境を改善することで市場志向型農業を発展させ、貧困問題を解消するという大きな目標を共有している。農家としてはこれらの機関や制度を自由に選択して活用できるのである。ただし、こうした農業支援事業も順風満帆なばかりではない。UCAは過去に長らく経営上の問題を抱えていたし、最近ではNAADSやUNFFEにおいても、賄賂や横領、協力企業による不当な価格設定や投入財内容物の偽造といった問題が生じ、政府や援助ドナーからの資金の一時凍結や引き揚げなどが起きている。実際にこれらの諸制度を基盤に利益を上げ、成功の夢を描いている農家がいる今、失敗を繰り返すことのない、健全で息の長い運営が強く望まれている。

（一條洋子）

17

村の雑貨店

★商品経済への窓口……ではあるけれど★

　地方の結構な田舎でも、赤土の道沿いに、日本でいえば駅のキオスク規模の雑貨店があり、多くの村人が利用する。どの店にも、塩、石けん、灯油など、各世帯で消費・利用する日用品が揃えてある。瓶入りのコークやペプシも、高価ゆえに買う人はそれほどいないが売られている（冷蔵庫はもちろんない）。次ページの表17－1は、私の調査した農村地域のなかでも比較的品揃えのよい雑貨店Aの商品のリストである。

　店は地域の村人の経営なので、農繁期には閉まることもあるが、たいていの場合、毎日朝早くから夕暮れすぎまで開店している。店が客で最もにぎわうのは夕食前の時間帯だが、昼間の時間帯にも客はぽつぽつと現れ、店先で店主や客どうし長い間立ち話をしている場面がよくみられる。雑貨店の隣にはしばしば、「ホテリ」と呼ばれる喫茶店も店開きしている。喫茶店といっても、メニューはチャイ（ミルクティー）とチャパティ（小麦粉の薄焼き）きりだ。しかしこの雑貨店と喫茶店があれば人の集まりができ、農村でのささやかな「盛り場（センター）」ができる。私の調査している山村にも、こうした雑貨店は保護領期から見られたが、村々にその数が増えはじめたのはムセベニ大

表17－1　村の雑貨店Aの品揃え

食料品		日用雑貨				薬品など	
砂糖	◎	マッチ	◎	鉛筆	△	マラリア薬	○
塩	◎	電池	◎	封筒	△	鎮痛剤	○
紅茶葉	◎	灯油	◎	下着	△	頭痛薬	△
調理油	◎	棒石けん	◎	安全ピン	△	PPF（注射薬）	△
ビスケット	◎	ボールペン	○	靴クリーム	△	注射器	△
炭酸飲料	◎	ノート	○	針	△	殺虫剤	△
米	○	洗濯粉石けん	○				
あめ玉	○	カミソリの刃	○				
小麦粉	○	ワセリン	○				
化学調味料	△	懐中電灯	△				
カレー粉	△	豆電球	△				

◎：どの店にも置いてある
○：半数ほどの店には置いてある
△：ほとんどの店には置いていない

統領の時代以後、主に１９９０年代に入ってからのことらしい。

日中の調査が一段落した夕暮れに、私もよく近所の雑貨店に立ち寄って店主や客と時間を過ごしたものだ。聞き取り調査の目当ての人が農作業のために畑に出払っていたり町に出かけていたりとつかまらないときも、雑貨店に行けば店主が暇な時間帯には話の相手をしてくれるのでありがたい場所だった。日暮れすぎになると夕食の支度をする主婦や、母親のおつかいでやってくる子どもたちで店はあふれかえる。客は全員が全員、代金を手にしてやってくるわけではない。ツケで商品を買っていく客もいる。そして、トウモロコシやインゲンマメなど作物をかごに入れ、頭にのせてやってくる子どもたちも大勢いる。一定量の作物と商品とが交換できるのだ。商店主は店に用意された空き容器１杯分の作物量とその時点でのキログラムあたりの作物市場価格から換算して取り引きする。雑貨店で取り引きされる最も重要なものの一つが、このような形で取り引きされる村人の作物なのだ。

別の雑貨店Bでの実際の商売の様子を見てみると、このことがわかる。２００２年７月下旬の１週間、夕方のいちばん客の多い時間帯に毎日１時間程度、店での客との取り引きを記録した。来店した

表17－2
雑貨店Bでの取り引き

商品	件数
インゲンマメ	41
調理用油	27
灯油	26
トウモロコシ	16
砂糖	17
紅茶葉	9
塩	7
石けん	7
米	6
ビスケット	5
あめ玉	5
鎮痛剤	5
マッチ	5
卵	4
トマト	4
ワセリン	3
生食用バナナ	3
電池	3
ソーダ	2
ボールペン	1
調味料	1
ノート	1
安全ピン	1
小麦粉	1
合計	200

表17－3
上表のうち村人が店に持ち込んだケース

商品	件数
インゲンマメ	39
生食用バナナ	3
卵	2
トマト	1
トウモロコシ	1
合計	46

客はのべ128人、取り引きの数は200件だった。それをまとめたのが表17－2、表17－3である。表17－2は全200件の取り引きの品物と件数の内訳であり、このうち客のほうが店に品物を持ち込んだ46件の内訳を示したのが表17－3である。つまり、雑貨店は村人にとって地域外から仕入れられる商品を買うだけではなく、自分の家の生産物を持ち込む場でもあるのだ。この時期はちょうどインゲンマメの収穫期に重なっていた。そのためインゲンマメを持ち込んで店に買い取ってもらう客が多いことがまずわかるだろう。この時期、店主はキログラムあたり200シリングで買い取っていたようだ。一方トウモロコシは収穫が例年9月ごろなので、収穫前のこの時期は粉挽きにして主食の練り粥（ポショ）をつくるためのトウモロコシが不足しがちだ。表17－2、表17－3からわかるように、トウモロコシを店で購入している客が多いのはそのためである。ここではいわば、レートの決まった物々交換のような取り引きが成り立っている。

ほかに、客から店に持ち込まれたものとしては卵、生食用バナナやトマトが見られる（表17－3）。卵はその場での買い取りだが、生食用バナナやトマト、そして（表17－3には登場しないが）アボカドな

村の雑貨店の店内の様子（エルゴン山）

どは、店主が村人から預かって代理販売する代表的な商品だ。店主と親しい既婚女性は、自分の畑から収穫されたトマトや生食用バナナを店頭に置いてもらい、その後売れた分だけ代金を受け取る。店主は基本的に、マージンなどはいっさい受け取っていない。こうした代理販売も村人どうしのおつきあいの一環だ。この代理販売には一つ面白いエピソードがある。店に品を預けた女性2人に、なぜ自分の家で売らないのか、と聞いてみたところ、近所の人々に分けるのではなく売るということがどうにもやりにくいというのが、その答えだった。特にアボカドなどは普通に分け与えられるべき「樹になる果実」であるから「分けてくれ」という近所の申し出をむげに断ってはお互いの体面が保てない。そこで、自分が売りたいときは雑貨店に預けるようにするのだという。

以上で、こうした雑貨店が単に農村部で商品を販売する場所にとどまらず、村人とのさまざまな取り引きや社交の場となっていることを述べてきた。そして、助け合い・互酬性に基づいた村でのモノのやりとりや人づきあいのなかで、この雑貨店は商業の領域だという場の性質も有しているらしいこともわかっていただけただろう。しかし、だからといってこの商売が我々の目から見て「商業的」に見えるかといえばそれは別の話だ。私が店での取り引きを調査した時期はインゲンマメの収穫期に重なっていたので、ツケ買いは1週間で3件にとどまっているが、トウモロコシもインゲンマメも収穫前の時期にはツケ買いがかなりの件数にのぼる。店主はノートにツケをその

首都近郊の雑貨店の店構え（カンパラ）

つど記録しておくが、なかには回収できないツケもある。町から仕入れたモノを売った利鞘が、それほど大きいとも思えない。こうした雑貨店は商売として決して効率のよいものではないだろう。げんに、男性たちに最も効率のよい商売だと認識されているのは村人からのコーヒーまたはウシ・ヤギの仲買だ。そう思った私は、親しい店主に何がよくてこの商売をしているのかと単刀直入に訊ねてみた。彼の答えは、「何もしないよりまし」というものだった。「家にいて、周りの連中と噂話をくだくだとしているよりは、ここにいたほうがよい。ここにはいろいろな客が来る。彼らと話をする。だが、基本的に彼らは店の客であり、品物を買ったら、どこかへ行ってしまう」「たとえば8万シリングの現金を持っていたとしてもすぐにそれはなくなってしまうが、こうやって店を持っていると、それを目減りさせずにキープできる」「家にいるのと違って、（店番をしていると）一人でいろいろと考えをめぐらすことができる」というのが、彼が私に説明したことの要点だ。そして、彼はもう一つ、「もし自分の住む村と、隣の村とを選ぶのなら隣の村で店を開くことを選ぶ」ということも要点として述べた。これは、村を越えた社会関係を広げていくことへの志向だというように彼自身は説明したが、もしかしたらここにも先の女性と同じように、たとえ店を構えていようがすぐ隣の人との間では商売がしにくいということがあるのかもしれない。まがりになりにも村人自身が農村社会で商人となるためには、ある程度の「越境」が必要になるということだろうか。

（白石壮一郎）

18

人とバナナの豊かな関係

★栽培・利用・品種★

ウガンダは知る人ぞ知る世界屈指のバナナ生産・消費国であり、国内外で「バナナの国（Country of banana)」という呼び名が定着している。国連の統計によると、料理用と生食用の種類を合わせた2021年の年間生産量は約1100万トンであり、アフリカ大陸で第1位、世界ではインド（約2300万トン）と中国（約1200万トン）に次いで第3位である。日本のバナナの輸入量が年間100万トン強（その8割以上はフィリピンから）であるから、ウガンダは実にその10倍もの量を生産していることになる。そして、そのほとんどが国内で消費されており、地域によっては一日一人あたり4～4.5キロものバナナが消費されていたという記録もある。

東南アジアを栽培起源とするバナナがアフリカ大陸にはじめて持ち込まれたのは紀元前であるが、現在のウガンダにあたる地域で本格的に栽培されはじめたのはもっと後の時代である。歴史言語学的な研究では、ビクトリア湖の西岸と北岸のそれぞれガンダ人とソガ人が暮らす地域において、家まわりに栽培する今日のような農業形態が広まったのが12～15世紀ごろと推定されている。つまり、現在までの500～800年間にバナナ

バナナの手入れをする男性。病害虫がつくのを防ぐために枯れた部分を切り取っている

の栽培文化が育まれてきたことになる。大航海時代以降、アフリカの多くの地域が新大陸起源のキャッサバやトウモロコシの栽培に移行していくなかで、ビクトリア湖周辺を含む東アフリカ内陸部の標高1000〜2000メートルの高地の一部では、この標高によく適応したバナナの栽培を中心とする生活が営まれ続けてきたのである。なお、1850年代に西欧人としてはじめてウガンダの地に足を踏み入れた探検家スタンリーは、ブガンダ王国において多くの場面でバナナが利用される様子を垣間見て「ほとんど肉と鉄以外のすべてである（ほど人々の生活にとってバナナが重要である）」という言葉を残している。

ウガンダを含む東アフリカ高地でのバナナ栽培は、家のまわりに畑を開き、長期にわたって手入れを入念に行う点に特徴がある。地面は雨や風で土が流れるのを防ぐためにバナナの葉で敷き詰められる。バナナは種子からではなく、タケノコ状に生えてくる吸芽を株分けして増やす。間引き、葉の剪定、倒伏を防ぐための支柱立てをして、一本あたりの房のサイズを大きくすることに力が注がれる。

第18章
人とバナナの豊かな関係

ガンダ人たちの主食となる料理用バナナ（マトケ）を遠方の生産地より運んできた卸商人が、トラックから荷を降ろしているところ。カンパラ最大の卸市場のオウィノ・マーケットにて［吉田昌夫撮影］

収穫は植え付けてから約2年後である。季節によってその量は大きく変化するものの、一年中収穫することが可能である。バナナの栽培は農作業の時期が比較的分散しているので、一度の労働力は少なくて済むという利点がある。ただし、近くに住み続けて絶え間ない管理をすることが必要である。

この地域でつくられる品種の多さと農家の知識の深さは、バナナの栽培文化の長い歴史を感じさせてくれる。ウガンダ各地で農家が呼び分けている品種の数は、農業省の調べによると600を上回り、同様の形態のものをまとめていくと、100から200程度になるという。これらの植物学上の分類は困難さをきわめるが、大きく以下の三つのグループに分けると理解しやすい。各グループは、導入された経緯、品種の遺伝子構成、利用法などが異なっている。

一つ目のグループは、もともと東アフリカの

料理用バナナ「マトケ」と「ルウォンボ」（コラム６参照）を準備する女性たち

海岸部と島嶼部で栽培され、最近１００年ほどの間に持ち込まれた品種である。たとえばカンパラの露店で売られている生食用の品種である果指の小さなモンキーバナナ「ンディジ（スカリ・ンディジともいう）」と大きなバナナ「ボゴヤ」は、このカテゴリーに属する。前者は、カンパラ市街のスーパーマーケットで「アップルバナナ (apple banana)」と表記されている。後者は「グロス・ミシェル」という商業用品種であり、日本の店でよく見られる品種「キャベンディッシュ」と遺伝的に近い。このグループには、生食用のほかにもジュース、醸造酒（どぶろく）、蒸留酒に加工される品種も含まれている。

二つ目のグループは、中部・西アフリカと中南米で、料理用品種もしくは主食用品種としてしばしば「プランテン」と呼ばれる品種である。果指が細長く角張っており、熟しても果肉はデンプン質が多く糖分が少ない。ウガンダでは「ゴンジャ」と呼ばれ、軽食用品種として主に炭火であぶって食されるが、生食されたり主食として調理されたりすることはない。

三つ目は、東アフリカ高地系バナナ (East African highland banana) といわれるグループである。三つのうち生産量も品種数も最も多く、人々の間では古くからある伝統的な品種と考えられている。主食料理、ジュース・酒に加工され、主食用の品種はガンダ語で「マトケ」（第34章参照）と呼ばれる。主にウガンダ、コンゴ民主共和国東部、ルワンダ、ブルンジ、タンザニア北西部、ケニア西部の一帯で栽培されるが、歴史的な導入経緯はまだ明らかになっていない。このグループの品種名の多くは人名と類似しており、ガンダ人が語る神話にもしばしば登場する。たとえば、ブガンダ王国の伝説の創始者であるキントゥがこの地に降り立ってはじめて植えたのは「ナチテンベ」という現在最も知られた品種の一つであり、彼の妻ナンビが持ち込んだとされる品種は彼女の名前をとって「ナンビ」と呼ばれたという話は有名である。主食用のバナナ品種はメス、酒用のバナナ品種はオスとされ、一筆の畑にはそれぞれに属する品種が必ず植えられる、といった慣習も広く見られる。

バナナは果肉だけでなく、多くの部位がさまざまな用途に用いられる。特に頻繁に使われるのは、葉や偽茎（地上部の茎に見える部分で、葉の一部）である。葉はものを包んだり床に敷いたりするだけでなく、ヘラや家畜の餌になる。葉の軸は、削いで乾燥させたものがバスケットの材料にされる。茶色く変色した枯れ葉は、焚き付けや葬式時の敷物に使われる。偽茎表面の一枚一枚は、屋根葺きの材料にもかつて用いられていた。その他、果皮はタバコの材料や水瓶の香りつけに、ハート形をした花の部分（雄花序）はポリタンクの栓に使われる。そして植物体全体は、そのシルエットの美しさから装飾に利用される。最終的には、すべての部位は土に返り肥料になる。生活のあらゆる面でのかかわりを通してバナナへの親しみが醸成される点も、この植物をめぐる生活文化の一つの特色といえる。

（佐藤靖明）

コラム3

バナナの屋敷畑をめぐる人びとの思い

佐藤靖明

バナナが主食や酒の材料に使われるウガンダ中部では、家屋のまわり三方を取り囲むようにしてたくさんのバナナが植えられている。農学の分野では、このような畑は「家に付随した畑」という意味で「ホームガーデン」（日本語では「屋敷畑」もしくは「庭畑」）という形態に分類される。しかし、ここでは「家まわりの畑」というよりも「畑のなかに家がある」と表現したほうが適切かもしれない。数十年にもわたって継続して同じ畑でバナナが栽培され、住居のほうが畑内の別の場所に建て替えられることもあるからだ。実際、農村を遠くから眺めると、バナナ畑のなかに家が埋め込まれているように見える。

農村に暮らす60歳のKおじいさんに、彼のバナナ畑について聞いてみると以下のように語ってくれた。

「このバナナ畑で農業をはじめて35年になる。バナナ畑は特別なものだ。そこでは子どもを勝手に遊ばせないし、他人が勝手に踏み入ることは決して許さない。最近はバナナ泥棒もいるので、気をつけなければ」

言葉の端々から、この畑への誇りや管理に対する真剣さが伝わってくる。彼は結婚して両親から独立した際に現在の土地（の利用権）を購入したのだが、土地を選ぶ際にまず検討した点は、バナナを植えたときによく育つかどうかであった。その後彼は、政治の大混乱があった1970〜80年代にも途切れることなくこのバナナ畑をずっと管理し続け、自分の家族が食べる分をまかなってきた。つまり、ホームガーデンとともに人生を歩んできたのだ。

Kおじいさんが管理するその畑に入ってみると、明るい森のなかにいるような雰囲気に包まれた。クワ科の樹木（イチジクの仲間で樹皮が布に加工される）やコーヒーなど、畑のなかでさまざまな種類の植物が一緒に生育していることは意外であった。畑の中心に進むにつれて、バナナが雑音を吸収してくれるためか、静かな世界を感じることができた。葉の間から届く細い光の束が神々しく、地面にはバナナの葉がていねいに敷き詰められていた。

果実が大きくなる頃合いを見て収穫するのは、奥さんの役目である。収穫の様子から、いくつかの不思議な行動に気がついた。一つ目は、収穫した房から1本のバナナを抜き取り、その場所に置いておくことである。バナナ畑を収穫しつくしてしまうことがないように、という意味が込められている。日本でいう神様へのお供えのようなものだろうか。

二つ目は、畑からトウダイグサ科の植物の葉を摘み、近くのバナナの植物体に引っ掛けることである。彼女は、「この草があるとなぜかバナナはよく育つのよ。たくさんとれるように、収穫した後にバナナに引っ掛けるのよ」と説明してくれた。

そして三つ目は、収穫後に残ったバナナの植物体をナイフで細断するとき、花の一部を取りはずして、地面に敷き詰めた葉の下に隠すことである。もし呪術師がそれを手に入れたら、この畑からバナナの実をまったく出さないようにし、かわりに別の畑を実のつけたバナナでいっぱいにすることができるらしい。だから悪意のある人に盗まれるのを防ぐために隠しているのだという。

自然からの豊かな恵みの表れであるとともに、人々の欲望や妬みといったさまざまな感情が渦巻いている場こそがガンダ人のバナナ畑であることに、私はようやく気がついたのだった。

19

アルバート湖畔の漁民の生活

★月、星、風を操るハンターたち★

漁村の人々は月とともに生活する。月の満ち欠けと動きが出漁時刻を決める。月が天空で長くとどまるようになると魚は捕れず、漁は休みになる。「月の光が私たちに休息を与える」と漁師は言う。漁師は魚の習性を熟知するハンターだ。

ンゾゴロ（ティラピア）は頭の良い魚だ。網が見えると、胸鰭（むなびれ）を使って後ずさりし、逃げていく。網のなかに入っても油断はできない。網の底で横向きになり、網をかわして逃げていくこともある。網にかかって逃げられないと観念すれば、口のなかの稚魚たちを網の向こうに吐き出すこともある。

雨季には豊漁が続く。激しい雨が降ると魚は湖面に上がってくるので、捕りやすくなる。雨が降る前後には強い風が吹く。そうした日にはボートを漕ぎ出すことができない。月夜と暴風が村を閑散とさせる。バーで酒を飲むことも、魚を売買したり、加工したりすることもできない。「魚がなければ、生活なし」の状態はキクウェエレ（グング語で白いもの、転じて月夜、そこから魚が捕れない状態、そして金の入っていない財布）と呼ばれる。

第19章

アルバート湖畔の漁民の生活

図19－1　アルバート湖畔

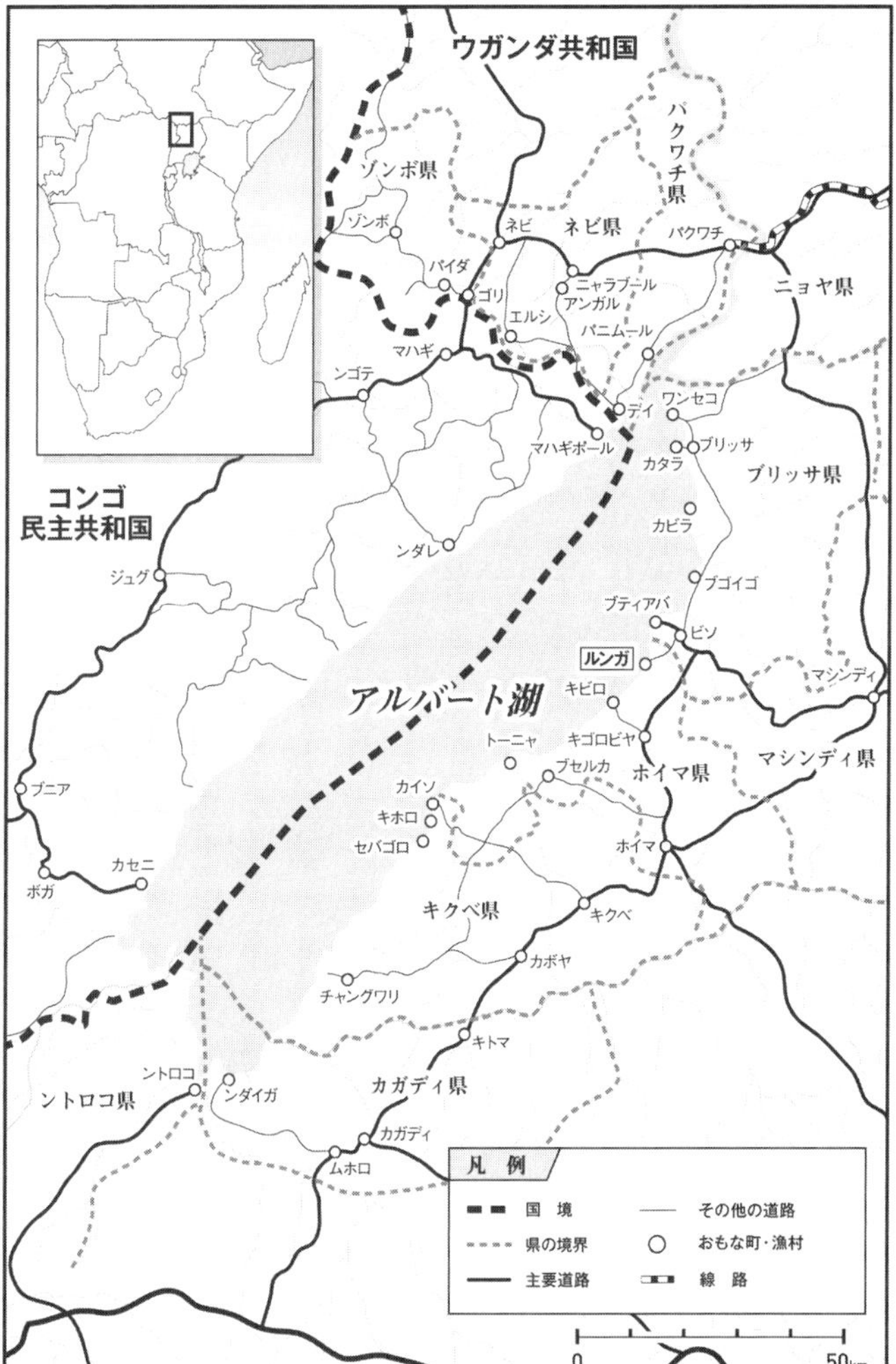

出所：Nelles Veriag GmbH, D-80935をもとに稲葉一徳（kite）作成

漁から帰ってきた漁師と魚を買いに集まった人々
（ルンガ村、2009年5月）

風には名前がつけられている。北から吹くンダウェは、力のある乾燥した風だ。この風が吹くと瓶の水は3～4時間で乾き上がってしまう。昼間この風が吹いていれば、夜に雨が降ることはない。2～3月に吹くスワシは、雨がもうすぐ来ると告げる風で、力がある。その力はボートをしばしば転覆させる。大変冷たい風カバディ、その意味は「彼らに食べさせろ」、つまり魚を運んでくる風である。この風が吹くと漁師たちは起き上がり、漁に出る。

湖に漕ぎ出ると、水平線しか見えない。方向を教えてくれるのは風、そして星である。漁師たちは、漁の最中でも風の音とその変化に気をつける。岸が見えれば、ボートの位置は、木々と断崖の形や模様が教えてくれる。たとえばルンガ村の目印は、2本のヤシ科の木、その左に見えるアカシアの木、そして断崖を斜めに切るように走る道である。しかし、乾季は視界が悪くなり、岸を見分けることが難しい。ときには西側のコンゴ民主共和国の岸にたどりつくこともある。

漁で最も危険なもの、それはカバだ。周辺の国立公園から漁村へ紛れ込んでくる。気づかずに櫂がカバに当たれば、カバは突進して、ボートを転覆させる。ボートから落ちた漁師が、カバに嚙まれる事故は少なくない。

漁獲はチャンスだ。活発で熟練し経験を積んだリテール（ワーカー）が求められる。網とボートを所有する網主が、2～3人のリテールを雇って漁をする。リテールには住居、食料が与えられる。漁獲の分配は、漁村ごとに取り決めがある。たとえば、ルンガ村では、刺し網の漁獲は、網主とリテールで7対3、エンジンを使った場合は8対2、小魚灯火漁の漁獲は5対5で分配される。

岸売りされた魚は、鮮魚のままマーケットで売られることもあるが、ほとんどは加工されて流通する。魚を開いて少量の塩をふって天日で乾かすマケゼ、大量の塩を使って天日干しするミカド、丸ごと薫製にするマトラなど、魚種とサイズにより加工方法は多様だ。岸で買った魚を加工してマーケットで売る仕事は、アビシャムカニ（アルル語で「食べるところが住むところ」の意）と呼ばれ、主に女性たちが担う。マケゼはホイマ近郊のマーケットで流通する。長期保存に適したミカドは、約20キロの梱包にまとめられ、ボートでパニムールへ運搬される。そこからウガンダ北西部のモヨ県、アルア県、そしてコンゴ民主共和国、南スーダンへと陸路で運ばれる。

アルバート湖は、アフリカ西側大地溝帯底部にあり、東側はウガンダ共和国側エスカープメントに、西側はコンゴ民主共和国側エスカープメントにはさまれ、大湖地域の最北部に位置する。ウガンダ側の漁村からは2000メートルと切り立つブルーマウンテンを臨む。アルバート湖は、アルル語でウネクボニョ（イナゴを殺す場所）と呼ばれる。水面を渡ろうとするイナゴの集団が、そのまま水中に落ちてしまう様子に由来する。主な魚は、ゲムやンプタと呼ばれるナイルパーチ（*Lates albertianus*）、ンゾゴロと呼ばれるティラピア（*Oreochromis niloticus*）、そしてアンガラ（*Bricynus alestes*）、ンガシア（*Hydrocynus forskahlii*）、ラゴギ（*Alestes jacksonii*）、ムズィリ（*Neobola bredoi*）、カマドゥル（*Synodontis schall*）、アディンガ（*Malapterurus electricus*）などである。

南北150キロメートルに及ぶ湖の東岸（ウガンダ側）は、北から順にネビ県、ブリッサ県、ホイマ県、キバレ県、ブンディブギョ県の五つの県にわたり、人々も魚種も一様ではない。アルル人が住むネビ県の岸は、ナイル川に近いため魚種が35種と他の岸より豊富だが、サイズは小さいものが多い。グング人が住むブリッサ県では、最もおいしいといわれるアンガラとンガシアが豊富に捕れる。

大湖地域では1960〜1965年コンゴ動乱、1990〜1994年ルワンダ紛争、1998〜2002年コンゴ内戦などにより多くの移民と難民が生み出されてきた。湖岸に避難した人々が漁の出作り小屋を建てたことから発生した集落は多い。1990年代後半、流入する人々の数は激増し、現在、湖岸は多民族が混交する場となり、一方で乱獲による水産資源の枯渇が指摘されている。ウガンダ政府は、資源管理の意思決定をコミュニティ参画のもとで行うことを目的として、アルバート湖では2004年以降、BMUと呼ばれる岸管理単位（第39章参照）を導入した。

湖岸を最も広く占有するホイマ県には34の漁村があり、それらが23のBMUにより管理されていた（2016年時点）。漁業にかかわる免許申請手数料――ボート免許、漁網免許、漁労免許、魚加工免許、魚流通免許――を漁民たちは毎年、BMUに納める必要がある。魚の売買にはマーケット税、魚の移動には流通税がかけられる。また、漁民の多くは違法な漁網や漁具を使用しているため、法律では定められていないが、違反金を要求するBMUが多く、管理の緩いBMUの岸を求めて移動する

魚を日干しにする女性（ルンガ村、2009年5月）

漁民も多い。しかし2016年にBMUは廃止され、2017年より湖岸には海軍と漁民の共同組織エンフォースメントが導入された（第39章参照）。

そして今、アルバート湖底とその周辺に再発見された石油が漁村を変えはじめた。石油会社によって岸への道路が整備され、2004年以降、魚の流通に変化が生じた。輸送手段がボートから車に変わり、かつて魚の集積地であったントロコ、ブティアバ、ワンセコでは、魚流通許可証発行による歳入金が激減した。また、ナイルパーチを現金で買い求める魚商人たちがカンパラから参入しはじめた影響で他の魚種の価格も上昇し、漁村にいながら魚が食べられないという事態が招かれている。国境近辺では、石油探索船が銃撃されたり、漁のボートが軍隊に捕獲されたりする事件も起きている。

アルバート湖の漁民たちは岸から岸へと魚を追い、生涯ときには数世代にわたって移動のなかに住んできた。エンフォースメントの導入、石油の発見によって地域の情勢が変化するなか、漁民たちは母村と漁村のネットワークを駆使して新たな生活を醸成しつつある。

（田原範子）

20

乾燥地における牧畜民の生活と生態環境

★家畜との濃密な関係★

今日、「カラモジャ（Karamoja）」は行政単位としては機能していないが、カーボン、コティド、アビム、モロト、ナカピリピリット、ナパック、アムダット、カレンガという8県が覆う北東部乾燥地を、研究者やウガンダの人々はカラモジャと呼ぶ。東スーダン語族の一語派、東ナイロート語群ないし南ナイロート語群に属している牧畜民数十万人の故郷であるこの地で現地調査を行ったガリバーやナイトンなどの研究者は「カラモジョン」という概念によって、この地域に居住するドドス、ジエ、カリモジョンという東ナイロート系牧畜集団を総称する。しかし、カラモジョンなる語は外部社会による造語であり、東ナイロート語の語彙には存在しないどころか、各集団はそれぞれ固有の文化的価値、言語（ただし相互に了解できる）および社会組織を備えた、相互に異質な、ときに敵対的な他者である。だが、彼ら自身農耕民や狩猟採集民との対比において、「家畜とともに生きる者」として自己規定するように、彼らは民族集団間の差異を越え、乾燥地に適応した牧畜という生業に強く依存し、牛、山羊、羊といった牧畜家畜に至上の価値を付与するという特徴を共有している。

カラモジャの年間平均降雨量は500~700ミリだが、時間的および空間的な変動が大きい。カラモジャはウガンダで最も乾燥しており、乾季は最も短くても6カ月と、国内では最長である。短い雨季における降雨は不規則かつ局地的で、いったん降りはじめた雨はしばしば強烈な豪雨となって種子や穀物を流し去り、土壌は重く粘る泥となり、季節河川は氾濫する。対照的に、乾季は長期化して干ばつとなり、地面を20メートル掘り下げなければ水が入手できないほど乾燥が深まることもある。ケニア・ウガンダ国境沿いの岩がちな高原帯と比べてより肥沃な土壌に恵まれた低地平原では農耕が可能だが、降雨は変動が大きいうえに予測不可能であり、単独で生活を支える生業とはなりえない。付随的に営まれる農耕は収穫物を交換して、家畜を入手するという、牧畜の補完的役割を果たす。

図20－1　カラモジャにおける牧畜諸社会の分布

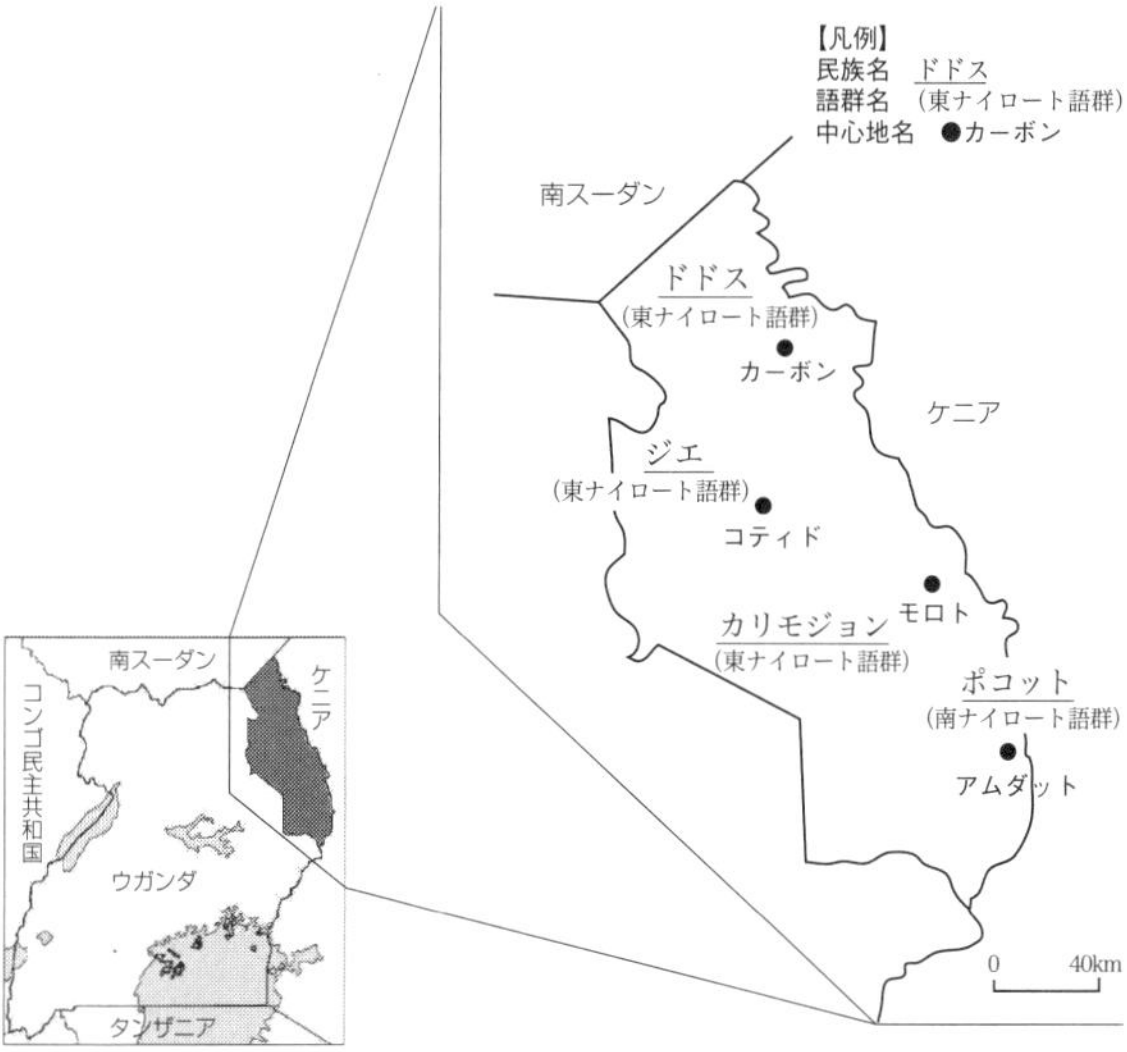

出所：筆者作成。

牧民の理想は、牛、山羊、羊、ロバ、そして少数のラクダから構成される大きな群を維持することである。家畜種ごとに採食する植物種や干ばつへの耐性は異なり、さらに家畜の病気は概して種特異的であるため、家畜の全群の喪失というリスクは低く抑えられる。さらに、互いに異なる時期に泌乳時期を迎える牛と山羊との異種混群により、ミルクという、牧民の生存にとっての要が端境期のない状態で供給されることにもなる。

放牧形態は往復移動距離10キロメートルから20キロメートルに及ぶ日帰り放牧であり、泌乳雌は朝夕の搾乳の直前に人の介助のもとでその新生子と出会い授乳するが、放牧時は子を人の居留地に残す母子分離放牧が実施されている。成牛群に対しては平均2～3日に1回、山羊と羊の混群で形成される小家畜群には3～4日に1回給水する。ドドスやカリモジョンは家族成員の大部分が居住する定住的な集落を生活圏の中心とし、家畜の日帰り放牧の拠点をここに据える。乾燥が進むと、少数の青年男性が家畜群とともに頻繁に移動しつつ一時的に居留する家畜キャンプを構築する。いずれの居留地でも家畜囲いを中心部に構え、その辺縁に人が暮らすという形で環状集落が形成される。

人と家畜の関係は濃密である。ホームレンジ認知が弱く、陽射に対する耐性のない早期新生子は草葺の小屋につなぎとめ、人間と寝起きをともにする。仔牛は生後約1カ月、仔山羊および仔羊約2週間の繋留の後、縄を解かれた子は特定の管理を受けず、集落の内外を自由に遊動する。やがて集落の外で過ごす時間が長くなるとともに、猛禽類が頭上を飛来したときや大きな物音に驚いたときに心理的安定を求めて人に駆け寄り、集落内へ避難するなど、身体の強靭さと人や居留地への紐帯が強まると、新生子は母雌が合流している成獣群とは別個に組まれた短距離放牧群に加入する。これは家畜群の所有者の幼少の子が、集落に近い草地の採食パッチでの放牧に連れ出す、小規模な群れである。

牧畜民のもとで人付けの過程を経て成獣となった家畜の姿は、野生種のそれとは大きく異なってい

河床を掘り下げ、浸み出す水をひょうたんですくい、牛に給水する。

る。まずそれらは先導者の牧童に追随して牧野へ行き、採食する。そして自身が居留してきたホームレンジ認知を集合的に共有する家畜たちは、自身の帰属する群れを識別し、放牧中は他群へたやすく混入しない。さらに日帰り放牧のリズムと脈絡を学習しているため、夕方には自ずと牧地から居留地へ戻り、導きがなくてもそれぞれの囲いへ迷わず帰る。そして泌乳雌は個体名を呼ばれて駆け寄り、人の身体接触を受容し、そして搾乳を許す。

家畜の所有は牧畜社会において社会的地位に強く影響するので、家畜所有と関連しない願望は存在しない。家畜はたんに富と等しいだけでなく、社会的な相互行為のなかに組み込まれており、共同体の幸福を定義する観点である。重要な人生の出来事を標づけるための犠牲獣として、あるいは交易において、さらにその贈与を通じて家族の関係や公的な友情を構築し、再確認するために家畜は不可欠である。もちろん、食物として、乳、脂肪、血、肉、骨髄を利用できる。治療儀礼や予言的な儀礼においては、多様で象徴的な意味を持つ道具として、屠殺された家畜の身体を使用する。さらに、その身体のあらゆる部位から日常品が得られる。角は嗅ぎ煙草ホルダーになるし、毛皮は敷皮となり、胃や腸のなかの未消化の植物繊維は幸福を呼び込む呪薬として全身に摺り込む。紐を通してスカートにつけた複数の蹄は歩くたびに、その振動による乾いた微かな接触音がリズムを刻むアクセサリーになる。

牧畜民は、家畜種ごとに性別や成長段階、毛色など自然な特徴に基づく分類体系を有し、搾乳や去勢の有無による類別や、矯角や耳切りによる人為的識別を実践し、それらの弁別的特徴をしばしば個体の固有名として用いる。たとえばドドスの牧畜家畜の分類は、成長段階、色、模様、角型、耳型に関するモードを活用する。牛、山羊、羊は成長段階によって、哺乳期、離乳期、幼児期、若年期、成熟期の5段階に分けられ、さらにそれを性と家畜種によって14種類の異なる単独の語彙によって表現するほか、家畜個体の属性を分類するための、9種の色彩語彙、体表の模様を表す23種の語彙、21種の角型を示す語彙、12種の耳型に関する語彙を持つ。

1950年代にカリモジョンで野外調査を行ったダイソン＝ハドソンは、「牛のない家族や牛の少ない家族はめずらしい。なぜなら家族は婚資や食料としての群れなしではほとんど形づくりえないからである」と記した。この言葉はもはやカリモジョン社会を含むカラモジャの牧畜民には通用しなくなっている。度重なる干ばつや畜群を滅ぼす疫病の流行、政府による家畜数の削減政策、そして隣接集団や国家による武装化した牛略奪によって、乾燥地という生態環境に適応した家畜との濃密な関係性のうえに存立した自然社会の持続は今日、根底から脅かされている。

（波佐間逸博）

21

ウガンダ北部のいま、むかし

★ウェストナイルの開発にみる地方都市の発展★

かつて多くの労働力を他地域へ供給していた地域に、再開発によって各地から労働者が流入する現象がある。本章でとりあげるウェストナイル準地域（以下ウェストナイル）も、新たに人口の流入ないし転入が起きている地域のひとつだ。ウェストナイルは、首都カンパラから約500キロメートル、自動車で片道8～9時間を要するウガンダ北西部に位置している。ヴィクトリア湖畔のエンテベ国際空港とこの地域のあいだを結ぶ国内線も運行しているが、一般の地域住民がおもに利用するのは陸路を走る長距離バスや乗り合いタクシーだ。イギリスによる保護領期には、南部（他の章では「中部」とも表現されるブガンダ地域）にひろがる換金作物のプランテーションへ出稼ぎに行くため、多くの労働者が徒歩とボートでウェストナイルをあとにした。東アフリカ社会研究所（現マケレレ社会調査研究所）の所長を務めたオードリー・リチャーズの1954年の著作によると、道中での寝食や乗り合いボートの順番待ちを含め、かつてその道のりには1週間以上かかった。季節労働者として短期間で北部に戻る人もいれば、契約を更新したり、独自に働き口を見つけたりして何年も南部に留まる人もいた。本章では、労働力を送り出してきた北西部が近年、目覚ましい発展を遂げている実態と、ウガンダ南北に横たわる構造的な社会・経済的な格差の歴史的背景について紹介したい。

2023年9月、新型コロナウイルスの感染拡大後3年半ぶりにウェストナイルを訪れた私は入園料を支払い、マチソン・フォールズ国立公園を通過せざるをえなかった。中国資本のダムが建設されたカルマ滝を経由する従来のルートが著しく劣化し、運行に困難をきたしていたからだ（この道路はその後、中国の建設会社によって修繕工事が進められている）。一方、2018年の走行時にはほとんどが赤土だった園内の道路が舗装され、サファリを楽しむ何台もの観光客の車両とすれ違った。公園を抜け、陥没してあちこちにできた穴をよけて砂利道のハンプをまたぐたび大きく揺られながら、南部各地へ通じる広く、整備の行き届いた幹線道路との対照を私は思い出していた。

ウェストナイルがウガンダ保護領に編成されたのは、1913年にイギリス＝エジプト領スーダンとのあいだの領域画定後であり、1914年に初めて保護領政府から行政官が派遣された。1917年にウェストナイルで人頭税の徴収が始まり、人手不足に直面していたブニョロ地域への1919年以降の試験的な労働者派遣に続いて、南部の各プランテーションへの大規模な採用が実施されていった。南部に比べ換金作物の導入が遅れたために現金稼得の機会が限定的であったことも人々を送り出す要因となっていた。狭い水路、大戦間期・戦後のイギリス植民地への予算削減などの理由によって北部への鉄道建設は実現せず、ウェストナイルから南部への移動にはアルバート湖かチョガ湖が経由された。独立後の第1次ミルトン・オボテ政権期に北部への幹線道路が整備されたが、ウェストナイルと首都圏を結ぶ道路の舗装は2000年代に入ってからであった。1970年代にウェストナイルに建てられたサテライトが破壊されてからは、北部への電力供給も安定しないままであったが、近年ようやく送電線が設置された。

開発の遅れには、1979年のイディ・アミン政権崩壊から現ヨウェリ・ムセベニ政権が成立するまでに相次いだ政権交代と武力衝突、1990年代にはスーダン南部やコンゴ民主共和国（以下DRC、当時ザイール）の情勢不安が大きく関係していた。国境を接する両国にウェストナイルから人々が避難し、両国からの難民も出入りしていた。諸武装集団と政権間の和平締結などを経ていずれも情勢が落ち着いたのが2002年以降であり、その後、世界銀行やアフリカ開発銀行による途上国の交通インフラ整備と地方市場の発展、貧困削減の潮流のもと、2010年以降の国の開発計画も後押しして急激な開発が進められた。加えて2016年以降の南スーダン難民流入に対する人道支援も地域に投入され、数多くのNGOが拠点を置いて活動している。

私が初めてウェストナイルを訪れた2016年の7月、主要都市アルア県都の目抜き通りは舗装工事中であった。アルア県の人口は2014年までに首都圏3県に次ぎ全国で4番目に稠密でありその後の分権化で新しい県が設置されウェストナイル全域の人口も増加し続けている。2021年7月には全国で複数の自治体（ムニシパル）が市（シティ）となったが、アルア市もここに含まれていた。これと前後してアルア県ではムニ国立大学が開校し、中央市場の全天候型への改築や、国内各地を繋ぐ乗り合いバスのターミナルの改築、大型商業施設の新設、公立病院の増築に加えて、飛行場の拡大計画も進められている。国のプレミアムリーグで活躍するサッカーチーム「ウンドゥパラカ」のホーム地区へと繋がる道路や、さらに北部へ通じるコボコ・ロードへの迂回路も舗装されていた。

２０１３年12月以降の南スーダン内戦で陥没した橋の修復が２０２２年に竣工し、ジュバとウガンダ北部を結ぶ道路が再び活況をみせている。ＤＲＣとの国境地帯にある関所には大型のタンクローリーが何十台も往来し、幹線道路沿いと市街地にはガソリンスタンド、高級ホテルに安宿も続々とオープンした。従来、ウェストナイルは南部へ出稼ぎ移民を輩出する労働力の供給地だったが、近年ではその逆に他地域からウェストナイルでの就業機会も模索されるようになっており、町には、ガンダの人々の食事であるマトケやカトゴを提供する飲食店も増えたという。開発に湧くアルアに、ウガンダ人だけでなくＤＲＣや南スーダンからも土地を求めてやって来る人が後を絶たず、共同で管理してきた土地を親族やコミュニティに無断で切り売りしてトラブルが舞い込んだという話も尽きない。10年前と比べ地価が2倍から15倍にまで跳ね上がった地区もあり、便乗して「ブローカー」と自称し仲介料を不当に上乗せする人々も登場した。短期間の都市化に伴う様々な変化を、人々は目の当たりにしている。

アルアの町に戻ると私はいつも、インド・パキスタン系の住民が経営する「ウェストナイル・スーパーマーケット」に通い、「ジュバ・コーナー」という店で平焼きパンのエイシュをほおばる。ラジオをつければリンガラ音楽が流れてくるし、番組は多言語状況に応じて英語以外にも現地のルグバラやアルル、カクワやマディ語といった言語で構成されている。ＤＲＣ国境地帯の村落に住み込み調査をしていたときには、ラジオからフランス語が聞こえてくることもあった。たとえ国境が民族や世帯を分断しようとしても、人々の言語文化的な紐帯と、それを超えた社会的な活動までを止めることは難しい。中央政府からみれば周縁に位置づけられている一方で、多様性という、混沌とある種の秩序を有するこの地域の発展は、必然的であったともいえるのである。

（山崎暢子）

22

産業と企業

★インド系財閥と伝統的産業構造★

ウガンダの経済規模は国民総生産で405億ドル（2021年）、日本とあえて比較するならば大分県などのレベルに相当する。10年前に地方中核市レベル（岡崎市など）とした頃と比較するとその経済成長が実感できる。

その経済界は植民地期から関係が深いインド系人所有の財閥と新興企業グループ、国公営企業、他の外資企業、そして圧倒的多数派を占めるローカル中小零細企業に特徴づけられる。

マクロ経済でみれば、1986年のムセベニ政権樹立より平均で6％を超える経済成長を続けており、インフレ率も政権樹立後、食料価格が高騰する前の2008年までの間と2013年以降、一桁で推移しマクロ経済が安定していることからガーナとならぶアフリカの優等生と称されてきた。また援助国から流入する開発援助資金がGNIに占める比率は2000年代前半で10％以上を占めたが2021年には約6％に減少している。

ウガンダ経済を産業からみれば、この国はまず農業国であり労働力人口の68％、輸出の33％、国内総生産の24％を農業が占めており（2022年）、製造業も先ずは農産加工が中心となっている。国内総生産に占める比率からみれば、商・サービス業が50%を超えているが、農業人口だけみてもその重要性が理解できる。

第1次産業の主要産品は植民地時代から生産されているコーヒー、綿花、紅茶、たばこの伝統産品と独立以後に生産が拡大した非伝統産品のごま、バニラ、青果、花卉(かき)、魚である。なかでもコーヒー産業は国による振興策を得て生産と輸出を増加させる努力を重ねている。主としてインスタントコーヒー用途のロブスタ種がビクトリア湖沿岸から中央部で広く栽培されているのだが、国内にはインスタントコーヒー用にフリーズドライ製造する工場がなく、長らくビクトリア湖の対岸、タンザニアのムワンザに輸送しインスタントコーヒーに加工してきた。ムセベニ大統領は、幾度もネスレ社にインスタントコーヒー工場の誘致を持ちかけているが結局、実現していない。

主として生豆で取引されるアラビカ種は、標高の高いエルゴン山周辺で栽培され、ブギス・アラビカ種というスペシャルティコーヒーとして、またエルゴン・ブギス等のブランド名で流通している。他のコーヒー農園でも化学肥料や農薬使用を抑えた、自然栽培に近い方法が用いられる産品もあるが、萎凋病の一時的拡大によってその生産量の低下を経験している。

政府ではウガンダを有機や自然栽培の国としてブランド化しようとしており、援助機関の支援を受け、ウガンダ有機農業運動協会(NOGAMU)も長期間にわたり国内外で活動している。有機産品は加工食品の他に綿製品や石鹸、シアバタークリームなどへと拡大しており期待が持てる分野ではある。ウガンダ農業では化学肥料や農薬を多用しない慣習が維持されてきたこともあり、農薬を大量に使用している国に比べると有機への転換は比較的容易とされている。ただしウガンダの農業は決して全般的に有機という訳ではない。熱帯にあり降雨量も平均で1600ミリ程度と豊富にあることで防虫、除虫は必須である。コーヒー豆のように有機に向かない産品もある。

伝統産品の紅茶、たばこは共にウガンダ国内に加工場があり産業として成熟しているが、かつての主たる市場であったヨーロッパからその輸出先は中国、ロシア、アラブ首長国等へと変化している。またコーヒーは市場価格の変動が大きく、競争も激化しているが、アフリカではエチオピアに次ぐ輸出国の地位を築いている。

その他の輸出を伸ばしてきた非伝統産品はバニラ、ごま、青果、果物、魚製品などである。これらはムセベニ政権がかつての投資家に対する資産（返還）補償のための特別法廷を設置して１９７２年までに国外退去したインド系人への資産返還を保証し、帰還インド人による投資を積極的に進めたことから投資が回復して生産と輸出が急伸してきた。またバニラ、ごまと香辛料については、ＪＥＴＲＯ、ＵＳＡＩＤ、ヨーロッパの開発援助組織も農業開発と貿易振興を結びつけた開発貿易の対象として注目しており、バニラはマダガスカル以外の産地、ごまは中国以外の産地を開発し供給源を分散する意図からも注目されている。

かつてウガンダでは国を挙げて新しい産業としてのオーガニックコットンを推進していたが、そもそもウガンダの綿花は植民地期初期より大規模に栽培されている伝統産品であり今日でも国土の３分の２は綿花を栽培していると言われている。綿業は歴史的にはウガンダで最も重要な産業であり、戦前から日本の商社は買い付けに来ていた。総合商社双日の前身ニチメンのルーツである日本綿花は昭和元年に現地コットン工場に直接投資をしている。独立後、現地の綿業で中心的な役割を担っていたＵＧＩＬ（ウガンダ衣服産業会社）社は、ウガンダ政府による依頼を受け１９６５年に丸紅とウガンダ

カンパラ市内の工場地区にあるインド系企業集団ムクワノインダストリーズの製造拠点

開発公社、ヤマトシャツほかの合弁で設置された企業であった。ヤマトにより現地派遣された柏田雄一氏の指揮の下、ヤマトブランドのYシャツや制服用シャツ、綿ニット製品を生産していたが、1971年のアミン政権期以降の内政悪化と生産環境悪化後1984年にはウガンダ政府へ経営を移管し、1994年には操業停止となった。その後、ムセベニ大統領によりUGIL民営化への支援要請をヤマトインターナショナルは受け、柏田氏はウガンダに戻りUGILは2001年よりフェニックスロジスティクスとして生産を再開、Yシャツ、ポロシャツ、下着類などを生産した。その後、輸出市場向けにオーガニックコットン製品の生産設備に投資し、種子、土壌の管理、農薬を用いない防虫を広げながら商品を開発した。日本でも同社のオーガニックコットンのジーンズやタオル、下着が流通していたがその後の競合激化によってフェニックスの経営は悪化し、2015年に撤退している。ウガンダの父とまで称された柏田氏の逝去後も、ウガンダ産オーガニックコットンを使用した商品は大阪のスマイリーアース社が引き続き取り扱っている。

他の非伝統産品としては1990年代よりビクトリア湖の魚類、ナイルパーチとティラピアの輸出が伸びてきた。白身魚で大型でもありフィレ加工して調理しやすいこともあり、日本でも居酒屋など外食大手やコストコなどのストアチェーンで流通している。近年、成魚以外も捕獲してしまうような資源の乱獲が進みインド系、韓国系企業が投資していた水産加工業界では撤退が進んでいる。

ところで、ウガンダ国税庁は毎年、納税額の多い企業リストを公表しており国内の大企業の顔ぶれをみることができる。リストの上位に常に並んでいるのは携帯電話および通信会社（MTN、UTL）ガソリン元売り（Shell, Caltex, Total, PetroCity Petro, Kobil, Gapco）外資系飲料メーカー（ナイルブルーワリー（南ア SABMiller 系）、センチュリーボトリング（コカコーラ系）、銀行（Stanbic 南アスタンダード銀行系）の他に旧植民系企業とインド財閥系（British American たばこ、トロロセメント、カキラ精糖、ヒマセメント、ルーフィング鉄鋼、キニアラ精糖）が並ぶ。これらの他に、電力分野に新参入したウメメやブジャガリエナジーも上位に入る。

主要企業リストで外資系と旧公社企業を除くと残るウガンダ企業の精糖会社とセメント会社はいずれもインド系財閥企業である。このリストを見てムセベニ大統領はウガンダ人の起業による大企業が育っていないことを大いに嘆いたと言われている。例えばウガンダの製糖産業で財をなしたマドバニ財閥は、1914年創業でインド・グジャラート出身の商人一族ロハナ系のマドバニ家によって経営されている。ウガンダ最大の財閥グループでマドバニ氏は Forbs 誌の世界の富豪リストにも掲載された。現在のCEOロニ・マドバニは3代目。資産総額、2・5億万ドルで投資先はウガンダ、スーダン、ルワンダ、タンザニア、インドなどにわたる。カキラ製糖が財閥の基幹産業で（サトウキビプランテーションおよび製糖所）で、同財閥はウガンダ経済の10％を握るとされる。アミン独裁政権下の1972年に、他のインド系人らと同様に国外追放を受けるが、1985年にインド系資本家の帰国を促すオボテ政権によってビジネスを復活させた。大企業リストに挙げられるナイルブルーワリー社はマドバニが系列企業を南アの SABMiller 社に売却したものである。精糖産業はウガンダの植民経済の中心にあったとも言える重要な産業であり今日でも基幹産業である。さとうきびプランテーションの開発と精糖工場の生み出す利益をインド系財閥に植民地期も、独立後も握られてきたことが、良くも悪くもウガンダ経済の構造を象徴している。

（吉田栄一）

23

都市の中小企業

★カンパラの地場産業★

ウガンダを訪ねるとエンテベの空港からカンパラ市内まで約40キロの道路に沿って延々と中小零細ビジネスが軒を連ねている。２０１８年には同区間の有料高速道路が中国の援助で建設されたが、従来からの片側1車線「旧道」を使えば道中のんびりと中小企業の産業景観を観察しながらウガンダの地場産業を学ぶことができる。

空港のあるエンテベの町を過ぎると、青果物をピラミッド状に積み、巨大なジャックフルーツ等をつるした露店のたち並ぶブウェバジャ地区がある。さらにカンパラに向かう途中のカジャンシ地区は陶土が豊富でウガンダ窯陶会社があり、道路沿いに煉瓦ブロックやタイルの小工房が並んでいる。それからカンパラに近づくまで延々と個人商店が並ぶ。食品小売店が多く、その多くは携帯電話会社3社の広告を壁面にけばけばしく描いている。カンパラのビル群が見えてきたらカトウェの鉄工地区を通る。ここにも無数の零細鉄工所が並んでいる。

ウガンダでは就労人口の過半数は自給農業か生業の零細商工業に従事しており、農外雇用創出の点で都市の中小零細企業は重要な役割を果たしている。民間部門の95％は中小零細企業とされており、ウガンダの都市化率は25%（2020年）とまだ低いが、今後、急速に都市化が進み、カンパラの大都市化が進むにつれて、自給農業から中小零細企業へ労働力の移動が進むと考えられ、その雇用創造の果たす役割が大きくなると思われる。

2011年事業所統計（Census of Business Establishment 2010/2011, Uganda Bureau of Statistics）によれば、事業所数が最も多いのは衣類・縫製業で全体の42%（13501社）を占め、次いで家具木工業が17%（5470社）、鉄金属加工が12%（3954社）、製粉業が8%（2639社）を占める。雇用数でみると、かつての最大雇用部門であった紅茶産業を抜いて、約2・2万人を雇用する金属加工業が全体の6・4%を占め最大で同規模の衣類縫製業が2・1万人と並ぶ。そして家具木工の雇用が1・8万人、食品加工1・2万人と続く。これを事業所あたりの雇用でみると金属加工は平均で5人、衣類縫製は2人、家具木工は3人と規模が小さい。（製糖などが含まれる食品加工は平均76人で規模が大きい）つまり金属加工や家具木工業は零細業者が多いが総体としてみれば雇用が多い分野となっている。

ウガンダで縫製、家具、製粉、鉄工へ零細業者が集中している理由はなぜであろうか。その理由を4分野への自営業者の参入のしやすさから考えてみよう。事業所の規模が大きい食品部門の紅茶産業や精糖業は植民地期から続くプランテーション産業である。産品の単位あたりの付加価値が低く、規模の経済を達成して利益を生み出すべき産業である。一方、小規模産業4業種はいずれも工具類や手動機械、小型の動力装置で創業が可能である。縫製や製粉は家庭内での就業も可能であるし、家具や鉄工は技術があれば工具を手元に始められるものである。原材料の布生地や材木、小麦・トウモロコシは入手し易く、鉄工の材料鋼材もカンパラのある地区では少量から入手できる等からすると、これ

カンパラのサンビヤ地区には道路沿いに40軒以上の家具・木工・籐工芸工房が建ち並ぶ。２週に１度材料の籐が卸される

らは個人業主が原料入手から最終製品まで工程を垂直統合して生産するのに適した業種とも言える。

以下にカンパラの家具木工産業を例にウガンダの中小企業の特徴をみてみよう。カンパラを訪ねると地方へ向かう主要道路の交差点付近に数カ所、家具木工工房が軒を連ねている地区がある。交通量の多い交差点で、しかも地方と都市を往来する顧客にアピールするには適した立地である。具体的にはマサカ方面に向かうワカリガ・ナテテ地区、マシンディ方面に向かうマケレレカブレ地区などがそうである。これらの家具木工地区ではスラム状に工房が密集しているように見えるが、実際には工房街を歩くと通路も確保されており、小規模な工房は5平方メートル程度で、規模が大きい工房は１５０平方メートル等と様々である。少し大きめの工房を職人がシェアしている場合もある。シェア工房で確認したところ、注文も共同で受注するわけではなく、それぞれの家具職人がお得意さんを持っているとのことである。工房用の土地は、80の工房が借地する細分化された利用状況になっているが、もとを辿れば一握りの大地主が所有しており、地主は土地を分割賃貸して付加価値を高めている。

家具工房地区には、製材所あり、ソファの生地屋あり、生地をイスの形に縫う職人がミシンを並べる工房あり、また販売側では、注文に応じてのみ製作するオーダーメード専門工房あり、ショウルームスペースに規格品を並べる工房もある。若い男性の販売店員を出来高払いで雇用している店舗もある。地区にはマイクロファイナンス機関も出店し、マケレレ大学工学部の技術支援グループも出張講義にきている。この地区には縦に横に、様々な企業間協力関係や零細業種ならではの工夫が凝らされている。

同業種の中小企業が集中するこのような地区を産業集積と呼ぶのだが、このような集積の要因は1つではない。幾つかの契機が重なって、集積を形成する公的な制度や、ローカルの制度が重なって制度の束がうまれた時に、そこに中小企業の集積が生まれると言われている。カンパラの数カ所に家具木工業種が集まるようになった契機を考えてみると、例えば公立学校の机、椅子を製造する営繕局木工所やインド人木工技術者の工房、そして木材問屋と製材所が立地したことが考えられる。それからインド人技術者の下で技術を習得したウガンダ人職人が次々と独立して工房を構えたこと。さらには土地区画を細分化して工房にも適した小区画を賃貸しする地主がいること、そしてそこではスラム状の土地利用に対して土地利用法の適用が厳密ではないこともある。カンパラのスラム状土地利用はブガンダ王国領で見られる場合も多く、王国領内では慣習的に土地法の適用が曖昧になってきたと考えられる。これらがカンパラの数カ所で「制度の束」を作り出しているのである。

カンパラの木工工房

このような中小企業の製造する家具類には少し古くなった意匠の大きなソファやテーブルもあり、都市の住まい方には合わなくなってきている。一方の鉄工地区でも職人が得意としてきた戸外調理用の鍋釜も都市化とともに電気調理器具が普及し、ライフスタイルに合わなくなってきている。このような市場の変化に対して、木工や鉄工の中小企業が対応するには新たな技術やデザインの習得や新製品開発への投資も必要なのであろうが、中小企業にとって将来を見越した投資は限定的である。

2005年頃までの調査結果では、家具木工業の中小企業主は、資金に余力が生まれた場合は、出身地の土地を購入し、家屋や農地を拡大し始める。さらに余裕があると家禽や家畜を購入して農業を充実させたり、他の零細ビジネスを始めるなどの副業を持つようになるのである。このような動きは農村から都市にでてきた職人らが農民のリスク分散行動を持ち込んだと考えることも可能であるが、技術経営的側面からみれば、職人らは新デザインの導入や、技術開発への投資のリスクを先読みすることができず、また工具や機械装置投資に対する融資が、マイクロファイナンスでは少額過ぎて、銀行融資は大きすぎるという融資制度が合わないという、中小企業が挟まれている問題もそこにはある。

（吉田栄一）

24

流動性という観点からみたウガンダの社会

★この20年間のウガンダ社会の変化とその流動性★

２０２０年３月、新型コロナの流行国からの入国規制が始まり、その後、全ての学校が休校となり、出入国が禁止され、エンテベ空港も閉鎖された。更に、公共交通機関の運行、自家用車の利用、夜間の外出、食品や薬品以外のお店の営業が禁止され、３月末には完全にコロナ禍という状況になり、それに伴い殆どの経済活動が停止された。

そこで、首都カンパラから地方への人口移動が始まった。そもそも貯蓄するほどの余裕のない人たちが、日銭を稼ぐことができなくなり、多くの法人も従業員を解雇したが、政府からの休業補償などもないため、カンパラに居続けては生活に行き詰まると判断した人たちが、首都カンパラの貨幣社会から、より自給自足が可能な地方都市や農村に移動した。

県庁からの情報によると、同年４月の時点でカバレ県だけでも２０００世帯の流入があり、カンパラから１３５県あるウガンダ全土に移動した人数は、かなりの数だっただろうことが考えられる。移動が許可されていた貨物自動車の荷台に隠れて移動した人、文字通り自分の足で何百キロも歩いて移動した人もいたようだ。

とにかく食べ物が安い、カンパラと違いストレスがないなど、当初は地方での生活を好意的に捉える人も多かったが、地方の都市や農村には現金収入や雇用の機会がないという理由で、同年6月以降に新型コロナに関連する規制が段階的に撤廃されると、再び地方からカンパラへ人口が移動した。

また、新型コロナが世界的に流行し始めたところで、多くの海外在住のウガンダ人が自国に帰国した。ウガンダは以前から海外に出稼ぎに行く人が多い国だが、コロナの影響で職を失い海外で困窮する人も多くいたため、政府が帰還用の専用機を使い、自国民をウガンダに帰国させた。

出稼労働者の海外からの送金は、ウガンダの経済の一端を担っており、２０１８年の送金の総額は12億ドルだった。これは、農産物では最大の輸出品であるコーヒーの同年の輸出額が約5億ドルなので、その2倍以上に当たり、外貨獲得においても出稼労働者の送金は大きな役割を果たしている。ジェンダー・労働・社会開発省の２０２０年の発表によると、中東へ出稼ぎに出た人数は、２０１８年に２万１６２９人、２０１９年に1万７６８０人、推定ながら、国外に住むウガンダ人の人口は50万から70万人といわれている。二国間協定のあるサウジアラビアに在住するウガンダ人の推定人口は14万人だ。

あくまでも短期的な手法としてだが、外貨獲得の目的で政府は自国民の海外での出稼を推奨しており、以前は「帰く」という意味の「キェヨ（Kyeyo）」と少し冷ややかな呼ばれ方をしていたのが、労働省がそれを「労働の在外化（Labour Externalization）」と呼ぶようになり、そのイメージが変わってきている。以前は、各自が個人的に短期ビザで先進国に入国し、ビザが切れて不法在留のまま不法に就労を始める人たちが多かったが、現在は政府が出稼労働者の受け入れ国と二国間協定を結ぶなど、

自国民が合法的に且つ安全に海外で働くことができるように法の整備を進めている。

海外出稼ぎで稼いだお金を貯金し、子供の学費を払い、家族を扶養し、家を建て、商売を始める資本に充てたなどの成功例も多い。その一方で、海外出稼ぎには賃金の未払い、虐待や性的な被害など負の側面もある。また、自国民が職を求めて国外に出ることは、自国内に職の機会がなかったことを意味する。そもそも内需に乏しく雇用の機会が少ないウガンダだが、近年の爆発的な人口の急増も海外出稼ぎの要因だと筆者は考える。

２０１４年の国勢調査の人口ピラミッドを見ると、全人口のうち０～９歳の占める割合が34％、10～19歳が25％、20～29歳が16％、30～39歳が10％、40～49歳が６％、50歳以上が８％となっており、この数値からしても、前世代が築いた社会の大きさや雇用機会数に次世代が収まりきらないのは明らかだ。また、ウガンダ全体の人口は、２００２年に２４００万人だったのに対し、２０２３年の推定人口は４５００万人と、この20年間で人口が２倍近くに増えている。カンパラ県にワキソ県とムコノ県を加えた大カンパラ首都圏の推定人口は、２００２年の２５０万人から２０２３年の６００万人へと、こちらは２倍以上に増えている。

教育面では、１９９７年に始まった小学校の無償教育ＵＰＥ（Universal

七つの丘の街カンパラ。その一つキブリの丘よりのぞむ

Primary Education）の効果もあり、小学校の卒業試験にあたるＰＬＥの受験者数は２００２年の36万人から２０１９年の約70万人へ、中学校のそれに当たるＵＣＥは12万人から33万人に増えた。高校のそれに当たるＵＡＣＥには２０１９年に10万人が受験している。大学の校数は、２０００年以前の12校から現在では52校にまで増え、ウガンダの最高学府であるマケレレ大学は毎年1万人以上の卒業生を輩出している。

海外出稼ぎに出るウガンダ人の大半は、中学や高校に当たる中等教育を修了または中退した人たちで、卒業・中退後、国内で仕事を見付けることが困難であったことが理由で、国外での就職を決意している。出稼ぎ者の職種は、女性は住み込みの家政婦、男性は警備員が殆どであるため、高等教育で学んだ専門性を活かす職に就くことは極めてまれだ。

このように人口が急増する中、コロナが流行すれば、都市から農村に移住し農業を始め、国内で職が見付からなければ、国外に職を求めるなど、ウガンダを流動性の高い柔軟な社会と考えることもできる。しかし、人口の急増は雇用の機会だけではなく、食料、住宅、土地、教育、電気、水道、行政機能など、多面において大きな影響を与えるため、このまま急増を続けると、海外出稼ぎのような流動性だけでは解決できないような状況になることが懸念される。

このような状況の中、海外出稼ぎやコーヒー輸出額などを大きく上回る外貨

平日のオールド・タクシー・パーク　朝のラッシュが落ち着いた頃

獲得源になることで期待され、また雇用を生み出すことで注目されているのが石油開発だ。現在、ウガンダでは西部のアルバート湖東岸にあるキングフィッシャーとティレンガの二つの油田、タンザニアまでの東アフリカ原油パイプライン、製油所の４つのプロジェクトが推し進められており、政府は２０２５年の稼働開始を目指している。しかし、環境活動団体が金融機関に圧力をかけたこともあり、多くの金融機関がウガンダの原油プロジェクトへの融資を見送った。現在、ウガンダは、中国、ＵＡＥ、アルジェリアと融資の交渉を進めている。いずれにしても、石油がウガンダで最大の産業になることは間違いない。その中、人口が急増し、その移動も増えており、今後社会がどのように変化するのか、その動向を見守りたい。

（和田篤志）

25

ウガンダ観光の勧め

★自然・文化・人との交流を体験★

私がウガンダをはじめて訪問したのは約10年前。隣国ケニアから海のようなビクトリア湖を眼下に1時間近くのフライトのあとようやく陸が見えてきた。ビクトリア湖畔にあるエンテベ空港着陸時には、滑走路に水鳥のアオサギがゆったりと歩き、なんとものどかな風景だったのを覚えている。さらにウガンダを車で走るとその緑の多さに驚き、不思議と安らぎを感じた。

ウガンダの観光のハイライトであるが、やはりトップは森と水の豊かなウガンダならではのサファリ（動物観察）だろう。最もポピュラーなのはマウンテンゴリラ、チンパンジーという大型霊長類の観察だ。アフリカ54カ国のなかでも、彼らを高い確率で見られるのはウガンダだけである。ブウィンディ国立公園でゴリラが95%、キバレ国立公園でチンパンジーが85%の遭遇率というから、ほぼ訪問者の期待に応えてくれるのである。

また国土の20%が河川、湖などの水であるこの国では、ボートに乗っての動物観察もお勧めだ。たとえばクイーンエリザベス国立公園では約2時間のボートサファリのなかで数えきれないほどのカバを筆頭に、ゾウやウガンダコブなどの動物、そしてカラフルな鳥たちが次々と現れ、飽きることがない。さらに

マーチソンフォールズ国立公園で見られるナイル川本流の滝

マーチソンフォールズ国立公園では、ビクトリア・ナイル（ナイル川の源流の一つ）の水が一気に約40メートルの高さから流れ落ちる迫力の滝も間近に見ることができる。知識豊富なガイドとともに森を歩くサファリでは、霊長類、美しい鳥や蝶に出会い、動植物の習性のこと、植物の話などを聞くのも楽しい。

そしてまだまだポピュラーではないものの、もう一つの観光の要素としてお勧めしたいのが村での文化体験である。たとえば、私が勤めるアフリカ専門旅行会社「道祖神」では、数年前から南西部にある、アンコレと呼ばれる人たちの村での農村滞在ツアーを始めた。この地域は、ウガンダの主食マトケの一大生産地でもあり、牧畜業もさかんで、角が1メートルもあるアンコレ牛が多く見られる。村では、この牛の世話や乳搾り、牛の乳からのヨーグルトづくり、主食のマトケの収穫、マトケのクッキングなど、要は農村での生活体験をさせてもらう。なだらかな丘が美しいこの地域での滞在と、プログラムを通して「貧困」イメージとは対極の豊かなアフリカを体感できるのではないかと思う。

ウガンダを旅行した日本人からよく聞く感想の一つが「食べ物がおいしい」ということである。ウガンダの肥沃な土地で育つ野菜、果物は甘みがあり、そして肉はそのものに味がしっかりとある。道路沿いの屋台で販売しているムチョモ（串焼き肉）と焼きバナナは絶品で、特にヤギ肉の串焼きは、ほとんどの日本人が「ヤギ肉がこんなにおいしいとは思わなかった」とびっくりする。「食」を味わうのは、旅行の楽しみの一つでもあり、文化を知る大切な要素だと思う。

こういった文化体験を含む地元の人たちを巻き込んだ観光の試みは、ウガンダの人たち自身でも行われていて、1998年に設立されている「ウガンダ・コミュニティツーリズム・アソシエーション（UCOTA）」もその一つである。観光客を受け入れ、村の伝統・文化・生活を紹介したり、宿泊施設を経営したり、女性たちのつくる工芸品を販売したりといった活動を各コミュニティが自ら行っている。ぜひ多くの観光客にこういった現場を訪問し、現地の活動を応援していただきたいと思う。

在日ウガンダ大使館によると、日本人のビザ申請者数は、2006年で733人（うち観光399人）、2008年で1095人（うち観光529人）、2009年で1359人（うち観光711人）。つまりこの4年間で倍近くに訪問者が増えていることになる（現地でビザ申請をするケースもあるので訪問者の実数はもっと多い）。今後も日本からの訪問者は増えるだろう。増えた分だけ、お決まりのコースではない観光の多様性が必要になると思うが、ウガンダは十分そのニーズに応えてくれる国である。

ここ数年でカンパラには大型のホテルも急激に増え、人気の国立公園には観光客向けの高級ロッジが倍以上に増えた。5〜6年前までは、ブウィンディのロッジでは、バケツ1杯のぬるま湯でシャワーを浴び、洗顔用の水だけが部屋に置かれていたが、今ではほとんどのロッジで部屋に水道があるのが当然だ。つまり観光客がより快適に過ごすための環境は整いつつある。ハード面だけではなく、ソフト面でもこれからの発展が期待される。たとえば世界のバードウォッチャーが集まるウガンダでは鳥類の専門ガイドも多く、彼らはウガンダにいる1000種類以上の鳥の特徴を説明し、観光客が見たい種類の鳥を探し出すといった素晴らしい能力を持っている。ぜひ多くのスペシャリストを育てていってほしい。

独立後に内戦が長引いたウガンダでは、観光に関して、同じ東アフリカ共同体であるケニアやタンザニアに大きく遅れをとっているのが現状だ。だが、ケニアやタンザニアが観光に対してそれぞれまったく違うポリシーを持っているように、ウガンダもこの国にしかない多くの魅力を活かし、独自の道を歩んでほしい。

（紙田恭子）

湿原に一羽で立ち尽くすハシビロコウという大型鳥［撮影：和田篤志］

Ⅳ

社会と暮らし

26

バナナをもてない女性たち

★農村で土地不足がもたらす経済格差★

「私はバナナを育てたいの。」

聞き取り調査終了後に、調査協力者の女性はぼそっとこの言葉を発し、私は驚いた。ウガンダ中部では、バナナは農耕社会の基盤をつくり、人びとの生活を支える重要な主食作物である（第18章およびコラム3を参照）。私が2013年から調査する農村（K村）でも、家屋周辺にはすき間なく立派なバナナ畑が広がっている。バナナ畑の内部には、この地域で主食としてよく食されるキャッサバやトウモロコシ、カボチャなどの複数の作物が混作されている。バナナが庇陰樹の役割を果たすため、換金作物として重要なコーヒーも栽培されることが多い。

バナナは日常生活において重要な主食として調理される（第34章参照）。K村の人びとは、トウモロコシのポショ（練り粥）や蒸したキャッサバも調理するが、バナナの可食部を蒸して潰したマトケを一番に好む。マトケは結婚式やクリスマス、ラマダン明けなどのハレの日には必要不可欠な料理とされ、客人に振る舞われる。K村の人びとは、バナナを調理するだけでなく、バナナの葉を料理蓋として使ったり、バナナに強く依存しながら暮らしている。葉の繊維でヒモを作ったりしており、

第26章

バナナをもてない女性たち

町へバナナを販売しに行く男性

近年、拡大しつづける都市部では給与所得者が増え、バナナ畑をもたない人びとは、スーパーマーケットや市場でバナナを購入し、マトケを調理する。K村近くの都市では、バナナの買い取り価格は高くなる傾向で、K村の人びとはバナナを販売して、子供の学費の支払いなどに必要なまとまった現金を得る。私が滞在する家にはバナナ畑があり、日々の食事としてマトケが週に2回ほど調理され、私にとってバナナ中心の生活はあたり前であった。そのため、私は農村に暮らす人はみなバナナを育てて、利用していると思いこんでいた。さらにいえば、バナナが農村生活を安定させていると考えていた。実は、冒頭の女性はバナナ畑をもっておらず、バナナを購入していた。私にとって予想外であったこの女性の発言をきっかけに、私はバナナ畑をもつ世帯ともてない世帯のあいだにある違いについて気になり、調査をはじめた。調べていくと、そこには、農村で進む深刻な土地不足と土地法の整備が深く関係していることがわかった。

読者のなかには、アフリカには手つかずの土地が豊富にあるというイメージをもち、バナナ畑をもてない人の存在に違和感を覚える人がいるかもしれない。しかしアフリカでは、20世紀後半から急速に進む人口増加によって、土地不足は深刻な問題となっている。日本貿易振興機構の報告によると、2022年現在、アフリカの総人口は14億820万人で、2050年には24億6312万人に増加すると見込まれている。世界人口に占める割合は25・4％に達すると予想され、今後も人口は増加しつづける。アフリカ諸国のなかでも、ウガンダは年平均人口増加率3・2％と高い水準を維持する。人口密度をみてみると、1991年には85人／平方キロメートルであったのが、2014年には174人／平方キロメートルと2倍に増えている。人口増加は世帯内の労働力の確保という恩恵をもたらす一方で、生態環境への負荷や土地をはじめとした資源不足という問題を引き起こす。その結果、アフリカ各地で土地の希少価値が高まり、その経済的価値は上昇しつづけている。ウガンダに暮らす4090万人のうち74％は農村地域に暮らし、農業を生業とする。彼らにとって、土地は世帯の生存を支える生産手段であり、重要な資産である。こうした土地をめぐる状況のなかで、ウガンダ政府は1990年以降に土地法を整備し、個人や集団の土地権利を強化してきた。

2023年時点で、K村には3種類の土地の所有形態が存在し、それぞれ土地利用の制約が異なる。1つ目は、土地の登記が済み、政府から発行された土地権利証明書が付与された土地である。ウガンダ政府は、慣習法に基づく土地権利、土地リース権、マイロ所有権、自由土地所有権という4種類の土地権利を認め、これらに対して土地権利証明書を発行している。土地権利の種類によって、土地を使用できる期限は49年〜無期限と異なるが、土地の利用方法に対して制限はない。2つ目は、登記された土地を所有する人（地主）が、土地の一部を借用に出した土地である。実は、多くのK村の人びとはこの借地を使用しており、それはチバンジャと呼ばれる。借地人は地主に対して、一度にまとまった現金を支払うことで、長期間にわたるチバンジャの使用許可を得る。チバンジャは借地だが、利用方法が制限されることはなく、その土地区画内に自由に家屋を建築し、畑を造成できる。畑にはバナナをはじめとした多年生作物を植え付けることができ、借地人は栽培する作物の種類を制限されることはない。3つ目は、借地人が自身が借りている土地（チバンジャ）の一部を、地主の許可なく又貸ししている土地である。この又貸しされる土地を借りる人は、まとまった現金を準備できず、地主から直接土地を借りられない経済的に余裕のない人である。彼らは半年もしくは1年単位の契約で畑を転借し、少額の転借地代を契約ごとに支払う。更新することは可能だが、転借地の契約期間は最大でも1年契約であるため、転借地内でのバナナやコーヒーといった多年生作物の栽培が禁止されている。

そこでK村に暮らす全64世帯が畑で栽培している作物について調べたところ、2016年時点で、50世帯がバナナを栽培していた。14世帯はバナナを育てておらず、そのうち8世帯が土地を転借していたのである。8世帯のうち4世帯が女性世帯であり、彼女たちは離別や死別をきっかけに、男性や男性の親族から土地の相続を拒否され、何ももたないまま新たな生活場所を求めてK村へ移り住んでいた。彼女たちは経済的に脆弱であり、村の人から畑の一部を転借し、その畑内でトウモロコシやインゲンマメといった一年生作物を栽培することで、日々の食事を確保していた。彼女たちは農産物の販売で得たわずかな現金で、バナナを購入したり、転借地代を支払ったりしている。しかし、バナナやコーヒーといった現金収入源をもたないため、地主から直接土地を借りるためのまとまった額の現金を用意することが難しい。

ウガンダ農村に暮らす人びとは農業を営み、みずから日々の食料を生産して生きている。しかし、急激な人口増加や土地不足といった社会的な変化を背景に、農村生活は大きく変化しつつある。近年では、各地で都市に暮らす富裕層が資産運用を目的に、農村の土地を大規模に購入する事例が増えつつある。バナナはこれまで人びとの生活を支え、文化・社会的にも高い価値をもつ主食作物である。それゆえ、世帯の経済状況と土地の所有形態の違いによって転借しかできない人はバナナを育てられず、農村内ではさらに経済格差が拡大しつつある。こうした土地とバナナをめぐる状況は、決してK村だけの話ではない。しかし、そのような厳しい状況のなかでも、女性たちは購入したバナナを使って軽食や酒を調理し、加工品を販売することで少額ながら現金収入を得ている。加工品の販売によってこつこつと貯金を増やして、地主から土地を借り、立派なバナナ畑をもった女性もいる。冒頭の女性は、日々の生活のなかで現金を少しずつ貯め、将来、自分のバナナ畑をもつことを夢みている。厳しい農村生活のなかでも、彼女たちのようにこつこつと努力して、夢に向かってたくましく生きようとする女性たちがいることを知ってほしい。

（中澤芽衣）

27

ゆるやかに、自立して生きる

★北部ウガンダ、ランゴ女性たち★

早朝のコンパウンド（家囲い）のなかは、ウシやヒツジの鳴き声、そして母の声がひびきわたる。家族のなかでは朝一番に起きて水汲みに行って帰ってきた母が、学校に行く子どもたちをせかしている。高校生の三女もはやばやと出て、小学生の子どもたちがいなくなると、すっと静かになり、生産活動に明け暮れるランゴ女性の長い一日が始まる。

文化人類学の調査のために私がお世話になったのは、ランゴの町、ウガンダ北部のリラからボダボダ（バイク）で30分くらいの村である。ランゴの女性たちは、かなり働き者だ。じっと、漫然としゃべりをして時間を過ごす、というようなことはめったにない。コンパウンドにいるときも、豆をむいたり、ピーナッツの殻をむいたり、カボチャの葉の筋をとったり、とつねに何か手を動かしながら、私のような居候の相手をしてくれる。話のきりがいいところにくると、さて畑にいこうか、と腰をあげ、鍬とかごを携えキャッサバ畑に連れ立ってゆくことに。このへんはまだ掘ってはいけない、キャッサバにも種類もいろいろある、と説明を受けながら、掘り方も教わりながら夕食用のキャッサバを掘る。

ある家族を見てみよう。この家族の構成は、働き者の妻アリスと夫リチャード、子どもたち6名の総勢8名。そのなかにはいったん結婚して出ていったが夫と別れた長女の4歳の娘や、同じ年頃の姉の娘もいる。親の家庭内暴力がひどく、引き取ったのだという。おかげで子沢山でにぎやかだ。子どもたちは遊び相手がいてつねに楽しそうに遊んでいる。母が畑に行って不在のとき、年長の娘が即座に「母」の役割を引き継ぐ。幼い子の世話、水汲みなど日常の仕事の指示を出し、自らは夕飯の支度を少しでも進めておく。

ランゴの男性は女性に、すべてを求めるのだ、とアリスはいう。料理もうまくできて、畑がちゃんと耕せて、住まいの空間であるコンパウンドをつねにきれいにしている女性。おかげでランゴ女性は大忙しである。しかも、ランゴの人の食は多様で豊かなので、その分食物の準備にかける労力も多い。

ランゴの人々は、隣の国のケニア・ルオの人々が好んで食べるトウモロコシの粉を練った「ウガリ」より、主食としてキャッサバを好んで食べる。副食には多種の豆、さまざまな半栽培（もともと野生）の野菜。カボチャの葉もうまく葉柄と茎の筋をとって炒めたり煮たりする。なかでもゴマや落花生のペーストをつくって入れるという料理法は、手が込んでいるが美味なので好まれる。

それにしても、ペーストをつくるのはとても大変な作業だ。ゴマは炒ってから臼でつく。落花生の場合は、まず殻から豆を取り、ペーストにするなら炒って、薄皮を取って、そして臼でつき、さらにそのあとに滑らかにするために平らな石で擂（す）る。落花生の粉をつくる場合は、豆がまだ乾いてなければ少し日に干して、そして臼でつく。お手間入りの食事をともにつくり、楽しんでいただいた。

高校を終えて家にいる二女と、夕飯の支度をともにしはじめたとき。「今日、お父さん見かけないけど、どこに行ったの？」と聞くと、「今日は帰らないかも」と。数日見かけないことがあり、不思議に思っていると、母のアリスが口を開いた。「あの人は寡婦のところに行きはじめたのよ。つい最近ね。すごくいやだったけれど、仕方がない。こうやって、1週間くらいずっと行きっぱなしで帰らない。昼間だけ様子を見にきたりするのよ。男はそういうもの」。夫のリチャードは最近、夫を亡くした寡婦を引き継いだらしい。これは人類学でレヴィレートといわれる慣習で、男性が父を通してつながっている「兄弟」と呼ぶ間柄の親族の男性が亡くなったあと、その男性が残した妻の代理の夫として関係を持ち、彼女の、また子どもらのさまざまなサポートをすることである。本妻にしてみれば、夫が寡婦を「妻」のように扱うようになるのだから、面白くないと感じる人が多い。アリスは淡々と、自らの子どもたちを食べさせるために、学費を稼ぐために、夫が寡婦のところに行って帰ってこようがこまいが畑仕事に、そして酒づくりに精を出す。豚を飼うといいと聞き、これも学費のために飼いだした。ここで見られる、妻が自立的に生活を立てる営みはアフリカで広く見られ、イギリスの人類学者グラックマンが南部アフリカの事例から家財産制と名づけたことで知られる。一夫多妻であるランゴの社会でも妻はそれぞれ、自分の子どもを養うために生産、経済活動をすることが基本なのだ。

母アリスが台所小屋のそばで夕食のために作業をしている。女性はつねに忙しく手を動かしている（2008年8月）。

　調査者である私が女性なので、自然と女性との会話、彼女たちの生活圏にいることが多くなる。そしてランゴの人々のところにお世話になりはじめたときも、私が長年つきあってきたケニア・ルオの女性たちの暮らし方とついつい、比較していた。ルオの人々も一夫多妻を行うので、伝統的に夫の土地における各妻の自立的経済活動、つまりは家財産制が見られることが多い。ルオとランゴとは親戚のようなもので、言語文化が類似していることもあり、人々の発する言葉の意味も想像しやすい。ただランゴの村に暮らしはじめて驚いたのは、村には意外に出戻り女性がとても多く、しかも父の土地に自分の家屋を建てている、もしくは暮らし続けている、自立しているということだった。これはまったくもって、ケニア・ルオと違うところだ。ルオの村落社会では、女性が一人で家を建てる、しかも父の土地に建てるなどということは許されない。徹底した父系的思考が土地所有、相続、利用に表れているのだ。ところがランゴではそれが可能であり、女性が父の土地を基盤に一人で自立している例があちこちで見られた。必ずしもよしとされないが、しかし実父の土地使用、所有、相続が可能となれば、結婚して夫がいようが、いまいが、女性の自立の条件は整っているのだ。

加えて、特に村内であっても土地の売買が頻繁になされている印象を持った。土地に関するトラブルもしばしば耳にした。売買行為から生ずる土地の問題、そしてもちろん結婚のあり方もかかわってくるが、概して村の人々がウガンダ法や地方政府と近しく、女性も自ら法のことをよく話す。

女性の自立が可能な別の理由がある。学校の教職についている女性は、職を得て経済的に自立した女性の典型像として最もわかりやすいが、教育を受けて教師になれる女性は決して多くない。ほかのごく普通の女性の自立を可能にしているのは、お隣のケニアと異なり、酒の醸造が違法でない点がおそらく大きいだろう。そのせいか酒づくりをして生計を立てるシングル女性、同時に酒びたりになっ

酒の材料にもなる雑穀、ヒエ。もみ殻とよりわける作業は手間がかかる（2008年8月）

ている男も多く見かけた。学校の教師をしているシングルマザー、父の元に出戻ってきてしっかりと自分の家を建てている人が何人もいた。姉妹３人とも婚出先から子どもを連れて父の元に戻ってきていて、それぞれが商売して互いに助け合いながら生計を立てている事例も見られた。マーケットに行くと、長女が煮豆、二女がドーナツ、三女がおかゆ、といったように調理した別の品目の食べ物を仲良くともに売っているのだ。出戻りは大して非難を浴びることでもなく、彼女らは住むところは安定して確保されたうえで、それぞれが経済活動を活き活きと楽しそうに行っている。

今は一見、幸せな、ルーティン化した生産活動が女性によって毎日行われているランゴの村の日常。しかし、彼女たちの語りには、２００２年以降にＬＲＡ（神の抵抗軍）から受けたさまざまな物理的、心理的ダメージはまだ色濃く残っていることがうかがえる。また大勢の人が狭い区画のなかに住まわされ、外の世界からいきなりたくさん来た「外国の」援助機関の人々の指揮下に入った奇妙な生活空間、難民キャンプの経験。そこでの国際機関より集中的に教わったファミリープラニングやＨＩＶ／エイズ、女性の権利についてのセミナー等が、今のランゴの村の女性たちの意識とふるまいには多少なりとも影響しているのかもしれない。家の、村の日常の生産活動の大半を支える女性たちの社会的ふるまいの小さな変化が、今後のウガンダの村落社会の、ひいては国の社会変化へとつながっているのは想像にかたくないだろう。

（椎野若菜）

28

村の学校から

★UPE政策以降の初等教育★

ウガンダの村落部で小学校の教室をのぞくと、どこにいっても生徒の多さにまず圧倒される。絶対的な意味で人数が多いというだけではない。二人掛けと思われる椅子に三人の生徒が窮屈そうに座っていたり、一つの教科書を数人が額を寄せあって読んでいたりする姿からは、想定された人数を超えているのではないかという印象を受ける。

このような教室内の状況には、1997年から実施されているUPE政策が大きくかかわっている。UPEとは、「初等教育の完全普及」を表すUniversal Primary Educationの略称であり、ウガンダに限らずアジア・アフリカの諸国でその実現に向けた取り組みがなされている。ウガンダの教育制度は7年間の初等教育、4年間の前期中等教育（O Level)、2年間の後期中等教育（A Level)、そしてそれ以降の大学・専門学校などの高等教育からなる。UPE政策はこのうちの初等教育段階をターゲットにしたものである。

ウガンダでは1986年のムセベニの大統領就任がUPE政策の実施に向けた道を開いた。早速その年のうちに「教育政策評価委員会」が設立され、独立以降基本的には変更されていなかった教育政策が見直されることになった。同委員会は１９８９年に報告書を提出する。これをもとに政府が作成したのが「政策白書」であり、ＵＰＥの達成はこのとき達成目標の一つに数えられた。

その後、１９９０年代にカリキュラムと教材改革・教員資格の整備・教育行財政の再編と地方分権化など、その後の改革の基礎となる施策が次々と打ち出されたが、その間就学者数自体の伸びはそれほど目立たなかった。転機となったのは１９９６年の大統領選挙であり、二期目をねらうムセベニ大統領はＵＰＥの実現を約束した。再選されたムセベニ政権のもとで、政策は翌１９９７年1月から実行に移されたのである。

この年から、小学校に通う子どもは授業料を支払う必要がなくなった。制服やノートはそのまま各家庭の負担とされたが、教科書は政府から支給されることになった。各学校には運営費などを用途とする補助金が、生徒の頭数に応じて供与されるようになった。統計データからは、この政策が就学の促進に与えた影響の大きさをうかがうことができる。３０６万人だった１９９６年の就学者数は翌年には５３０万人まで増加した。就学者数はその後もゆるやかに伸び続け、２００８年には７９６万人に達している。当初加えられていた各家庭４人まで無償化の制限は２０００年に取り払われ、特に現金所得の少ない家庭に大きく裨益しているとされている。

このように政策のもたらした成果が強調される反面、国内外からさまざまな問題点が指摘されている。しばしば問題として言及されるのが、教育の質の全体的な低下、教科書や教材の不足、教師の不足、留年と中退、都市部と村落部の間の教育の質の格差などである。それでは、ここにあげたような問題点は教育現場でどのように認識されているのだろうか。以下では、２００８年に私が訪れたある

N 小学校。校舎と同じ敷地内に教会が建っている（2008 年 6 月）

村の小学校への就学状況を見てみよう。

人口５９５人、ムコノ県ムコノ郡に位置するN村には、１９２５年にウガンダ教会によって設立された歴史の古い公立のN小学校がある。コの字型の校舎は最近建て替えられたコンクリート製で、教員棟とともに校庭を三方から囲むように配置されている。同じ敷地内には教会や、教員や遠方から通う子どもたちのための宿舎もある。この学校でもUPE政策以降就学者数が増えており、２００８年の時点で1年生から最終学年の7年生まで３００人あまりの生徒が、N村と近隣の村々から歩いて通学している。

クラスの生徒数は学年があがるほど少なかった。たとえば、ある日の1年生の教室にいた生徒数80人と比べて7年生の教室には25人と、およそ3分の1の少なさだった。これらの数字は、留年や中退をする生徒がある程度いることの表れだと思われるが、中退のケースは留年に比べて意外なほど少ない。留年の措置は学校にとってセンシティブな問題だ。ウガンダでは２００７年から政府の方針で小学校では留年者を滞留させないことが決まっている。それにもかかわらず、この学校ではそれ以降も毎年一部の生徒を留年させていた。教師のうちの何人かは、それが教育の質を保つために必要な措置であると考えていた。必要とされる学力が身についていない生徒を進級させれば、学校全体の教育水準の低下を招きかねず、それは、後述する「初等教育修了試験」の成績の悪化となって数値にも表れるだろう。しかし、学校側は留年の決定に際して保護者の意向も汲まなければならない。保護者のなかには子どもが留年させられるのを望まない人は多い。ある教師の話によると、保護者のなかには子どもが留年させられることがわかると近くの小学校に移らせて、そこで首尾よく進級させるというケースがあるという。補助金は生徒数に応じて支給されるので、生徒の転校は学校の収入減に直結する。留年の決定に関して、教師は難しい立場に立たされているようだ。

　ＵＰＥの実施から10年経った２００７年からは中等教育の段階的な無償化が始まり、中等教育段階への期待が高まりつつある。どのハイスクールに入学できるかは、７年生が学年末に受ける「初等教育修了試験」の成績によって決まる。試験は英語・数学・社会・科学の４科目からなる。評判のいい、大学への進学率の高いハイスクールに入学するには、各科目で高い得点をあげなければならない。Ｎ小学校の修了試験の全体的な成績は優れたものではない。そこで、教育に対する関心が高く経済的に余裕のある家庭は毎学期２万シリングの授業料を支払って、子どもを隣村の私立小学校に通わせている。この学校の施設や備品も決して洗練されているとはいえないが、生徒数に対して教師の人数が多く、高学年のクラスでは休日も勉強をサポートする指導熱心という評判だ。さらに余裕のある家庭は、子どもを親戚の家に預けるか寄宿舎に入れるかして、地域のいわゆる「名門校」に通わせているが、Ｎ村の場合そのようなケースは数えるほどしかなかった。質の高い教育へのアクセスは、し

学校の休み時間にサッカーに興じる子どもたち［吉田昌夫撮影］

ばしば指摘されるように都市部と村落部の間だけではなく、村の内部でも確実に拡がっている。先に見たN小学校の高学年クラスの生徒数の少なさの背景には、こうした教育熱からくる転校や、一部の豊かな親の「公立離れ」があったと考えられる。

UPE政策以降、子どもたちの小学校教育へのアクセスは格段に容易になったといえる。その一方で、就学者数の急増にともなってさまざまな問題が生まれ、これまで指摘されてきた。しかし、そのような問題を糾弾するまなざしが教育現場でも共有されているとは限らない。誰にとってどのような事柄が問題とされているかを、教育現場からの声を拾いあげて整理し、政策に反映していく作業が必要とされているのではないだろうか。

（楠　和樹）

29

ウガンダの月経事情

★変化の波の中で★

ウガンダの田舎で、ホテルではなく家を借りたり居候をした経験のある人は、ゴミをどう処理したらよいのか困ったことがあるのではないだろうか。

私がウガンダ東部のギス社会の農村で、住みこみのフィールドワークをする時がそうである。生ごみなど土に返りそうなものは、大家さんが掘った直径1メートル、深さ60センチ程の素掘りの穴に一緒に捨てさせてもらう。捨てられたゴミが人目につくこともあり、私は、そこに捨てにくいゴミや食品・日用品のプラスチック系の包装フィルム等を、週末に庭先で燃やすようにしてきた。そうしたゴミの中でも特に厄介なのが生理用ナプキンである。生理用ナプキンはなかなか燃えず、芯が残ることがある。しかも、ゴミを燃やしていると、近所の子どもたちが興味津々に覗きに来ることがある。町でこっそり買って来たチョコレート菓子の箱を焼いているところを見られた時以上に、生理用品のゴミを燃やしている時は気まずい。その面倒くささに、ボットン便所にそのまま落とすこともよくあった。

現地の女子たちは、どうしているのか。私が2019年にセカンダリー・スクールで行った調査では、経血への対処として

校舎から離れて設置されている学校女子トイレ

女子生徒たちが利用したことがあるものは、工場製の使い捨てナプキンが83％、NGO等がくれた布ナプキン（71％）、パンツのみ（71％）、古布（48％）、綿の実（29％）、トイレットペーパー（17％）と続いた。常に使い捨てナプキンを利用している生徒は3分の1程度で、経血量の多い日（2日目等）の登校中だけ使い捨てナプキンを利用し、それ以外の日や家にいる時は他を使う人が多かった。

生理用品の捨て方に話を戻そう。再利用する布製以外のものは、ほとんどの人が使用後、ボットン便所に捨てていた。その理由は、自分の経血がついたものを人の手の届かないところに捨てるため。もし自分に悪意を持った人がそれを入手すれば、ウィッチドクターのところへ持って行かれて不妊になる邪術をかけられる可能性がある、という。だから経血が滲み込んだ使用済みのナプキンや古布をゴミ箱等に捨てることは「絶対に良くない」と女子生徒たちは口を揃えて言う。学校トイレであればゴミ箱に捨てられても誰のか分からないのでは、と私が疑問を投げかけると、校舎とは独立した外便所であるためか（写真）、自分に恨みを持つ人が遠くから覗いているかもしれないし、犬に取りに行かせることも可能だという。

この邪術による不妊の怖れは、女子生徒だけでなく、ギスの既婚女性たちも抱いている。ひとつエピソードを紹介したい。二人の子持ちの若い母親を久しぶりに訪ねると、三人目を身籠ったとのことでとても喜んでいた。実は数か月前に、経血の染みが残った下着をほかの洗濯物と一緒に干していたら、その下着がなくなったのだという。それが邪術に使われて、自分はもう妊娠できないのではと不安に思っていたというのだ。日本で想像される下着泥棒の動機との違いに私は驚いてしまった。

経血が染みついた下着や布ナプキンの洗濯物を直接天日で干すことは、邪術に対する怖れから、避けられる。先述の調査では、女子生徒の6割は室内で干しており、その多くはベッドの下で洗濯用のたらいのヘリにかけて干していた。雨期は布ナプキンが生乾きのまま再利用することも。4割の生徒は屋外で干すという。ただし上から布を1枚覆って干すのだそうだ。

さて、この布ナプキンも使い捨てナプキンもウガンダで近年急速に普及している。もちろん、生理用品を購入できる経済的な中間層が増えて市場が広がったことも要因ではあるが、特に学校では別な力学が働いている。政府の方針として、学校は生徒の緊急時（学校にいる間に月経が始まり，経血が漏れてしまった時）に対応することが求められており、NGO等が生理用品や月経教育の支援を行うケースも多い。

こうしたウガンダでの動きは2010年代初めに遡ることができる。今や「月経衛生対処(Menstrual Hygiene Management：MHM)」あるいは「月経をめぐる健康（Menstrual Health)」は、SDGsでもモニタリング対象とされる国際的潮流となっている。ウガンダは、その潮流の初期段階で、かなり意欲的な政策を打ち出して先進事例とされた国であった。２０１３年にはウガンダ教育省のお墨付きで、国際ＮＧＯによる現地調査をふまえた月経教育の副読本が作成され、翌年には教育省から正式に発行された。そして２０１４年には、世界初となる月経衛生対処に関する国際会議が３日間に亘ってカンパラで開催された。ウガンダのＮＧＯが中心となり、ウガンダ政府と国際ＮＧＯの協力のもと実施された。

その勢いに乗って、国会でＭＨＭ推進が議論され、２０１５年５月28日には「月経衛生対処憲章」が発行されている。５月28日は国際的な「月経衛生の日」でもあり、２０１５年５月28日にはカンパラを中心にＮＧＯや生理用品メーカー、学校の生徒（男子も女子も）が「月経の沈黙を破れ」「月経はすべての女性の誇り」などのメッセージを持ってデモ行進を行った。こうしたメッセージは、実際には、月経をめぐる多くのタブーや困りごとが存在することの裏返しだと言えよう。

さらに２０１５年に、教育省が各県の教育局や全国の小中学校長に対して通達を出した。学校は男女別・障害者用トイレと手洗い施設を設置し、緊急時用の制服の着替え・下着・ナプキン・腰に巻く布・鎮痛剤を用意し、月経に関してサポートする女性教員（シニア・ウーマン・ティーチャー）を配置すべきだとしている。しかしながら、特別な予算措置がされた訳ではなく、私が会った県教育局の人や校長たちは、「そう言われても全てはできない」というのが本音のようだった。２０１４年に教育省が発行した月経教育の副読本も、自分たちの地域には届いていないという反応が多かった。

なんだか尻すぼみの話に聞こえるが、こうした初期の動きがあったためか、ウガンダでは月経対処の支援を行う国際ＮＧＯ・ローカルＮＧＯが多く、ＵＮＩＣＥＦや国連人口基金による取り組みもみられる。生理用品（使い捨てナプキン、布ナプキン、月経カップ等）の配布や作製技術の移転、月経教育やトイレ整備等が展開されている。私のフィールドの女子生徒たちが持っていた布ナプキンもこうした動きの一端である。

月経衛生の日には、現在に至るまで毎年イベントや発信がウガンダからも行われている。ウガンダ政府は「月経の健康と衛生国家戦略計画２０２１〜２０２５」を発行予定であり（２０２３年10月時点で未だ最終承認が下りていないが）、今後現場レベルにどう影響するのか注視したい。そして、急速に普及するポリマー（プラスチックの一種）を含む使い捨てナプキンのゴミのゆくえや、なかなか乾かない布ナプキンの利用方法について、地域の文脈の中で生きる当事者たちと一緒に考えていきたい。

（杉田映理）

30

高等教育

★マケレレ大学いまむかし★

ウガンダは、独立以前から高等教育が充実していることで、アフリカのなかでは有名であったが、その評判を大きく支えていたのがマケレレ大学（Makerere College、１９７０年以後の名はMakerere University）であった。誰がいいはじめたのか、日本では、マケレレ大学はアフリカの東京大学みたいなものだといわれていた。マケレレ大学の創立は１９２２年にさかのぼる。

私は、１９６３年12月から66年12月まで、この大学で３年間を過ごした。そのときはアジア経済研究所の海外派遣員として派遣されたのであるが、マケレレ大学は当時、ケニアのナイロビ大学、タンザニアのダルエスサラーム大学とともに、東アフリカ大学（University of East Africa）を構成し、その名前で学位を出していた。

当初イギリス政府は、植民地に行政官の中間層をつくり出す必要を感じていたが、特に大工、機械工、医療実務員、農業指導員を養成するにとどまらず、次第に職業訓練や工業教育の枠を越えて、政治的、社会的な分野の教育にいたる一般高等教育なくしては、将来の行政を司る人材を創出できないと考えるようになった。１９３７年にマケレレ大学は東アフリカ全体の大学教育機関として位置づけられるようになったのである。第2次世界大戦後の1949年には、マケレレ大学はロンドン大学の学位を出すようになり、ケニアが独立した1963年までそれが続いた。東アフリカ3国が相次いで独立を達成した1960年代はじめごろの大統領や副大統領（たとえばタンザニアのニエレレ大統領やケニアのオディンガ副大統領）、首相（たとえばウガンダのオボテ首相）や大臣などの多くがマケレレ大学卒業生であったということは、このような比較的早い時期の高等教育の発展を物語るものであった。

私は、マケレレ大学にできたばかりの農学部大学院博士課程に入学したのであったが、当時はウガンダ独立後わずか1年後ということもあって、教授陣はほとんどイギリス人、それに少数のアメリカ人が混じるというものであった。アフリカ人はまだ少なかった。大学の学生数はわずか2000人ほどで、彼らはまさにエリートという感じであった。ほぼ全員が国費で、授業料のみならず寮費、食事代、本代や文房具、小遣いを含む生活費まで全部支給されており、卒業すれば政府高官の職を約束されていた。全寮制なので、寮に対する学生の所属意識は強く、食事はすべて寮の食堂でとるようになっていた。私は町のなかに家を借りていたが、昼食を大学でとるためノースコート・ホールという寮の一員となった。そのとき寮の卒業生を送る晩餐会で、当時若く気鋭の文学者の卵であったケニア人のグギ・ワ・ジオンゴが立ち上がって演説し、今後アフリカ人は創造することを最重要課題とするべきだ、と語ったことを思い出す。

2002年の6月2日、私は36年ぶりで再びマケレレ大学に、今度は文学部歴史学科へ1年間、客員教授として赴任することになり、妻とともにキャンパス内のフラットに住むことになった。この間

マケレレ大学本館

にマケレレ大学はまったく違う姿に変容していた。丘の上にある美しいキャンパスはそのままで、多くの校舎もそのままであったが、何よりも大きく変わったのが、学生数が３万人を超していたことで、36年前の15倍というすさまじい数になっていた（大学の学部は３年、昼夜の２部制）。建物も教授陣の数もそれほど増えていないので、これは教室内の過密な学生数に表れていた。かつては充実した蔵書とサービスを誇っていた大学図書館は、長い間の無策と放置でひどい状態であった。カタログで見るかぎり新しい本はほとんど入っていないし、あるべき本も開架式の棚には見つからず、また返本したものが番号順に並んでいないため、なくなってしまったのか、別の棚に間違って置かれてしまったのか、定かではなかった。何よりもひどいと思ったのは、利用学生数に対して机と椅子が圧倒的に不足しており、学生は書棚と書棚の間にしゃがみこんで本を読んでいることであった。学期中レポート提出の多い学生にしてみれば、こうでもしないかぎり存在する本さえ読めないことになるのだろう。

本に代わって先生たちが頻繁に使っていた方法が、講義の要点をプリントして、課程の代表者となっている学生に手渡し、そのプリントを他の学生が借りて、教室の前の廊下などに陣取っている女性のコピー屋に各自有料でコピーをとるというやり方である。コピー機の数に比べ学生の数が圧倒的に多いので、コピー機の前には学生が群がって順番を待っているのが、通常のことになっていた。

このように学生数が増えたのは、1990年代半ばに大学運営方針が根本的に変わり、政府予算が増えないにもかかわらず、大学教育を希望する若者人口が増えたこと、政府のコントロールを減らす自由化の時代となり、大学にも私費入学制度がつくられたこと、などの理由によるものである。今や学生の80％ほどは自費で入学してきており、当然彼らは寮に入れず、大学周辺に下宿している。多くの授業に昼夜の2部制が導入され、職業を持つ学生が夜間に大学に自費で通ってくる。彼らの授業は午後5時から10時までなので、キャンパスは10時まで学生であふれている。

学費は学部、学科により異なるが、私の属していた人文学部歴史学科の「開発コース」は一番安いうちに入り、年2期制で1期が55万ウガンダ・シリング、当時（2002年）の換算レートで1シリングは0・071円ほどであったから、2期分合計で1年間約7万8000円ということになる。ウガンダでは准教授クラスの月給が高くても5万円程度であるから、一般の人にとってみればかなり高い。現在マケレレ大学の先生方は90％以上がウガンダ人で、学生もほとんどウガンダ人。東アフリカ大学の時代に多かったケニア人、タンザニア人はほんの少数いるだけであった。

教室へ向かうマケレレ大学の学生（2005 年 10 月）

マケレレ大学で実際に授業をしてみて大きな問題を感じたのは、学生登録の事務がずさんなことで、私ははじめに3年生の授業「貧困と開発」を1学期担当したが、開始の日になっても受講学生のリストをくれなかった。事務セクレタリーに聞いたところ、それは先生のほうでつくることになっているので、授業のとき、紙を回して名前と学生登録番号を書かせればいいといわれ、何人ぐらいなのだろうか、と思いながら教室へ急いだ。すると日本であったら60人用の教室ぐらいの室に１６０人ほどの学生が詰まっており、机はなく椅子だけで、その椅子を避けながら後ろのドアから教卓にたどりつくのが大変であった。教卓といっても壇上ではなく、その前60センチのところまで最前列の学生が迫ってきている。黒板の白墨消しは擦り切れてほとんど消すことのできない状態であった。もっとも黒板消しについては、事務方より次回に一つよいものをもらったが、置いておくとなくなってしまうので、毎回持って帰るようにいわれた。

授業を始めてみると、学生の講義を聞く態度が大変真剣なことがわかった。私の発音が悪かったり、はじめて聞く言葉があったりすると、すぐ“I beg your pardon?”（もう一度言っていただけますか?）と大きな声を出す。ちょっと冗談をいうと皆笑って反応がよくわかる。日本と違って私語はほとんどないといってよい。講義が終わるとたいてい1人は質問にやってくるし、講義の最中でも質問が出ることがある。こういう授業は大変やりがいがあり、充実感を持つことができる。また1単位ずつ区切られる50分授業というのは、引き締まってやりよいことがわかった。

最初「貧困と開発」という授業を引き受けたとき、裕福な国の人間が貧しい国の学生に貧困の話をしてまじめに聞いてくれるだろうか、という心配があったことは確かである。しかしウガンダでは「貧困削減」が国をあげての政策課題となっている。そして私が講義をする意味は、何よりもマケレレ大学に来るような学生は、将来のよい生活を夢見て、上のほうばかりを見る傾向があるので、足元の事情に注意を払う必要性を強調するところにあると思ったのである。授業の一環として、スラムといえるような貧困住居地域の自治機関の長に話をつけて、学生とともに見学に行ったのも、そのような考えから出たものであった。この見学会は自由参加としたが、参加した者は一様に見てよかったと、事後の感想文に書いていた。

マケレレ大学は、私が在学した１９６６年以後、長い間ウガンダで唯一の大学であったが、２０００年代以後に大学が急速に増え始め、現在（２０２４年）大学数は53校に増えている。そのうち国立大学はカンパラにマケレレ大学（Makerere University）、マケレレ大学ビジネススクール（Makerere University Business School）、チャンボゴ大学（Kyambogo University）、ウガンダ・マネージメント・インスティチュート（Uganda Management Institute）の4校、ウガンダ西部にムバララ（Mbarara）科学・工科大学、カバレ大学（Kabale University）、マウンテンズ・オブ・ザ・ムーン大学（Mountains of the Moon University）の3校、東部にブシテマ大学（Busitema University）、リラ大学（Lira University）、ブソガ大学（Busoga University）、ソロティ大学（Soroti University）の4校、北部にグル大学（Gulu University）、ムニ大学（Muni University）の2校と各地域に散らばり、合計13校である。他の40校は私立大学（高等教育の資格を与えられている神学院なども含む）である。

（吉田昌夫）

31

ウガンダの教会

★国の全域に広がったキリスト教★

首都のカンパラは、よくローマになぞらえて七つの丘の町と呼ばれる。市の中心部に立ってまわりを見渡すと、高い丘の上に大きな建物が見え、特にナミレンベの丘に建つプロテスタントのナミレンベ大聖堂、ルバガの丘に建つローマ・カトリックのルバガ大聖堂、キブリの丘に建つイスラームのキブリ・モスクの三つがそびえているのが印象的である。なかでもナミレンベ大聖堂のレンガ色の大建築は目立っている。この建物自体は1919年に建立され、それ以前にあったアフリカで最大規模のかやぶきの屋根を持った礼拝堂が落雷で焼けたあと、住民の信徒の力によって堂々たるドームを屋根上に持った大聖堂として完成したという。

ウガンダのキリスト教の歴史は、18世紀末のヨーロッパ諸国のアフリカ進出の歴史と重なり合う。キリスト教の伝道は、まずイギリス国教会のミッション活動団体である「教会伝道協会（チャーチ・ミッショナリー・ソサエティ）」の2名の伝道師が、1877年に当時のブガンダ王国の王ムテサの宮廷に来たことに始まる。次いで2年後の1879年には、ローマ・カトリックの「ホワイト・ファーザース・ミッション」が、同じムテサ

カンパラのナミレンベ大聖堂

王の宮廷に伝道師を送り込んだ。ムテサ王の宮廷にはムスリム商人も来ていて、これもイスラームの布教を進めようとしていた。ムテサは北からのエジプトの脅威に対抗するため、この三者を競わせて、武器を得るなどの利益を得ようとしたが、ミッショナリーがそのような興味を持っていないことがわかると、彼らに反感を示すようになった。しかし宮廷では王の小姓たちの間に、キリスト教の信仰が急速に高まった。

ムテサが1884年に死亡し、ムワンガが即位したが、彼はキリスト教の布教が王の権力を低下させることを恐れ、キリスト教徒の迫害に乗り出した。王の命に従わない小姓を殺害しはじめ、1885年1月から87年1月までの間に、45人のイギリス国教会とローマ・カトリックの信徒が火あぶりまたは首打ちの刑に処せられた。キリスト教はこの処刑にもかかわらず、逆に勢力を拡大し、現在ウガンダでは、最も多くの火あぶり刑の死者の出た6月3日を、「殉教者の日」という国民祭日に指定して追憶している。

キリスト教の拡大と平行して、イギリス国教会系のプロテスタントとローマ・カトリックとの争いも発生した。「ホワイト・ファーザース・ミッション」がフランス系であったため、この争いはイギリスとフランスの代理闘争の性格も持ちはじめた。このためイギリス系のカトリックである「ミルヒル・ミッション」が招き入れられたほどである。第7章にあるように、帝国イギリス東アフリカ会社（IBEA会社）がウガンダに実質的支配を確立するため、1890年にキャプテン・ルガードを隊長とする統治軍をブガンダに派遣したが、それはこのような宗教対立が深まっていたときであった。ルガードはブガンダのキリスト教徒、なかでもプロテスタントへの支持を隠さず、ブガンダのライバルであり、イスラーム教徒を支持していた隣のブニョロ王国の討伐に乗り出した。ブガンダ王国内では、各郡をいずれかの教派の勢力範囲として割り当てたので、まるで16世紀宗教戦争後のドイツのようなありさまとなった。1900年に「ウガンダ協定」がブガンダ王とIBEA会社との間に結ばれたとき、王および第1、第3大臣はプロテスタント、第2大臣はカトリックの者が就任し、また20ほど存在した郡のうち10郡はプロテスタント、8郡はカトリック、2郡はイスラームに割り当てられることとなった。このしきたりの影響は現在でも残っており、たとえばカンパラの東方にあるムコノ地域はプロテスタント、西方のマサカ地域はカトリックの教徒が圧倒的に多いという状態になっている。ルガードの介入によって、信徒数では劣るプロテスタントのイギリス国教会（後にウガンダ教会：チャーチ・オブ・ウガンダと呼ばれるようになった）が数の多いカトリックよりも政治的に上位に立ったわけである。この後、イギリスの統治がウガンダ全土に広がっていったときも、このようなキリスト教

カンパラ郊外のウガンダ教会に属する聖ヨハネ教会の礼拝

宗派別に進出に成功した地域ができあがってゆき、たとえば北部のランゴではプロテスタントの「ウガンダ教会」が、アチョリでは「ローマ・カトリック教会」が優勢になるという素地がつくられた。

キリスト教会の各派は教育の普及に力を注ぎ、1890年代には多くの小学校が設立された。キリスト教宣教の中心はブガンダであったので、その言語であるガンダ語への聖書の翻訳は早い時期になされ、キリスト者が「読む人」（アバソミ）と呼ばれたのは、このことによると思われる。また全寮制の中等・高等学校も設立され、ウガンダで名高い高校のキングズカレッジ・ブドと、ガヤザ・ハイスクール（女子校）はウガンダ教会系であり、セントメアリーズ・カレッジ・キスビはカトリックのホワイト・ファーザース系、ナミリャンゴ・カレッジはカトリックのミルヒル・ミッション系と、ウガンダのエリート階層を輩出する教育システムができあがった。これらの中等・高等学校は、現在は政府の運営する学校となっている。

こうしてキリスト教はウガンダ全土に広がっていったが、信者は熱心にキリスト教に帰依していたにもかかわらず、非公式の場面では、伝統的な宗教が存続しているのが通常であった。その宗教は民族グループごとに異なっていたが、ガンダ人の間では、カトンダと呼ばれる最高神のもとに、ルバーレと呼ばれる諸々の守護神がいて人間社会に影響を与えていると信じられていた。またほかに祖先の霊魂が多くいて、供え物によって和らげる必要があると考えられていた。これらの伝統的信仰は、キリスト教とイスラームの急速な拡大と社会の近代化によって、若者らの人心をとらえられなくなっているといわれる。

現在、ウガンダにおける宗教別の割合は、２００２年の国勢調査に基づけば次のようになっている。キリスト教信者は全人口の85％を占め、イスラーム教徒は12％であり、残りの３％は伝統宗教か、ヒンドゥー教、ユダヤ教、バハイ教、もしくは宗教を持たない者である。キリスト教信者の内訳は、ローマ・カトリックが42％、プロテスタントのウガンダ教会が36％、残りの７％が、バプティスト、ペンテコステ派などの諸宗派と統計は記している。この統計に入っているのかどうか、あるいはペンテコステ派に含まれているのかもしれないが、近年急速な拡大を見せている「ボーンアゲイン派」の教会がある。ローマ・カトリックからもウガンダ教会からも信徒を獲得しているといわれ、カンパラの例ではアメリカのテレビ教会に見られるような大ホールで、歌と踊りを主とした礼拝を行って若者を引きつけている。最近はローマ・カトリックでもウガンダ教会でも、会衆が立ち上がって、踊るような格好で手拍子を打ちながら聖歌を歌う礼拝を行っており、ヨーロッパや日本で見る教会とはだいぶ違って賑やかである。

（吉田昌夫）

コラム4

文化は悪魔――ウガンダ・イテソ民族における新ペンテコステ・カリスマ派キリスト教

長島信弘

◆ソロティ町のPAG教会サービス（ミサ）観察記録

2005年3月、PAG（Pentecostal Assemblies of God）の教会。人混みをかき分けて教会に入ると、立錐の余地もない状態だった。ほとんどが若い男女と着飾った子どもたちで、中年の女性もいた。前方には組み立て式の台があり、10人ほどの青年男女が上がっていた。突然キーボードとドラムの大音響がラウドスピーカーから流れ、台上の男女は一斉に歌い、踊りはじめた。飛びはね、叫び、手を叩き、手を振り、肩を抱き合った。会衆も一斉に同じ動作を始めた。手を握り合ったり、肩を抱き合ったりした。身体接触が大事なようだ。賛美歌の本は床に散らばっていて、誰も手にしていなかった。20分ほど続いたこのセッションは「賛美と礼拝」というのだそうだ。それから5分ほど祈りがあり、人々はやっと席に着いた。

進行役は牧師（パスター）を呼び出した。中年、長身で、グレーの良いスーツを着こなしていた。コリント篇を引用しながら「生まれ変わった（ボーンアゲイン）」信者たちが死後受ける「報酬」について話した。彼の説教のスタイルはダイナミックで、権威に満ちてはいるもののユーモアも交え会衆はしばしば爆笑した。神を喜ばせる行為をし、性的不道徳や飲酒、不平等といった邪悪な行為を慎むように彼は説いた。これはガラテア篇に書いてあることだ。牧師は祈りをリードした後で非信者は台上に上がるよう促し、信者たちは彼らがボーンアゲインになるよう祈った。

この1時間ほどのサービスを見ただけで、普

ソロティ町のPAG教会

通の「正統」プロテスタント教会のサービスとの違いは歴然としていた。対照的な要素を列挙する。①移動台：祭壇と呼ばれているが装飾はない。②平服：牧師も壇上で踊った青年たちも平服だった。③聖職者と平信徒の身分差がない。④賛美と礼拝の仕方：いきなりキーボードとドラムの大音響に始まる。⑤牧師の冗談と会衆の笑い：正統教会では起こりにくい。

この対比は、身分・地位のはっきりした「構造」と、身分差がなく、一体感・高揚感にあふれる「コミュニタス」を対比させたヴィクター・ターナーのモデルにほぼ当てはまる。現在世界中で急速に信徒を増加させているという新ペンテコステ派伸張の主因がこの一体感であり、それを支える精霊重視の教義である。

◆新ペンテコステ派とカトリック・カリスマ再生運動

もとはプロテスタントの一派から発生した運動がカトリックにも波及しボーンアゲインとして同一視されている。プロテスタントやローマ・カトリックの「正統派」教会から許容範囲内と認定されている。池上良正の解説によれば、この派の特徴は「異言、預言、神癒、悪霊払い、手を高くあげて精霊に満たされたとされる恍惚状態での礼拝など」である。

1980年以降新ペンテコステ・カリスマ派は世界各地で勢力を強め信者はすでに5億人を超えたという推計値もある。

私は1968〜70年の2年間、現在のカタクウィ県ウスク地域で社会人類学のフィールドワークを行った。そのとき手伝ってくれたのが隣人のオジロット・スティーブン・シニアで、私は彼の異母弟オニャとオコリモ兄弟と暮らした。

1997年、マケレレ大学社会学・人類学科と一橋大学社会学部は、国際協力機構（JICA）の支援を受けて「ウガンダ農村地域の貧困撲滅戦略の構築」プロジェクトに着手した。三つの農村を選んで実態調査をすることになり、その一つに私はオジロット・シニアとオコリモンが移住していたカタクウィ県アチョワ村を選んだ。1998年から貧困調査を始めた。オジロット・シニアの長女アキテンが家事手伝いに雇ってくれという。彼女が要求した賃金は1日10ドルという途方もない額だった。以前白人のところで働いたときにはそのくらいもらっていたと粘る。その額じゃ無理だと断った。すると「祈り方が足りなかった、明日は2時間祈ってくる」と変なことをいった。祈りを交渉パワーにするという発想が新鮮だった。弟のオジロット・ジュニアに聞くと、賃金に相場はなくて雇われるほうの「交渉力」次第だという。翌日、アキテンの粘りにこちらが根負けして6ドルで決めた。

2003年の調査地はウガンダ国東部州のうち、ソロティ県ソロティ町およびカタクウィ県アチョワ村の2カ所。実質2週間の短期調査のため、強力な調査チームをつくる必要があった。そこで2000年、01年の調査で助手を務めてくれたアルオ・ダニエルにマケレレ大学出の優秀なイテソ人を2人リクルートしてくれと頼んでおいた。アルオはマケレレ大学社会学科出身でその学科の教師に推薦されて私のところへ来た。彼が連れてきた2人は、エコンゴット・エドワード（30歳、マケレレ大学卒、図書館学）、アリアウ・ピーター（30歳、マケレレ大学卒、経済学）、これに地元からはオジロット・ジュニア（30歳、地元診療所事務長）が加わった。アルオを含む4人はいずれもボーンアゲインである。

新ペンテコステ派の主張は以下のようにまとめられる。①洗礼により精霊（Holy Spirit）に満たされる、②それは霊的誕生（ボーンアゲイン）である、③自分の身体が神の神殿となる、④神はすべての信者に良い人生プランを授ける、⑤信者はキリストの教えに従うべきである、⑥精霊（カトリックではマリア）がそれを導く、⑦罪を犯すと神の呪いを受ける。不倫、怠惰、偶像崇拝、嫉妬、憎悪、自己中心、不和、邪術等、⑧神は悔い改めれば許してくれる、⑨死後永遠の生命を与えてくれる。

アチョワ村の調査で青年たちが「サタニック（satanic）」という英単語をよく口にすることに気がついた。アルオに聞いてみると、聖書で罪と書かれた行為だけでなく、聖書に書かれていない慣習はすべてサタニックだという明快な答えだった。彼らが「文化（culture）」というとき、それはイテソ民族の従来の生活慣習、規則、儀礼、飲酒などすべてを意味する。彼らはこれらすべてをサタニックと呼び、全面否定するのである。若い世代が否定しているのは旧世代の「文化」であって、人間存在ではない。ペンテコステ派はボーンアゲインが唯一の真理なので、それを自分たちの「文化」とは考えていない。

（本稿は長島信弘「文化は悪魔」（『アリーナ』4号、中部大学国際人間学研究所、2007年）を縮小・改訂したものである。）

32

死者を葬る

★農村の災いと死、そして施術師について★

死を究極とする病や厄災は、人間社会を不可避的に襲うものだ。あまりいいことがなくとも、災いがない世界を秩序立った世界と考える世界観を持つ社会は災いの原因を追究し、処理しようとする「災因論」を発達させた。逆に、「幸福な出来事が起こること」を喚起する技法に重きが置かれると、「福因論」的な文化が精緻化され、自分や自分の属する集団に「福」をもたらそうという意図から定期的に神に祈る慣習が生まれたりする（「災因論」と「福因論」は長島信弘の用語による）。ウガンダ、とりわけ私の調べている東部地方は、前者に大きく傾いているといえるだろう。

アドラ民族の場合、人が死ぬと、男性の場合3日間、女性の場合4日間、親族や隣人が死者の埋葬儀礼（イキロキという）に立ち会い、その後屋敷の外の地べたで野宿することになる。イキロキではトンゴリという弦楽器とフンボというロングドラム、そしてテケという打楽器からなる楽団が招かれ、その追悼の音楽、アジョレに合わせて女性たちによる伝統的な踊りが行われた後に、キリスト教徒の場合、ミサが行われる。

人々が集まって野宿する服喪の期間を「ピド」と呼ぶが、こ

ルンベ（最終葬送儀礼）でコンゴ（地ビール）を飲む

の間はすべての日常の業務は停止される。もちろん農作業もしてはならないし、牛の世話もしてはならない。小屋を掃き掃除することもせず、水浴びすらせずに、死者を送るために同衾するのだ。ピドは、3日目あるいは4日目に、ピグ・ワン・ジョと呼ばれるムウェンゲ（バナナからつくるワイン状の酒）を飲むことで終わる。これが済むと、近しい親族以外は、数日ぶりに自分の屋敷の清掃をしたり、水浴びをしたりする。近しい親族は、その後にあるジョウォ・ブル儀礼（「灰を集める」儀礼）が終わってはじめて、水浴びや屋敷の掃除ができることになる。髪をそるリエド儀礼もこのときに行われることが多い。

何より大切なのは、この後数年してから近隣のすべてを招いて行われるルンベ儀礼という最終葬送儀礼である。ここでふるまわれるのはコンゴというシコクビエを醸造した温かい地ビールである。植物の髄を抜いた長いストローを使って飲む。この儀礼の目的は忘れること、といわれるが祖先の祟りを認識した人々がそれを回避するために行うケースも多い。理想的には、この儀礼と同

死者の埋葬儀礼に際し、アジョレ（挽歌）に合わせ踊る女たち

時にセメントなどで恒久的な墓石が建てられる。近隣すべての人々を招く宴会にはかなりの費用が必要だから、これをやめればこの地域の経済的な発展を望むことができる、とする開発の専門家もいる。

この後にも首長などに対しては、その業績を称えるため（このこともその祟りを恐れることと表裏一体なのだが）オケロ儀礼と呼ばれる複雑な儀礼が行われたようだが、近年は行われていない。

このような形で死者は、生者の知っている誰かの死霊（ジュオギ）から、もはや誰もその名も知らない祖先の霊、祖霊（ジュオキ）へと次第に匿名性を高めていくのである。これはちょうど日本で仏壇に祀られた死者が位牌から「弔い上げ」され、「ほとけ」から「カミ」と認識されていくプロセスに似ていなくもない。

一般に、アフリカ人は伝統的には自然死を信じない、といわれる。死には理由があるし、不幸にもそれを引き起こす理由がある、という。ある老人は私に、エイズ、マラリア、事故、毒、悪霊、殺人、首つり、老衰、結核、発狂、呪詛などさまざまな死因の背後には死霊、殺された者の死霊、毒などがかならずあると語った。

地域社会での手続きを踏む葬送儀礼に比べると、同じ厄災でも病はきわめて私的なものである。公にはその対処について語らないし、語りにくい場合も多い。親族にキリスト教信者はいないほうが珍しいから公然と施術師に相談するのはさしさわりがある（教会からのかなり厳しい弾圧の歴史があった）。邪術や妖術のケースでは、近親者が疑われる可能性が高いので、あちこちで口外できるようなものでもない。

災いを引き起こす霊（ジュオギ、あるいはジュオキ）には、大きく分けて三つのパターンがある。第一のものは、悪意ある者が施術師（ジャシエシと呼ぶ。現地では英語でウィッチ・ドクターということもあるが、差別的な含みがある）に依頼して行う意図的なものだ。施術師は、自らも霊に憑依されていて、その霊を通じて霊と交流できるので、悪霊を送りつけることも、それを解呪することもできる、と考えられている。第二のものは、祖先の霊が、子孫に何かを要求するメッセージとして病や不幸を送りつける、というパターン。最も一般的なのは最終葬送儀礼の督促である。誰しもさかのぼれば自分の直接知らない祖先がどこかに祀られずに棄てられている可能性があるから、説得力がある。生きている人同士の葛藤も生まないので、好んでここに落としどころを持っていこうとする施術師も多いようだ。墓にひびが入っている、とか、まだセメントで塗り固めてもらっていないので寒い、あるいは同年代の人の墓にはセメントが塗られているのに自分のものはまだだから早く塗ってほしい、という催促も多い。第三のものは、これはティポ（影）という別名を持っているが、殺された者の霊がうらみを持って加害者の屋敷にとりついて不幸や死の原因となっている、というものだ。これは前提として殺人という事件があるので、最近はよほどのことがない限り持ち出されることはない。

これらの事例を見ると、死者は生きている者と同じく、ねたみやうらみを持ち、欲もあっていろいろな要求をする存在であることがよくわかる。「あの世」の観念があまりない代わり、死霊であろうと祖霊であろうと、いる場所は生者と同じであると考えられていることが多いようだ。あまり遠い存在ではない、というのが彼らのかなり共通した見方である。

施術師が占いに用いるのはタカラガイやガラス玉が多く、それらを毛皮の敷物に投げたときの形で占う。私が見たことのある占い儀礼では、その後ひょうたんに小石か植物の実を入れたガラガラで確認をし、口笛を吹きながら霊の声を聞いていた。最も驚いたのは、腹話術かどうかわからないが、世代もジェンダーも違う三つの霊の声を使い分ける施術師に会ったときだ。

彼らは、施術のために必要な犠牲獣の色や性別などを指定し、準備ができると儀礼を執り行う。細かいプロセスは各施術師によって違うが、私の見たかぎり、中心となるのは献酒と供犠と共食、そしてときに音楽と踊りである。得意分野が薬草ならば（薬草師はジャヤーシという）、薬草を処方することがメインになる場合もある。

病などの災い以外にも彼ら施術師の出番はある。彼らはサッカーの試合があると（多くのウガンダ人はサッカーが大好きだ）、こうした施術師に依頼し、その力を使って敵のチームを打ち負かそうとする。2002年のアフリカ杯カメルーン対マリ戦では、邪術の疑いで逮捕者が出て国際問題にまで発展した。ウガンダでも似たような事件は枚挙にいとまがない。普段温厚な男が豹変して槍やパンガ（草刈りなどに用いる鉈（なた））などの刃物を友人の前に取り出すのは、かなりの確率でサッカーがらみだったりする。そういった争いごとを調停するのも、また施術師の役目である。

我々はウガンダ人の80％がクリスチャンだ、という額面上の情報をもって、彼らの世界観について簡単に「わかった」と思ってはいけないようである。

（梅屋　潔）

33

カンパラの結婚式

★都市部での結婚模様★

多くの民族を抱えたカンパラで、「結婚」は民族ごとにそれぞれにやり方が異なる。だがとりあえず、三つの「結婚」の行い方があるということは、どうも共通しているようだ。ここでは紙面の関係もあるので、主に結婚が決まった後の、バンツー系の人々の間によるキリスト教会（特に最近カンパラでの興隆の著しいペンテコステ派のもの）での結婚の執り行い方を簡単に見てみることとしよう。

まずはじめにあげられる「結婚」は、役所で届けを出し、地域の役場の首長に祝ってもらうというもの。これを「シヴィルマリッジ」と呼ぶ。これには親との了解を得ていない「駆け落ち婚」的な意味合いも含まれる。二番目にあるのは伝統的結婚式であるイントロダクション、別名「オクワンジュラ」である。そして最後にあるのは教会での結婚式である「オクガッティブワ」で、この言葉は広い意味で「結婚」そのものの意味も指している。この後の二つは公的に欠かせないものだ。したがって結婚式を行うというのはカンパラではこの二つのどちらか、もしくは両方を指していると言っていい。結婚式の日取りはたいていは1週間ほどあけ、別々の場所で、オクワンジュラ、オクガッティブワの順で2回に分けて執り行う。

結婚の日取りが決まり、結婚招待状である「プレッジカード」が配られ、二人の結婚が告知される。そうすると、これまた数カ月もの時間をかけて、親きょうだいばかりでなく、友人一同を巻き込んだ結婚への準備が始まる。ちなみにこのカードは実質的に結婚資金を募るものであり、渡された友人たちは任意の金額を記し、花婿・花嫁それぞれに渡さなくてはならない。あるいはこう記されている場合もある。「毎週×曜日午後△時からミーティングあり」と。これも花嫁側がオクワンジュラを、花婿側が教会の結婚準備の資金を集める集会でもある。

結婚式の予算の総額は、それぞれの出身階級や、本人や親たちの職業によってだいぶばらつきがあるが、カンパラにおける中産階級の人々だとおおむね200万シリングから500万シリングほどになるだろうか。この金額は彼らの年収に近いものだ。それだけを見ても、ウガンダの結婚式の資金は、親戚・友人・関係者たちの持ち寄りで成り立つものであり、人間関係の多さや関係者たちの裕福さが、結婚式の規模を決めるということは想像がつくだろう。

そうして苦労して集めたお金は、オクワンジュラと教会の結婚式で盛大に費やされることとなる。オクワンジュラは花嫁側の農村で開かれることが多いが、花嫁とその家族はその当日、天蓋式のテントを実家の庭に拡げ、花婿側の到着を待つ。花嫁側は家族、親戚一同、その村の要人たちなど含めて、ゆうに100人から200人。それに対して、花婿側は花婿の家族、親戚、友人たちの数十名の編成。いくつかの乗り合いタクシー（ケニアで「マタツ」と呼ばれる乗り物と同じ）を借り切っては、カンパラから数時間かけて農村の村に到着。乗り合いタクシーには挨拶代わりの品物として数ケースの

オクワンジュラ（伝統的結婚式）にて、ゴメスを着て花婿からの指名を待つ花嫁とその親族の女性たち［佐藤靖明撮影］

ソーダや家庭用の小物、数羽の鶏を載せ、いくつかの贈り物をバナナの葉っぱで包み、皆が伝統的衣装（男性はカンズ、女性はゴメス）を着用して、花嫁側陣営の待つ広場へと恭しく迎え入れられる。

オクワンジュラの目的は、イントロダクションという英語名のように、花嫁側に対する花婿側の儀礼的な「自己紹介」であり、そして花婿側への花嫁の「お目通し」でもある。

お互いのテントをはさむ広場に、パピルスで編んだ御座が敷かれ、そこに花嫁側の女性たちが一列に並んで現れて、横並びに座る。ここで花婿側に求められるのは、どの女性を求めに来たかという検証である。着飾った一族の女性たちが、老若関係なく、三度から四度にわたって顔見せを行う。一度に並ぶ女性は5人から7人ほど。そして、花婿側、花婿とその父母、代理人の4人はそのたびごとにひとりひとりに顔を近づけ、自分たちが求める女性かどうかを確認する。目当ての花嫁を「見つけ出し」た花婿側は、ここで持ってきた花束をその花嫁に渡す。さて、これで花婿側が何を求めているかが探り当てられた。今度は、その代価として花嫁側が何を花婿側に望むかである。

ちなみに中央の民族のガンダ同士での結婚では、花嫁への代償（ダワリーと呼ぶ）としてやりとりされる牛の数はおおよそ2頭。しかし、花嫁側が西の民族（トーロ、アンコレなど）出身であれば話はそう簡単には進まない。彼らが牧畜の文化を濃厚に残しているからでもあるが、基本的にもっと頭数が必要だと突っぱねてくる。そうなった場合、ゆうにまた数時間が牛の数をめぐる交渉のために費やされることになる。

こうして苦労して交渉を終えた後は、ここでようやく緊張が解け、参加者たちにとって結婚パーティーの形をとることになる。ガンダの人々はめでたい席には、必ずマトケとともにルウォンボというバナナの葉で蒸した牛肉のシチュー（コラム6参照）がふるまわれる。

さて、次に来るのは教会での結婚式である。服装は新郎側はスーツにネクタイ、そして新婦側はウェディングブーケ。ここで重要なのは、結婚式に用意される人員であろう。西洋式に新郎・新婦にそれぞれの1人の付き添い人（ベストマンとメイド・オブ・オナー）が付くが、それ以外にも各3〜5名ほどの男女がグルームスメンとブライズメイドとして用意されている。また4〜5歳の少年・少女がそれぞれ1名ずつ、ペグボーイ、フラワーガールとして配置される。これらの組数に合わせて、車が用意され（銀色のベンツが最も尊ばれるが用意できるカップルは少ない）、その車のボンネットから窓にかけて斜めに1本リボンが貼られ、結婚式用のものであることが強調される。

第33章

カンパラの結婚式

式は多くの関係者が見守るなか、花婿、花嫁と付き添い人十数名が教会の中央のアイルを歩き、そこで結婚の宣誓をあげる。その後に、式壇の横にある机で結婚誓約書を2通したためる。1通目は教会へ。2通目は自らの所属する王国（ブガンダ、トーロ、ブニョロ、ブソガなど）への申請であり、これらはそれぞれの機関で婚姻の記録として、残されることとなる。

式が終わった後は、用意された車に各自乗りこみ、記念撮影の場所へ。カンパラではしばしば市内中央にあるシェラトンホテルのガーデンで行われ、その後は駆け足で結婚パーティーの会場へと向かう。パーティーでは花婿、花嫁、そして付き添い人十数名が、協力してウェディングケーキを分割し、来た客にまんべんなく配り、食事もふんだんにふるまわれる。こうして宴は延々と続いていく。

一人のウガンダ人の友人に言わせてみると、結婚とは人生のなかで自分が誰かを知り、そして社会のなかで自分という人間を示す最も大事な機会だという。散財される金額、巻き込む関係者の人数、そして新郎・新婦の家族同士のそれぞれの交渉。それは友人の言葉通りなのだろう。その意味で、巻き込む人間の少ないシヴィルマリッジが「貧しい結婚」であるという人々の認識もわかる気もする。だが、以上で述べたようなオクワンジュラと教会の結婚は、カンパラでの中産階級に限定された贅沢な結婚でもある。正式な結婚を行えない貧しい家族が、カンパラでは大多数であり、ほとんどが「正式な結婚」を据え置いた「事実婚」で暮らしている。それでも、結婚はどこの世界でも皆があこがれるセレモニーであるのだが。

（森口　岳）

コラム5

ふたごとその名前、儀式

吉田昌夫

私が過去のべ7年間アフリカで生活し、そのほかにもときどきアフリカを訪れて観察した経験から見て、アフリカにはふたごが多いことは確かである。また世界中いたるところでふたごは特別な注目を集め、民俗習慣のなかで特別扱いをされてきたといってよいであろう。近代の日本では幸い普通のこととして扱われるようになったが、以前は日本ではどちらかというとふたごはよくないこととして扱われる傾向があった。

アフリカでは、特定の社会にそれぞれ違った見方があるようで、あるところではふたごはとてもおめでたいこととされ、あるところではよくないこととされる。私と妻がウガンダのカンパラに住んでいた1964年に男のふたごが生まれたが、カンパラは当時ブガンダ王国の一部であり、幸いブガンダではふたごは大変喜ばしいとされていて、ふたごの親には大きな名誉が与えられる習慣があったのである。このような個人的理由も手伝って、私はふたごの名づけ方に興味を持ちはじめ、次第にふたごには多くの民族で特定の名前をつける習慣があることがわかってきた。

ブガンダでは王の称号をカバカというが、そのカバカを称える言葉の一つに「ふたごの最高位の父（サバロンゴ）」というのがある。それほどブガンダではふたごは大切にされていた。

ふたごの男の第一子はワスワ、男の第二子はカトーと命名される。また女であれば第一子はバビリエ、第二子はナカトーと名づけられる。さらにふたごの父はサロンゴ、母はナロンゴという名で呼ばれることになる。私たち夫婦もふたごを連れて歩いているところを見られていたカンパラの町では「こんにちわ、サロンゴ」

「バナナをあげるよ、ナロンゴ」などと、知らない人からも声をかけられていた。

息子が生まれて2~3カ月経ったとき、親しくしていたマケレレ大学生の一人ウィリアム・オケチョ君が、ふたごが生まれたら儀式をしなければいけないと言い出した。自分たちの習慣では必ずやるのだと言う。彼はウガンダ東部の出身で、アドラという民族に属する。アドラはウガンダ北部のアチョリや、ケニア西部のルオと同じナイロティック系の人たちであり、名前も共通するものが多い。彼らの間では、ふたごの男の第一子をオピオ、男の第二子をオドンゴと名づける。

彼が儀式には黒い色の羊が必要だというので、私は費用を出し、オケチョ君が羊を買ってきてくれた。儀式の出席者にその肉を分けて食べてもらうというので、出席者に羊を見せた後、屠殺してもらった。出席者というのは、大学の近所に住む12~13人であった。まず土器の壺に入れてあるヒエを原料として発酵させてつくる地酒を、中空になっている長い木の枝で「ストロー」のように使って、回し飲みした。私と妻はそれぞれ子どもを抱いて座っていたが、ここでオケチョ君がひとこと講釈を入れ、酒を飲んだ人たちは、本当は酒を口に含んで、ふたごの親の顔にそれを吹きかけるのだと説明した。ふたごを育てるのは、普通の子の場合より手間がかかるから、酒を吹きかけるとそれがお守りになるのだということであった。またふたごは育ちにくいから神様に覚えてもらうために特別な名前をつけるのだ、というのは、後から聞いた説明であった。ともかくも私の家の双子が大病にもかかからず、その後も元気に成長していったのはこの儀式のせいかもしれない。

34

ガンダ人の食卓

★主食料理を中心に★

ウガンダの人々はどのような食生活を送っているのだろうか。ウガンダのニュースや画像をインターネットで簡単に入手できるようになった現在でも、彼らの食体系に関する日本語の基礎情報は少ないままである。この章ではそれを補うべく、ビクトリア湖周辺の農村に暮らすガンダ人世帯の事例を紹介していきたい。

まず食事の回数と時間についてである。ガンダ語には「朝食」「昼食」「夕食」に対応する単語があり、彼らの食は一日三食が基本となっている。そして、時間帯は以下のようなパターンが広くみられる。朝食は、日の出（午前6時半から午前7時くらい）後の起床から畑仕事に出かけるまでの間に手早く済ませる。農繁期には午前中にひと仕事を終えた後にとる場合もある。昼食は、午後1時を過ぎたころにゆったりととることが多い。日によっては午後4時を回ってからのときもある。そして夕食は、日の入り（だいたい午後6時半から7時）後、外が暗闇に包まれた8時ごろとなる。ちなみに就寝は概して早く、9時から始まるガンダ語ラジオ放送のニュースを静聴し、おしゃべりをして10時ごろには床につく。

一回の食事は、アフリカの多くの農村と同様に、主食＝でんぷん質で大量に食べられる味付けのない料理と、副食＝それを浸して食べるための味付けの濃いソース状またはスープ状の料理から構成されるのが基本である。ただし、朝食において主食と副食の両方がつくられることはあまりない。熱湯か温めた牛乳にトウモロコシの粉、もしくはシコクビエの粉を加えた粥（それぞれ「オブジ」「オブセラ」）、前夜に出された主食の残りを火に近づけて温め直し塩をふったもの、料理用バナナをむいて10～20分ほど煮た料理（「マトケ」（後述）の一種）などが出される。その煮料理は、しばしばトマトやタマネギを炒めたものやカレー粉等が加えられて主食と副食が一体となる。なお都市部では、料理用バナナと牛の内臓を合わせた煮料理「カトゴ」が朝食としてポピュラーだが、農村部では肉類が食卓にのぼることはあまりなく、普通はキャッサバとインゲンマメを合わせた煮料理が「カトゴ」と呼ばれる。

この地域の食における一つの特色は、主食材料に幅広い選択肢が用意されていることである。農家で栽培される主食作物の種類を列挙すると、バナナ、キャッサバ、サツマイモ、ヤムイモ数種、サトイモ、ココヤム、ジャガイモ、トウモロコシ、カボチャ（ここではカボチャも主食である！）などおよそ10を数える。それらに加えて、店舗やマーケットで購入されるでんぷん質の食品にコメ、パン、チャパティ、マカロニがある。彼らにとって「何を食べたか」という問いは、「どの種類の主食を食べたか」という問いとほぼ同じといっても過言ではない。毎回の主食の種類は、季節、家計、単調さの回避、副食との相性、世帯の人たちの好みといった観点を考慮して選ばれていく。なお、昼食と夕食の豪華さは同じ程度である。

数ある主食のうち、年間を通して利用され、特に高い社会的価値が置かれるのがバナナである。主

バナナの葉で包んで蒸したキャッサバとサツマイモ

食の材料としての料理用バナナ、またその料理のことを「マトケ（matooke）」（料理の場合、単数と複数で同形）という。マトケには先述した煮料理も含まれるが、蒸し料理がより上等とされ、来客をもてなす際に出されるのはもっぱら後者である。以下の順序で調理・配膳がなされ、その手際の良さと力強さは驚くほどである。①バナナの皮をナイフでむき、果肉をバナナの葉でつくった袋のなかに入れて包む。②上げ底を施した鍋に水を入れ、その上に①の袋を置き、それをバナナの葉で何重にも覆い1時間以上蒸す。③手の平で袋の外からマッシュして果肉をペースト状に変形させる。④食事場所の床の上にござを敷き、その上に袋を置いて開き取り分ける。これらの作業の一部始終はもっぱら女性によって仕切られており、ガンダ人にとってのいわゆる「故郷の味」「おふくろの味」の核心はここにあるともいえる。マトケの調理は、結婚に際してガンダの女性が身につけておくべきたしなみの一つとされ、これができないために離婚したカップルがいた、といった噂さえ聞かれるほどに重要視される。

「蒸す」という調理は、バナナだけでなく、イモ類にも頻繁に施される。イモ類以外でも、いったんできあがったトウモロコシの「固粥（ガンダ語で「カウンガ」、スワヒリ語で「ウガリ」）」に対して、よりしっとりとおいしくさせるためにわざわざ葉で包んで蒸す世帯さえある。このような技術が人々に浸透している地域は東アフリカの他の地域において見当たらないことから、一帯で強い権力を有していたブガンダ王国の宮廷料理と調理法の発達の間に何らかの関係があったのでは、とも想像される。

宴会でのビュッフェ。ジャガイモ、コメなど好きな主食を各自が盛りつける

主食のバラエティに加えて、副食の種類も豊富である。たとえば、落花生（粉をお湯で溶いてソースにする）、インゲンマメ、トマト、ナス属の植物各種、タマネギ、葉物野菜（アマランサスの類など）、キノコや野草、牛・ヤギ・鶏肉、そしてビクトリア湖からの魚（ティラピア、カタクチイワシの類）があげられる。マトケはこれらのどの副食ともよく合う。それに対してトウモロコシの固粥は、トマトや小魚を入れたスープ状の副食とは絡みにくいようだ。

お祝いや儀式の場での食事で必ず出てくるのは、マトケと牛肉であり、米飯も好まれる。バナナの葉の包み料理「ルウォンボ」（コラム6参照）もよくつくられ、出席者に一人一袋ふるまわれる。キャッサバやサツマイモは、バイキング形式では供されることがあるが、パーティー等で単独の主食として出すものとしてはふさわしくないものとされる。

主食と副食の種類が多様なことに対する肯定的な意識を象徴する料理として、さまざまな種類の主食と副食を一緒に混ぜ合わせた宴会料理「エチトーベロ」がある。この料理はガンダの東部に隣接するソガの人々から伝えられたものといわれている。バナナ、キャッサバ、サツマイモ、カボチャなどが一つの皿に盛りつけられ、そこに落花生のソース、インゲンマメのソース、肉といった多種類のおかずが添えられる。

「貧しく単調」といったアフリカの食のイメージを払拭してくれるこの地域の華やかな食文化だが、近年では、料理用バナナを自家消費せずに販売に回し、コストの安いトウモロコシを購入する世帯が増加している。また、学校の寮での給食は、トウモロコシの固粥とインゲンマメのソースが毎日出される単調なものとなりがちである。市場経済の発達や学校教育の普及のなかで、彼らがこれからも豊かな食文化を育んでいくためには、食べ物の栄養学的ならびに社会文化的意味を改めて考えていくことが必要となってくるだろう。


（佐藤靖明）

コラム6

調理法から見るウガンダ料理

山本雄大

首都カンパラでは、国内外のさまざまな食文化が融合した「ウガンダ料理」を食べることができる。インド式の小麦粉の薄焼きパンであるチャパティに野菜の入った薄焼き卵を重ねてともに巻いたロレックスと呼ばれるファーストフードを出す道端の露店や、専用のかまどのなかで串に刺した豚肉をあぶって食べさせるポークジョイントなどの変わり種もあるが、ローカルフードを食べさせる場所として最も一般的なのは、大きな市場の食料品売り場に隣接する食堂街や、町のいたる所に点在する食堂群である。

カンパラの食堂での典型的な食事は、主食とおかずとなるスープの二皿で出される。おかずのスープに対して主食の量が多く盛りつけられるのはアフリカ諸国で広く見られる主食偏重傾向であり、一人前をおかずとともに食べ切るのには苦労させられることが多い。

ウガンダ料理の特徴は、この主食をいくつもの種類のなかから選べることにある。バナナを蒸かしてマッシュした、地元ガンダの主食「マトケ」(第34章参照)。これは、ネットリとよく焼けた石焼きイモのような見た目と食感である。沸騰した湯にキャッサバやトウモロコシなどの粉を入れて激しく練り、団子程度の固さに蒸らした「ポショ」は、国境を接するケニア、タンザニアなどの主食であるウガリと同じものだ。同じように粘りの出るシコクビエの粉を練りあげた、餅のような食感の「カロー」。アラブ式に炒めた具とスパイスとともにコメを炊いた「ピラウ」。具の入らない「白飯」の場合もある。また、サツマイモやキャッサバなどイモ類やカボチャを蒸かしたものも並ぶことがある。ほとんどの食堂で2種類以上の主食が用意されており、注文の際にどれにするか尋ねられる。これ

（上）魚のスープ、マトケとカロー
（下）マトケとピラウ、野菜のスープ

は一皿にのる量であれば、複数でも構わない。加熱時間が短いものでも調理後はマトケを蒸かしたバナナの葉で覆われた蒸し鍋のなかで保温しておくため、食事の際にも温かである。

対しておかずとなるスープは一品だけを選んで皿に注いでもらう。このスープの種類によって値段が決まっていることが多い。スープは基本的に2種類で、澄んだ塩味のスープにそれぞれの具材のうまみが溶け出したタイプと、これにピーナッツのペーストを加えて煮込むことでコクとうまみを増したソースタイプとがある。具材となるのはニワトリやヤギ、牛の肉、ビクトリア湖でとれた魚、野菜などである。

どのスープをつくる場合も、粗く刻んだタマネギとイタリアントマトを大量の油で半ば揚げるように炒めることから始まる。炭火で調理することが多く火加減が強めだが、タマネギが焦げないうちに少量のカレー粉を加えて香りを立てた後、ぶつ切りにした主たる具材を加える。生のまま油に加えて表面に焼き目をつけることもあるが、肉類の場合事前に炭火であぶってコゲ目をつけておくようだ。この素材のうまみを閉じ込めるための作業を「肉を乾かす」と表現する。その後は水を加えて煮立て、塩で味を調え弱火で1時間以上煮込む。ピーナッツソースにする場合は水をやや減らし、具材のなかまで火が通った頃合いにペーストを加えて煮込む。葉野菜やナスなどの場合は炒めた後に加える水をさらに少なくし、水分を飛ばして炒め煮のように仕上げる。

完成したスープはクセの少ないすっきりしたものになる。カレー粉は臭み消し程度のごく少量であるため、食べる際に特に意識させることはない。トマトは強いうまみがあるためどのスープにも加えられるが、トマトの味に負けてしまいそうな魚や鶏肉のスープにはごく少量のみで、骨が多く独自のうまみの強いヤギにはスープがやや黄色く色づく程度、骨の部位が少ない牛には表面の油が赤くなる程度と、具材の種類によって加える量が異なる。トマト以外にも干し魚のだし汁や細かく刻んだキノコを加える場合もあり、うまみに対する意識が強いようだ。

おかずのスープにはもう一つ、非常に特殊な調理法が存在する。袋状にしたバナナの葉のなかでスープを蒸し煮にした「ルウォンボ」という料理である。もとは結婚式などで振る舞われるご馳走であったが、近年一般的な食堂よりも高級なカフェやレストランで食べさせる所が増えてきたといわれている。

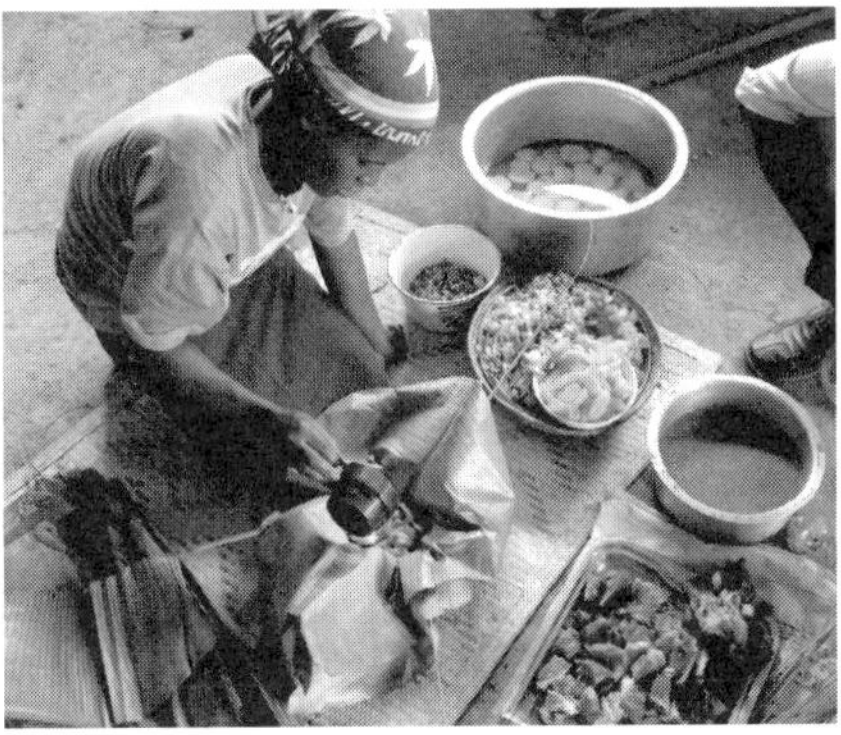
ルウォンボの調理風景

バナナの葉は生の状態だと簡単に裂けてしまうが、火であぶると水を通さない布のような強さと柔軟性を持つという特性がある。深さのある小鍋などにバナナの葉軸を裂いてつくった紐を交差させるように置き、上記のあぶった葉を表面が外側になるように二つに折り、間に小さな葉をはさんで敷いて補強し、手で押し込んでくぼみをつくる。このなかに、表面をあぶって「乾かした」ニワトリか牛の肉とタマネギとトマトに加え、ジャガイモやニンジンなどを生のまま入れていく。調味料と水を加えた後、葉を絞るように包み、外側の紐で巾着袋のように口を縛る。これをバナナの不要部位などでかさ上げした鍋のなかに、下部の水につかないよう注意しつつ並べ、バナナの葉で覆い長時間水を足しながら蒸し続ける。完成したルウォンボはバナナの袋ごと皿の上に乗せられ、こぼれないように口を開き、葉を器にしてそのまま食べられる。

　袋のなかで具材を水から煮ただけにもかかわらず、ルウォンボのスープは鍋でつくったものよりも澄んでいる。これはバナナの葉が、肉や野菜から出るアクを取っているからだと思われる。また、葉の香りがうっすらとスープに移り、具材はほぼ同じでもまた違った料理になっている。

　このように液状のスープを不定形な袋に入れ、生の状態から蒸気で煮込んでしまうという複雑な調理法を用いる料理は、アフリカはもとより世界でもあまり例がない。小さな袋のなかのあっさりとしたスープには、ウガンダ料理の奥深さが詰まっている。

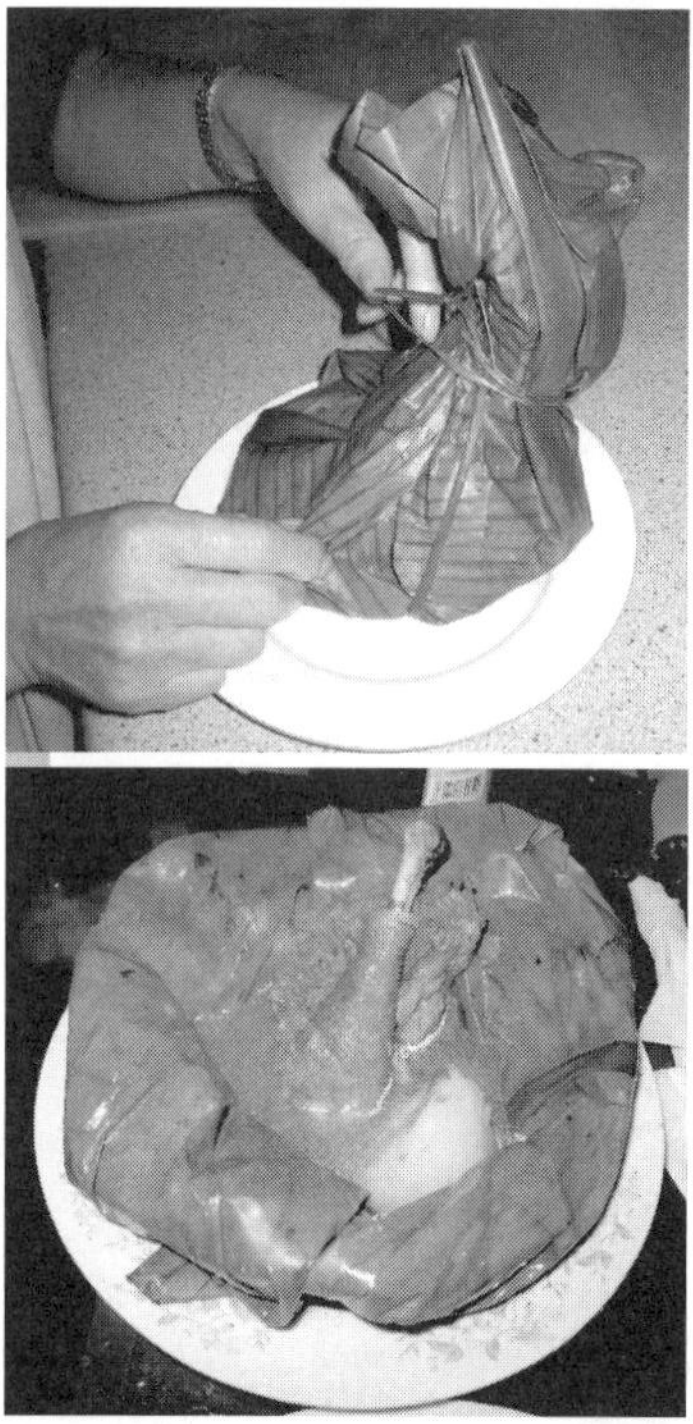

（上）完成したルウォンボ
（下）包みを開いたところ。鶏肉のルウォンボ

35

家庭のエネルギー使用

★地域別の照明用・調理用エネルギー消費の傾向★

スイッチを入れれば照明がつき、キッチンのガステーブルやIHクッキングヒーターで加熱調理ができる生活を送る私たちにとって、ウガンダ人の家庭でのエネルギー利用は大きく異なるように見えるかもしれない。ウガンダでは系統電力が未整備な地域も少なくなく、電気を引いてない家庭も依然として多い。本章では、農村と都市部における家庭のエネルギー利用と特徴についてみていきたい。

２０２１年にウガンダ統計局から発表された2019/20 National Household Surveyでは、家庭で照明と調理に使われるエネルギー源について調査がされている。これによると、照明用でも調理用でも、都市部と農村部で使用されるエネルギーに違いがあるのがわかる（図35－1）。都市部では51％と約半数の世帯が送電線から引いた系統電力で照明を得ているのに対し、農村部では５％に過ぎない。ソーラーパネルやランタンなど、太陽光由来の電力が主要な照明用エネルギー源と答えた世帯は、都市部だと23％、村落だと44％と、いずれでも広く使われている。懐中電灯（携帯電話のライトを含む）も、都市部では14％、村落部でも28％の世帯でメインの照明として使用されて

図35－1　世帯で使用されるエネルギー源の種類

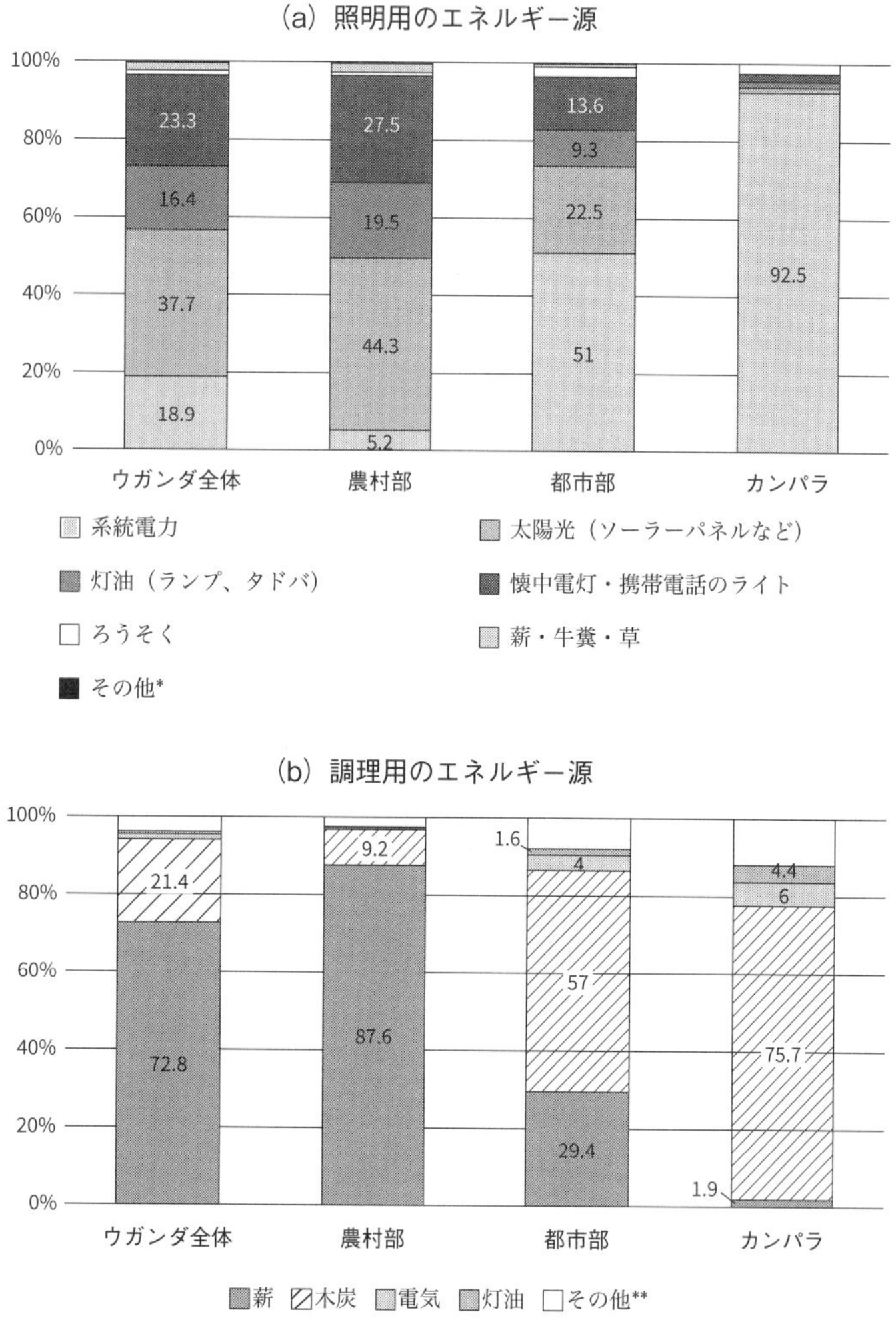

* ジェネレーター、ガス、バイオガスなど
** ガス、バイオガス、牛糞、草、作物残差など
出所："2019/20 National Household Survey" をもとに筆者作成

いる。灯油ランプや、空き缶で作られた灯油ランタンであるタドバを主要な照明用エネルギー源とする世帯は、都市部では10％にも満たないが、村落だと依然として20％ほどの世帯の主要な照明用エネルギー源となっている。なお、首都カンパラに限定すると、日々の照明に系統電力を使用している世帯が93％と報告されており、他の地域に比べて電気へのアクセスが良いことがうかがえる。

系統電力の電線網の配備が整っていない村落部でも、ソーラーパネル等による太陽光発電が普及してきていることが読み取れるだろう。太陽光発電によって得られる電力は照明だけでなく、近年需要が高まっている携帯電話の充電にも使用されている。同報告では携帯電話を有する世帯の割合は農村部でも69％と報告されており、テレビ（9％）やラジオ（33％）よりも高い。通話やテキストメッセージの送信、SNSの利用だけでなく、ウガンダでは送受金にも携帯電話は広く使用されており、生活の必需品となっている。

店頭で売られる太陽光パネル
（2013年2月8日、リラ市にて）

いっぽうで調理に使用されるエネルギー源は、同報告書によると、農村部では88％の世帯が薪を、9％が木炭を使用しているのに対し、都市部では57％の世帯が木炭、29％の世帯が薪を使用しており、農村部だけでなく、系統電力の整備が比較的進んでいる都市部においても、いまだ木質バイオマスに由来するエネルギーが主要な調理用燃料となっていることがわかる。農村部では自宅周辺で採集した薪が調理に使用される。薪の採集は重労働であるが、原則として燃料代はかからない。いっぽう都市部では、採集に行ける森林が自宅から遠かったり、専用の調理場がなく白煙が出せなかったりという理由で、ほとんどの家庭では木炭を購入して使用している。地方と首都を結ぶ幹線道路沿いでは、木炭が大きな袋に入れられて売られており、農村部の現金稼得源のひとつとなっている。

系統電力を照明に使用する世帯が9割を超えるカンパラにおいては、この都市部の傾向が顕著にあらわれていて、76％の世帯が主要な調理用燃料として木炭を使用すると回答している。調理の熱源として電気をおもに使用する世帯は6％にすぎなかった。ガスを使用する世帯も依然として少数である。これは、電気代やガス代が高いというような経済的な理由や、先に述べた居住地周辺や調理場の環境による理由だけであろうか。カンパラの家庭で実際に日々の調理を観察させてもらうと、木炭コンロとガスコンロなど複数の加熱調理器具をもつ家庭では、その日の献立や使用するタイミングによって熱源を使い分けていた。朝食の紅茶や飲用水の湯わかしには、電気やガスなど短時間で沸騰できるエネルギーが使用され、食事の調理には木炭が使用される傾向にあった。

この熱源の使い分けには、ウガンダ料理に煮込み料理や蒸し料理が多いことも影響している。料理用バナナやコメ、トウモロコシ粉の固粥であるポショ（ウガリ）などの主食に、豆や肉、魚などのシチュー（ウガンダでは「ソース」と呼ばれる）をかけたものが一般的な献立である（第34章参照）。とくにバナナは日本でいう「ご飯」にあたるような最もメジャーな主食で、果実をバナナの葉に包んで蒸し、マッシュして食べられる。トウモロコシ粉の固粥はアフリカで広く食べられているが、ウガンダでは湯で練ったあとに、風味付けのためにバナナの葉で包み蒸されることがある。米飯も副食のソースも、長時間かけて炊いたり煮たりして食べられる。食事の調理には1時間以上を費やすことも珍しくなく、とくに蒸しバナナの加熱調理には2～3時間もかけられることが多い。蒸しバナナは調理時間が長いだけでなく、一度冷めると硬くなってしまうため、1時間に1、2回の頻度で追加すれば放置できる木炭は利便性も高い。このような食事の調理には、木炭が好んで使用されていた。ガスや電気に比べて、火起こしや湯沸かしに時間がかかる木炭であるが、蒸し料理や煮込み料理とは相性が良く、好んで重宝されている側面もある。

バイオマスの活用例
（左上）生ごみから作られたブリケット、（右上）林業廃棄物や農業残差から作られたブリケット、（左下）バイオガスのタンク、（右下）バイオマス火力発電装置
（左上：2016年2月11日、カンパラ市にて、右上：2013年3月28日、カンパラ市にて、左下:2013年3月1日、カンパラ市にて、右下:2016年3月18日、ミティアナ県にて）

近年では、薪や木炭以外のバイオマスから得られるエネルギーを利活用する動きもみられるようになった。首都およびその近郊を中心に、バナナの果皮などの生ごみから木炭の代替となる豆炭状の燃料ブリケットが作られ、販売されるようになっている。郊外では農業残差や林業廃棄物を熱圧縮させたブリケットも生産されている。また、生ごみや家畜の糞尿からメタンガ

スを発生させたバイオガスや、農業残差を燃焼させた火力発電機を利用している場所もある。豆炭状のブリケットは木炭と近い価格で販売されている。近年では木炭と混ぜて使うことで、木炭よりも長時間にわたって燃焼させることができ、バナナやソースなどの蒸し料理・煮込み料理に使用されている。

ウガンダをはじめアフリカ諸国では、系統電力やガスなど近代的なエネルギーの安定した供給が課題となっている。いっぽうで、日本のような既にエネルギーインフラの整った国・地域では、再生可能エネルギーの利用が提唱されている。ウガンダでも、農村部における系統電力の未整備に加えて、薪採集によって発生する過重労働、薪炭材への過度な依存による森林資源への負荷などが課題となっていることは否定できない。しかし、再生可能エネルギーである太陽光や木質バイオマスの利用という視点でみれば、日本よりもウガンダの方が進んでいる側面もあるのかもしれない。

（浅田静香）

36

商品作物と農村の暮らしの変化

★あるトウモロコシ栽培山村から★

ウガンダの経済をその底辺から支えているのは農業である。国内各地域で生活する人々の生計を考えるとき、農業は収入源として欠かせない要素だ。主たる栽培作物で分ければ、国内の農業にはいくつかのバリエーションがあるが（第4章参照）、一部の乾燥地以外のたいていの地域で、人々は自家消費だけではなく、収穫した作物を地域外の市場へと出荷して現金収入を得ているのが現状だ。自分の家族を抱えている既婚者なら誰でも、食品を含む日用品の購入や、子どもの学用品購入、学費などのための現金支出は避けられない。こうした状況は、保護領期を通して徐々に形成され、その後特にムセベニ政権以降（1986年〜）に急速に進展したと考えられる。

保護領期に換金作物としてイギリスに栽培を奨励されたのは綿花とコーヒーだった。ムセベニ政権はこれらを「伝統的換金作物」と呼び、これらだけでなく「非伝統的換金作物」も栽培するよう多角化を奨励した。特に綿花は1970年代後半から生産量が落ち込み現在にいたっており、中等教育の社会科でもコーヒーとの比較で失敗した換金作物と教えられているようだ。一方、「非伝統的」換金作物にあたるインゲンマメ、トウモロコシ、大豆、ゴマ、ラッカセイ、ヒマワリなどの作目はいずれも1980年代の半ばから増産傾向にある。たとえばトウモロコシを見てみると、1960～70年代にはおおむね年間20万トンから60万トンに徐々に伸びていた国内生産高は、1980年代にいったん30万トン台に下落したが、1990年代以降再び上昇し、2000年代には120万トンを超えていることが国連食糧農業機関（FAO）のデータから確認できる。こうしたデータに関しては、ウガンダ農業省など別の統計資料との間に数値の相違があり、それぞれの資料の値の厳密さには留保を置く必要があるが、ここで述べた大きな傾向は共通する。トウモロコシは、ウガンダに限らず独立後のアフリカ各国で普及度が高い、商品作物を兼ねた主作物である。イギリス保護領行政が導入した「伝統的」換金作物に比べても、それまで主に自家消費用に栽培されていたシコクビエ、モロコシなどの従来の穀物に比べても、トウモロコシはより多くの世帯が容易に栽培でき、販売できるものだったのである。

では、このような商品作物栽培の導入は、農村のなかで具体的にどのような変化をもたらしたのだろうか。ここでは一例として、私の調査地である東部のエルゴン山の農村について見てみよう。この村の人々は現在、トウモロコシ、インゲンマメ、バナナなどを栽培・販売して暮らしている。しかし、20世紀前半期には、家長たる既婚男性はヤギとウシを飼養・放牧し、耕作はその妻である女性が自給用に営んでいるにすぎなかったという。栽培した作物は売られることはなく、交換に使われる場合でも穀物を醸造した酒という形で行われるのが通例だった。転換期は1950年前後にやってくる。エルゴン山を二分する国境を越えて隣国ケニアに移り住んでいたある村人が帰村した際、犂（すき）とトウモロコシ、およびトウモロコシの手挽き器（ミル）などを持ち帰ったのである。平地の農村部ではおそらくもっと早い段階で牛耕とトウモロコシ栽培が普及していただろう。初期に犂を手に入れた数人の男たちの作業の様子を通して、村の人々の間で牛耕が知られていき、彼らに自家醸造酒などの現物対価を支払って耕起を依頼する者もあった。

20世紀前半期には、この村では穀物はトウモロコシではなく、収穫にも粉挽きにもトウモロコシより手間のかかるシコクビエやモロコシが栽培されていた。彼らの主食は、粉挽きした穀物を鍋に沸かした熱湯と練り合わせた練り粥（ポショ）だが、その材料となったのはこれらの穀物だった。しかしこれも現在にいたるまでにトウモロコシに交替していった。こうした趨勢のなかで、自ら犂を他地域の商人から購入する村人も出てきた。２００４年に私がある村で行った調査では、全56世帯中の20世帯がこの犂を保有していた。

牛耕の様子

これにともなって、村では従来の農作業の編成の仕方の変化や、土地の利用変化にともなう新たな問題が生じてくる。これらの具体例を順に述べていこう。

まずは、農作業のあり方の変化である。犂の導入される以前は、開墾や耕作、除草、収穫といった一連の耕地での農作業は、父親と既婚の息子家族からなる拡大家族、および近隣を動員した手作業で行っていた。そのころ一般的だったのは、作業のあとに皆で自家醸造酒を共飲するやり方だった。おそらくこのころには、栽培した作物を自家消費以外に利用するほとんど唯一の途が酒の醸造だっただ

図36－1　村のトウモロコシ畑の農事暦

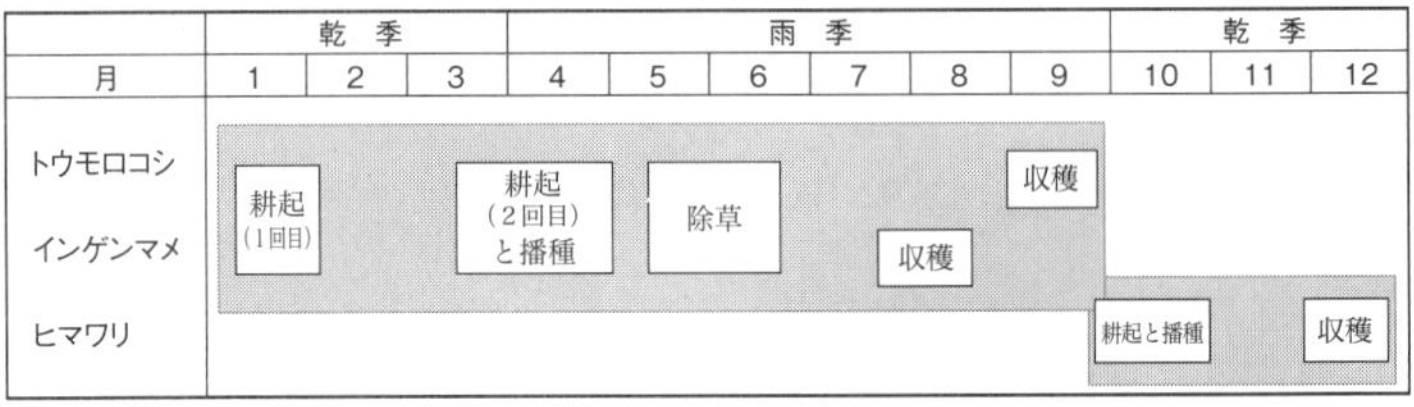

＊この村では、トウモロコシ畑はインゲンマメとの混作、ヒマワリとの二毛作である。いずれも自家消費用と出荷用を兼ねる。

ろう。現在ではこのやり方はほぼすたれ、兄弟関係や姻族、友人関係にある既婚男性どうしが協力して去勢ウシを提供しあい、お互いのトウモロコシ畑を耕起したあとで播種する〈図1〉。雨季の前のこの作業は男性の仕事となったのである。播種からおよそ半年後、乾季に入ってトウモロコシの葉と茎が枯れてきたころに収穫するが、これはたいてい拡大家族や核家族のメンバーで済ませる。現在、農作業で最も人手を要するとされるのは播種後の除草作業で、これは既婚女性やその子どもの仕事とされる。既婚女性たちは、自分と夫の畑を同じ互助講に属する近隣女性たちと数人から十数人ほどのグループをつくって、お互いの畑を除草しあう。

また、牛耕によって耕地が拡大され、現在この村では新規開墾の余地はほとんどない。おおざっぱにいえば、ウシとヤギの放牧が主だった時代には誰でも利用できる放牧地が多くあったのだが、耕作地が広がった結果、村の土地はほぼ境界で区切られた農地と宅地とで埋め尽くされてしまっているのである。土地境界といえば、私有地の周囲にはりめぐらされた境界の柵をイメージするかもしれないが、この村では、もともとある岩や樹、小川などを目印とするか、それがなければドラセナ(Dracaena deremensis) など根の張りの強い草を植えたり杭を打ったりして目印とすることで済ませている。このように境界が簡素なことは、隣人との境界争いが起こりやすい要因の一つだ。隣人が牛耕の際に境界をはみだしてこちらの土地に侵入してくるという訴えや、夜中に杭を打ちかえて境界の変更をはかられた、という訴えなどがある。また、隣人どうしの境界争いだけではなく、拡大家族内の土地相続に関する争議もしばしば起こる。この村の人々は、父親の保有した土地を既婚の息子のあいだでほぼ等分して相続することが前提とされているが、先に結婚する年長の息子から存命の父親の土地の一部を分けて使わせてもらえるので、弟の側から兄の側に対して自分の土地配分が少ないという不満が潜在し、それが父親の死後の相続会議で決着しがたい議論を招くのだ（第37章参照）。

商品作物であるトウモロコシの普及によって、農村社会がさまざまな変化を経験していることが、この一つの村の事例を見ていてもよくわかるだろう。さまざまな変化をつくった要因は、もちろん商品作物の普及が唯一のものではない。どのような要因が変化を促し、そして生活上の変化のもとで変わらない彼らのやり方のエッセンスは何なのかを考察していくことは、農村社会の変化を考えるうえで重要な主題である。

（白石壮一郎）

コラム7

農村におけるラジオの効用
――ウサマ・ビン・ラディンと呼ばれた女

白石壮一郎

首都とその近郊、地方都市とその周辺部を除いて、農村部の大部分で人々は電気や水道のない暮らしを営んでいる。私が10年来調査している東部のエルゴン山農村は、それに加えて山の麓から通じる自動車道路が2000年代に入るまで未舗装でこれ以上ないほどの悪路だった。そのため、一度訪ねてきた日本の友人から「陸の孤島」と評されたこともある。確かに外界から閉ざされているというこの印象は大きな間違いではなかった。

だが、村が外界からの情報からまるで隔絶されていたわけではない。今でこそ携帯電話が国内で普及し、村人のなかにも利用者がかなり広がっているが、携帯電話登場前から現在にいたるまで情報通信にひと役かってきたのはラジオだ。村の世帯の5世帯に1世帯ほどはラジオを持っている。村の売店で買った電池さえあればラジオは聴ける。村人には電気や水道のある暮らしのイメージはいまだにあまり見当がつかないが、ラジオのおかげで世界情勢に関してのトピックはあることないこと聞きかじりで知っている「物知り」も村に出現することになる。

2002年調査時、村に着いて数日後のこと。村を歩いていると、ある世帯の奥さんが通りかかったのでいつものように挨拶を交わす。と、少ししてから私の隣を歩いていた少年がくすくす笑いながら、私に聞こえるように「ウサマ!」と小さくつぶやいた。彼によれば、その女性は、夫が自分に黙って新しい妻を娶った(この世帯はイスラム教徒で複婚)のに怒った。ある日、夫が新妻のためにせっせと建材を調達して建てた新居が何者かの火付けによって全焼してしまう。くだんの怒った妻がどこかの青年に火付けの指示を出したとのことで、この妻は世界を震撼させた２００１年９月11日のアメリカでの事件の首謀者とされた男の名で呼ばれることになったのだった。そのほか、湾岸戦争時に

ポータブルラジオを持つ村の少年（2011年１月）

上空を飛んでいく米軍のミサイルを見たとか、モニカ・ルインスキー（ほとんどの方はこの名を忘れているでしょう……）は食わせ者だとか、ムセベニ大統領はＣＩＡのメンバーなのじゃないかとか、そうした珍妙な噂のほとんどはラジオのニュースと彼らの想像力の結晶らしい。

村にラジオが入ってきたのはいつごろか。少なくともウガンダが独立したとき（１９６２年）、村の年長者のなかでラジオを持っている人がすでに２～３人いた。しかし英語放送を理解できたのはそのうち１人だけではないかという。自家醸造酒を近所で集まって飲む宴会の場でにぎやかに音楽を鳴らすというのが、当時ラジオの主な役目だった。今でもラジオは大事な家財。家族写真の撮影を彼らに依頼されるときにも、父母とラジオを中心に据えた構成が少なくない。ラジオを持っていることがある種のステイタスであることは間違いない。現在ではかつてと違って、未婚の若者のなかにも自分用小型ラジ

オを持っている者もいる。だが新品はやはり高嶺の花で、友人や兄弟から貰い受けたり交換したりしての入手が多い。

英語ばかりでなく、各民族言語による番組も放送されている。そうしたローカル放送のなかでも人気企画は挨拶リクエスト。司会者はひたすら、「A村の何某さんからB村の何某さんとご家族に元気ですかとのご挨拶です」のように、リクエストカードを読み上げる。「〇〇氏族の何某死す、葬儀は何日何曜日にどこどこで」や「××氏族の何某死後何周年を、彼／彼女の思い出とともに」といった告知もしばしばである。一度、放送局に派遣されたスタッフが村の道を歩いていたので、500シリングで私は居候先の家族、その親族、村の面々に挨拶をリクエストした。翌日の放送でアナウンスがあると聞き、報告すると翌日多くの村人がラジオの前で待ち構え、私の挨拶が放送されると方々で小さなどよめきが起こったのだった。

記念撮影はラジオと一緒に（エルゴン山）

37

農村でのもめごと解決

★村評議会と親族会議★

ある昼過ぎの暑い盛りに、私が調査先の村の村長を訪ねて話し込んでいるところへ、一人の女性が厳しい表情でやってきた。村長が腰を上げて女性に近づいていくと、女性は立ったまま何ごとかを一気に陳情している様子だ。聞くと、隣の奥さんが飼っているウシが自分のバナナ園のバナナを押し倒し、茎や葉を食べてしまっているという。

どの農村も一見のどかで平和に暮らしているように見えるものだが、実は大小のもめごとはけっこう起きている。そうしたいろいろなもめごとがどう解決されるのか、私の調査している東部の山地農村での村評議会と親族会議の例をのぞいてみよう。

別の章（第12章）で解説されているように、ウガンダの地方自治システムは県を頂点に5層の評議会からなっており（LC1～5）、村レベルはLC1、村評議会である。先に登場した村長はこの村評議会の議長にあたり、村人からは「チェアマン」と呼ばれている40歳代後半の男性だ。村評議会では、水汲み場の施設改善など村の開発問題についても議論されるが、冒頭のような隣人間でのもめごとの調停依頼も多い。村のなかでも家族・親族内のもめごとは、親族会議にまかされている。冒頭の女性の夫にはもう一人、彼女よりも年上の妻がおり、畑を荒らしたウシは、隣に住むその年上の妻のウシだったのだ。村長は彼女の陳情をていねいに聞いてから、まずは夫と第一夫人との家族会議でこの問題を解決するようにと諭して、その場を収めたのだった。

村評議会は議長と複数の評議員からなり、それぞれの評議員には女性問題担当、若者問題担当、障害者問題担当、経済問題担当、書記などと役が振られていた。定例会議も開催しているというが、実際にはほとんど不定期開催であり、議長である村長にしばしばこうしてもめごとが陳情され、彼の判断で評議会での審議に持ち込まれる。「オフィス」と呼ばれる評議会場は村の大きな樹の下だ。評議会の開かれるおりには、役員も村人もめいめいに家から椅子を持って参じる。取り上げられる隣人間のもめごとは、陰口から盗み、浮気、金銭トラブル、土地の境界争い、はては殺人未遂の疑いまでさまざまだ。村評議会で解決しないときには上位のパリッシュレベルの評議会（ＬＣ２）に上申されることになる。

あるとき、村の雑貨店に夜中に盗みに入った少年2人が村評議会にかけられた。2人ともその年に割礼（成人儀礼）を受けようとしている10代後半で、小学校時代から悪童として鳴らしていた。店の土壁を破壊し盗んだものはといえばビスケット数袋だということで拍子抜けしたが、しかし村人は彼らに厳しい。審議の結果、この件は村評議会での訓諭と「尻たたき」で一件落着。若者問題担当の評議員が付近からよくしなる枝を切ってきて、腹ばいにさせた少年を打ち据えることとなった。

さて一方、家族や親族の間でのもめごとは、家族会議、親族会議で話し合われる。冒頭で見た一夫多妻のもとでの奥さんどうしのもめごとも珍しくない。そのほかにも、夫がまじめに働かないことを妻が訴える夫婦間のもめごとや、子どもの教育問題をめぐる親子間のもめごと、結婚して一家の主となった兄弟どうしの、父親の財産である土地をめぐるもめごとなどがある。

通常、成長した子どもを持つ夫婦は、夫も妻も夫婦間のもめごとなどを表沙汰にしたがらない。親族や近隣の人々から、家庭を治める一人前の大人の男女として認められないからである。しかし、子どもがまだ幼い若い夫婦になると、妻の側が除草労働などをサボタージュしたり、実家から親や未婚の妹を呼び寄せて陳情したりという挙に出て、もめごとが明るみに出ることがある。このパターンは夫の最も恐れるところである。

また、近年の教育熱の高まりにより（第28章参照）、子どもは小学校卒業後も中学校に進学したがる。親のほうも、息子が早々と結婚し、土地を与えねばならなくなるよりも、進学させたほうが自分の権威を保てる。しかし、中学校・高校の学費がまかなえずに中途で休学・退学するケースも多い。息子は結婚し、父親から土地の一画を与えられてそこで耕作して妻と暮らしを立てる。父親が亡くなると土地を兄弟間で分けて相続することになるが、土地の分け方をめぐっては、結婚後に仮に与えられた区画の大きさに関して兄弟間には潜在的に不満がある場合が多く、土地相続の親族会議の場でその不満が表明される。

親族会議には、当事者家族だけでなく村の外からも親族が呼ばれて陪席するのが一般的で、彼らにはより公平な立場からの意見が求められる。私は一度、調査先で居候させてもらっている家族の土地相続会議に参加したことがあるが、その議論は実に6時間にもわたった。前日、翌日の土地の測量も合わせると、3日がかりである。亡くなった家長には2人の妻がおり、それぞれ5人、3人と息子がいる。末の息子1人を除いてすべて既婚者だった。この会議では、主に年下の妻の息子の側が、自分たちの土地相続分が小さいと陳情し、交渉を展開した。が、これに対して彼ら自身が土地の管理をこれまで長年にわたっておろそかにしてきたことから、周囲の隣人たちに境界を侵食され、土地が狭められていったのだという経緯を、村の親族のなかで長老格の老人が一つ一つ具体的にいつどこで誰が、と当時の様子を再現して述べたところは、この会議のハイライトだった。単に測量して兄弟間の土地を分ける境界線を決めるという解決でないところが、彼らららしいやり方だ。私はこの会議に同席したことによって、ほぼ半世紀にわたる家族史や、それぞれの兄弟間に横たわる葛藤などを垣間見ることになり、より深くこの家族を理解できたと思えた。

亡き父の相続をめぐる家族会議の様子

土地に関してのもめごとは、最も解決困難な問題の一つだ。隣人間での土地争いには村評議会が介入した話し合いが開かれることになるが、完全に解決できることはほとんどない。こうした村レベルの調停に不服な者は町の地方裁判所にまで上申して争うこともあるが、土地の登記簿などは存在しないので裁判所も判断しがたい。村でも町の裁判所でも、争いの当事者双方には証言を与える証人が付き、証人には当事者からいくらかの「お礼」（ニワトリなどの現物の場合もある）が渡される。今では、土地に関してのもめごとをわざわざ裁判所にまで持ち込んでも、裁判費用による出費が嵩(かさ)み、金が尽きて作物も土地もすべて売ることになるのが落ちだ、と良識ある村人ならわきまえている。親族会議や村評議会など、村でのこれらの会議に同席していると、ときには、人々がこうした問題に過剰なエネルギーを費やしすぎているのではないかと思えてくることもある。それに、決定的な強制力をともなわず実効性が限られていることから、「村評議会はもめごとの解決機関として機能していない」と評価する人がいてもおかしくない。しかし、もめごとに対処するこうした人々の日常的な営みが、ウガンダのデモクラシーを草の根で支える底力となっているのは間違いないのである。

（白石壮一郎）

カンパラのストリートファミリー

コラム8　波佐間逸博

カンパラロードの中央郵便局から東へ緩やかな坂をくだって歩いていると、10歳前後のカリモジョンの男の子が小銭（アメヤット）を恵んでくれと声をかけてきた。彼の行く先のやや離れたところから、背に子を負い右手を別の子と結んだ臨月近くの腹の大きく膨らんだ女性と、4人の子連れの女性がこちらを見ている。小銭を渡し話しながらついてゆく。

女性たちはナウゼとアリアッカという名で、北東部牧畜地域カラモジャのボコラの中心地マタニ出身。カンパラロードからジンジャロードに出て、カンパラ駅前広場の公衆トイレで腹の大きなナウゼが用を足す。使用料200シリングだが、管理員の女性とスワヒリ語で交渉してタダにしてもらった。

ナカセロの丘をのぼり、国立劇場から国会議事堂を抜け、ナイルアベニューからカンパラロードに再び下りてくる。その間ナウゼとアリアッカは前後しながら個別に白人旅行者や車に乗っているウガンダ人のほか、現代風に見事に着飾った若い娘さんグループに小銭を求める。アリアッカの年長の子は手のなかで光るものを握って歩いていた男性に手を差し出したが、「これは鍵だよ」とねだりは不発だった。

3時間歩き収穫はバナナが3本、現金はゼロ。国立劇場の裏手で、大きなバナナの房を頭上のかごに入れ売り歩くガンダの女性から2本のバナナをもらった。2人のバナナ売りのおばさんの1人が、もう一方の女性のバナナ房のなかから2本選りだして与えた。交渉していたナウゼが受け取り、歩きながら後ろ手に1本をアリアッカに渡し、歩きながら食べる。このバナナとは別に、ナウゼの年長の女の子が街路に設置された巨大なゴミ箱から手つかずのバナナを1

本見つけた。ナウゼが皮をむき全部食べる。女の子は「少しだけ（分けて）」というが、ナウゼが食べ尽くすとアーイと声を上げ、顔を下向きにして首を振り、広げた手を揺らめかせる。つんのめるように前のめりになり、顔は笑っているので、とてもカラッとしている。ナウゼが全部食べてしまう必要があることを女の子は納得しているように見えた。

議事堂を見下ろす路上の木陰にはカンゴーレとロトメから来たという女性2人が、3人ずつの子どもに囲まれ腰を下ろしている。手を伸ばせば届く隣の木陰に足のないガンダ人の若い男性が座り込んで、目を閉じたまま高い小声でときどきつぶやきをもらすたび、子どもたちはクスクス笑う。カペラと呼ばれる薄いビニール袋が地面に置いてあり、なかにトウモロコシの練り粥に煮豆をかけた食べ物が乾いて大人の両手に収まるほどのかたまりになっているのを、子どもも大人も手ですくっては食べる。ナウゼとアリアッカも座り、子どもたちも座り、たくさんの手がすくい出すので、みるみるうちに袋のなかのかたまりはなくなってしまう。

カンパラロードにくだってから、アリアッカに抱かれていたキアイという名の男の子が、別のカリモジョンの女性がなめていた棒についているアメを二口なめさせてもらう。

カリモジョンの間での分配はさておき、トイレの管理人やバナナ売りの女性の施しは面白いと思った。子を連れた妊婦がものをねだり歩いて生きる困難を容易に理解できる身体的経験が基盤としてあるからだろう。2人の夫はともにマタニに残った。日照りで食物のない故郷から社会的余剰として吐出された2人の女性と子どもたちは、かつては自分も乞食だった店先のアスカリ（警備員）に追い払われて、立ち止まることを許されず都市の核芯を裸足で乞い歩く。

38

牧畜民ドドスの地理空間のとらえ方

★認知地図を手がかりに★

ドドスはウガンダ北東部カラモジャ地域に住むウシ牧畜民である。ドドスの居住域はカラモジャの最北東部を占めるドドス県にあたり、北はキデポ渓谷国立公園をはさんで南スーダン国境に、東は大地溝帯の生成にともなってできた断層崖（エスカープメント）の三角点を結んで引かれたケニア国境に接する三国国境地域である。標高１３００〜１７００メートルのなだらかな丘陵地がその大方を占め、ところどころに火山性の黒々とした岩山や隆起した突起状の岩峰が目を引く。西部には低湿地草原が広がり、北部と東部には標高２０００メートルを超える山岳地を含むなど、地勢や植生の変化に富む。

ドドスは他の東アフリカ牧畜民と同様に家畜を分散・移動させることを基本的な生活様式とする。その遊動生活は集落と家畜キャンプを拠点として、家畜を広範囲に、かつ頻繁に移動させることによって生み出されている。牧畜民にとって、土地の生態環境に関する知識は家畜の放牧飼養という生業活動上、不可欠の知識である。ドドスにおいても利用する場所や移動ルートの地勢や植生、牧草地までの距離やその状態、水場までの距離や、表面水や伏流水の季節的変化、岩場や枝沢などの微地形にいたるまで、その景観特徴とともに利用価値が熟知されている。一方、土地には個々の場所を示す名前が与えられており、日常生活においても地名は頻繁に口にされる。ドドスは日常のさまざまを語る際に、「どこで」という点に強くこだわるのである。分散・移動を常態とするドドスにとって、ものごとの「現場」はつねに正確に呈示されなければならない、あるいは正確に知っていなければならないものなのかもしれない。「現場」を示すために人々は徹底的に地名を用いるのだが、その前提として、人々は各々の地名で示される場所がどこに位置するどのような土地であるのかを知っていなければならない。

人間にとって土地は単なる地理的・物質的要素の視覚的な認知対象ではありえない。以下で取り上げる認知地図（cognitive map）にはドドスランドを舞台に繰り広げられる人々の日常的な諸活動から過去の出来事の記憶や歴史に及ぶ時空間的広がりと深度を持った人間と土地との具体的なかかわりが凝縮されている。この地図はドドスの活動領域のほぼ全域（約７８００平方キロメートル）をカバーしており、紙面には、山や岩峰、河川や沢筋といった地形的特徴のみならず、乾季に井戸の掘られる場所や、放牧地や家畜キャンプの設営地として利用される場所、廃校跡や干ばつ時の食糧配給キャンプ跡、聖地の森や儀礼の開催地等々、１０００カ所以上に及ぶ地名やランドマークが記されている。加えて、日帰り放牧のルートや家畜キャンプの通時的な移動の経緯、他集団により家畜が略奪された際の襲撃地点や奪還のための追跡ルートといった人々の「動き」の軌跡を含む人間活動の諸要素が体系化されず雑多に満載されているのである。ここには地理空間を地形的要素によってとらえる景観認識や風景論には還元できない文化・社会的な諸要素が深く浸透しているといってよい。

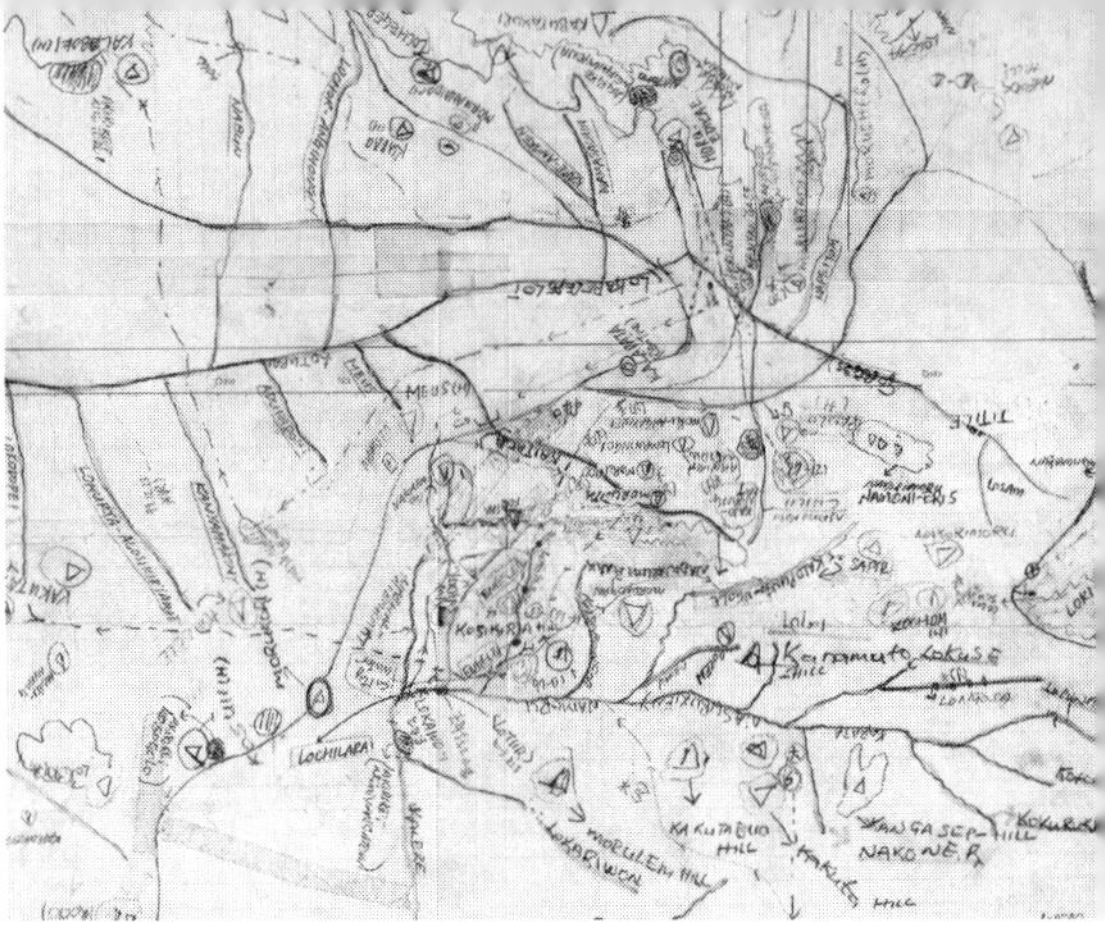
認知地図の一部

この認知地図は私の住み込み先の集落の青年が中心となって、複数の人々が関与して完成したものである。作業の中心となった青年（1972年ごろの生まれ）が4年程度の初等教育を受けていたほかは、地図の作成に参加した人々の多くはまったく教育を受けていない。地図の作成作業に参加したのは基本的に男性であり、20～30歳代の若者がその多くを占めるが、居合わせた年長の男性やまれに年配女性が、若者たちからランドマーク間の位置関係や地名等に関する質問を受けてこれに答えたり、意見を述べたりする場面もままあった。実質的に紙面上にランドマークなどを描きこむ作業をしたのは主に右記の青年であるが、彼は周囲の参加者と議論をしながら位置を確認したり、参加者からの指摘によっていったん描きこんだものを修正したりしながら描画を進めた。したがって、この認知地図はこの青年の認知空間を描き出したものであるとともに、他の人々にも理解可能である（その地図を「読む」ことができる）という点において、共有された認知空間が描き出されたものといってよいだろう。文字をまったく読めない青年が作業途中に現れて、彼のいない間に紙面上に描かれたランドマークを指差しながら、次々とそこに記載されている地名を口にしてゆく場面がしばしばあったことを付言しておきたい。

　地図の描画作業はB5判のノートのページをはぎとっては貼り合わせ、先に描かれた場所から続く場所が、つぎ足された新しい紙面に順次描き加えられるという方法で、紙面をつぎ足しつぎ足しながら進められた。ここからも明らかなように、これは紙面上にドドスランドという「全体」を画定し、そのうえで座標軸上に個々の地点を個別にプロットしてゆくといった鳥瞰図的なものではない。特定の「ここ」という地点からの連鎖として、次の「ここ」が記され、その軌跡がドドスランドの全体をつくりあげたのであり、広大な地域を扱っているものの、描画法からすれば典型的なルートマップ、すなわち、行動や移動の経路となる「動線」を軸に描かれた地図である。

この地図の詳細さと正確さに瞠目した私に対し、ドドスランドの全域を知っていることの根拠を、ある青年は「ドドスランドのすべてを歩いた、牛を連れていった、だから全部知っている」といった。それは個々の場所に「身を置く」あるいは「身体を移動させる」といったことによる身体を媒体とした知り方にほかならない。「ここ」や「あそこ」は、自分が当事者として行為した「現場」であり、「そこに行ったことがある」という経験こそが、「現場」性に基づく地理的な認識や知識を支えているのだと思われる。その一方で、地名は、それによって指示される具体的な場所を、「身を置く」という形で人々が知っているがゆえに、そこに生起する事象を、集落と家畜キャンプといったように互いに分散して暮らす家族や友人などの遠隔にいる者にとっても当時者性を帯びたものにするのである。行為や出来事の「現場」を示すためには土地には名前が必要であるし、地名という知識を人々は共有していなければならない。同時に地名はそこへ行き、そこに「身を置く」という身体性をともなった外界認識に裏づけられており、そうした身体化された認識のあり方こそが、ドドスランドの全体を「生きられる空間」あるいは「生の現場」として見通すまなざしを育んできたのではないだろうか。

（河合香吏）

牧畜民ドドスにおけるレイディング

コラム9

河合香吏

カラモジャ地域の最北東端にドドスという牧畜民がいる。ここは南スーダン、ケニアとの三国国境に位置し、国境を隔てて複数の牧畜民が隣接して住んでいる。この地域の牧畜諸集団をはじめ、東アフリカ牧畜民は家畜の略奪をねらった襲撃（レイディング）の応酬により、古くから「好戦的な牧畜民」という民族誌的ラベルを貼られてきた。最近ではレイディングがＡＫ47型自動小銃などの流入によって武装化・過激化に向かってきたことが指摘され、武器や戦術の変化のなかに記憶や牧畜民的アイデンティティとの関連が論じられたり、国家と牧畜社会の関係といったポリティカルな文脈に位置づけられたり、近代化にともなうマーケティング化が浮き彫りにされるなど、レイディングは国家や地域、そしてグローバル世界との関係において語られるようになってきた。

この地域の牧畜諸集団間の関係は、一般にイメージされがちな永続的で固定的な「敵」と「味方」に分類できるようなものではまったくなく、複数の集団の敵対・非敵対の関係が錯綜するなかで不断に変化する。そのような状況下でレイディングもまた相手が入れ替わりながら頻繁に起こっている。１９９９年から２００３年のデータでは、ドドスランド全体で毎月２～６回の頻度である。その一方で、平穏な状況においては、放牧地や水場が共同利用されたり、異なる集団に属する者どうしが個人的な友人や姻族などを頼って交換や贈与といった家畜のやりとりをしたりしており、それはしばしば互いの牧畜経営を助ける術となる。

レイディングは武装集団を組織して、放牧中の群れを水場や放牧地で待ち伏せしたり、家畜キャンプや集落を襲撃したりするものだが、そ

コラム9

牧畜民ドドスにおけるレイディング

午前7時、家畜キャンプから放牧に出かける牛群とドドスの青年たち

れ以外にも、放牧中に群れからはぐれた数頭の家畜を連れ帰ったり、幼い子どもが牧童をしている仔ウシ群や個体数の少ない群れをねらい、牧童を追い払ったり縛ったり、まれに殺して群れを連れ去ったり、あるいは夜間に集落の家畜囲いに侵入し内側から門を開けるとか、家畜囲いの柵を一本一本はずしてそこから家畜を連れ出すといった窃盗型もある。襲撃型のレイディング集団は10~30人程度で組織される。数百人に及ぶ大襲撃隊はこうしたグループが複数連合して組織される。これに対し、窃盗型は数人から10人以下の小グループで実行される。

1960年代初頭にドドスを調査したE・M・トーマスは、その生活と感性を豊かに描いた民族誌に *Warrior Herdsmen*（1965年。邦題は『遊牧の戦士たち』田中二郎訳、思索社、1979年）と明快なタイトルを付した。それから45年あまりを経た現在も、ドドスは、生存を支え、生活と人生に不可欠な唯一の財産である家畜を、文字通り「命をかけて」護る。そして、その獲得のためにはレイディングという攻撃的な手段も辞さない。安価な銃の流入やこれに対する武装解除などの国家政策をはじめ、外部世界とのかかわりが色濃くなってゆくなか、レイディングにはより複雑な要素が絡み合い、さらに過激化の度を強めることも予想される。一方では非敵対的・友好的なやりとりという平和的な回路を持ちながら、この敵対的な相互行為をドドスは（そしておそらくは周辺諸集団も）「どうしても避けなければならないこと」とは考えていない」（北村光二『比較』による文化の多様性と独自性の理解――牧畜民トゥルカナの認識論（エピステモロジー）」田中二郎他編『遊動民（ノマッド）――アフリカの原野に生きる』昭和堂、2004年）こと――ここにはまだ未解決の重い課題が残されている。

ウガンダ・ケニア国境で「敵」の撃退儀礼をするドドスの男性たち

39

水産資源管理政策と漁民

★資源保護がもたらす生活の危機★

国土の18％を湖沼や川が占める内陸国ウガンダにおける漁業は、湖や河川で行う淡水捕獲漁業であり、家族や親族単位でボートを使って行う小規模沿岸漁業が主体となっている。漁業は国内総生産GDPの12％をしめ、1人当たりの年間消費量は約10キロ（日本は同63キロ）、約120万世帯が漁労によって生計を維持している。2001年から2007年にかけて漁獲量は約2・3倍となり、そのうち20％強が輸出され、輸出高も約2・4倍に伸びている。2020／21年度の漁業活動のGDPに占める割合は2・0％であり、水産資源はコーヒーについで第二の外貨獲得費目である。

国家による水産資源の管理は、1951年に設立された漁業局 The Fisheries Department による「魚とワニ法1951年（Fish and Crocodile Acts, 1951）」の施行に始まる。同局は、独立後は「魚とワニ法1964年（Fish and Crocodile Acts, 1964）」に基づき、農業畜産漁業省 Ministry of Agriculture Animal Industry and Fisheries の下で自然水産資源の保護・開発・管理を目的に漁業政策を実施してきた。その後、名称を水産資源局 Department of Fisheries Resources に改め、2003年5

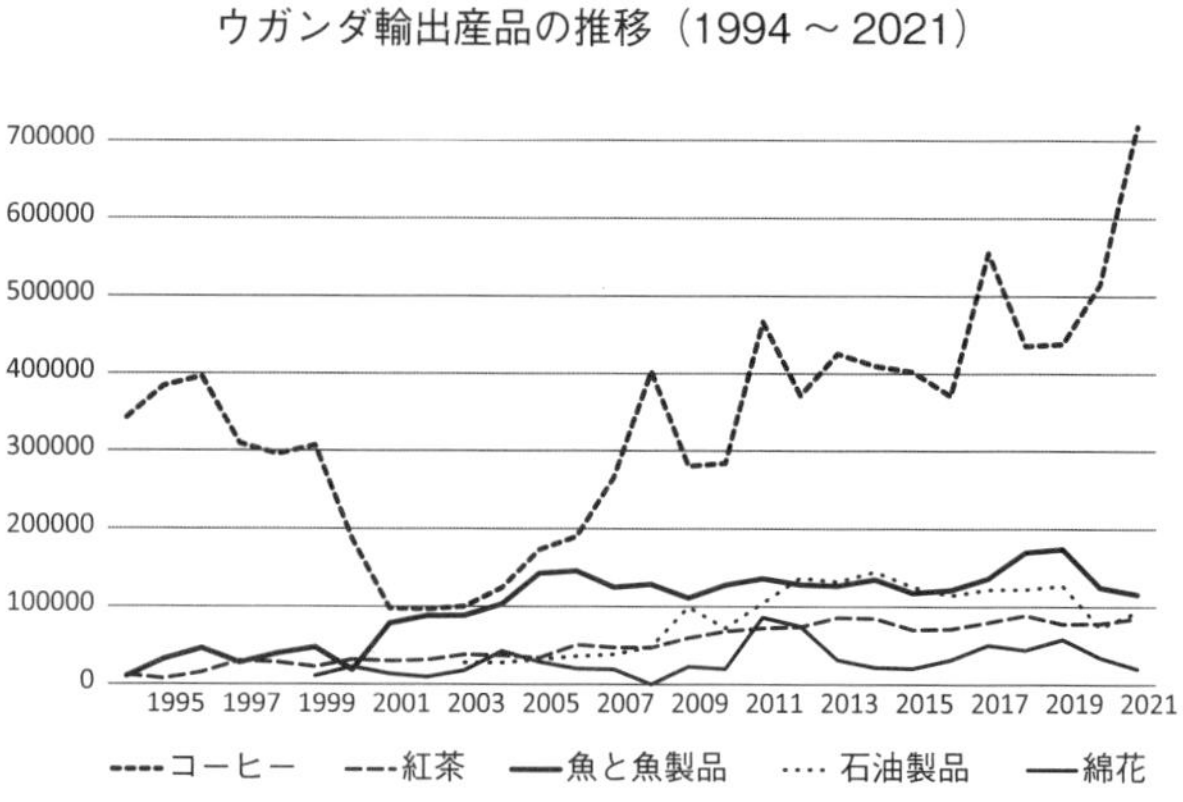

出典：Uganda Bureau of Statistics より筆者作成（縦軸は千ドル）

月19日に「魚とワニ法」に替えて「漁業法（Fish Act）」を発布した。

水産資源局は、水産資源は国家財産であり、それを保護し育成することで持続可能な開発を実現することができるとし、漁業法第43部として「漁業（岸管理）法、2003年 The Fish (Beach Management) Rules, 2003 No. 35」を2003年7月11日に発行し、BMU（Beach Management Unit）による新たな岸管理の実施を謳った。

BMU導入の背景には、「湖の生態系を調査・保護し、沿岸に住む人々の利益と国の経済を改善させる」ことを目的として、世界銀行とグローバル環境機関（Global Environment Facility）の資金援助で1994年からウガンダ、ケニア、タンザニアが共同で実施したビクトリア湖環境管理計画（Lake Victoria Environmental Management Project：LVEMP）と、開発援助基金（European Development Fund of EU）の援助と指導によって1997年7月～2002年6月に実施したビクトリア湖漁業調査計画 Lake Victoria Fisheries Research Project（LVFRP、Project No.7 RPR372）があった。

従来、ウガンダの各湖岸には、センターマスターを長とする漁労組織があり、LC1執行部と共に岸管理を担ってきた。センターマスターは漁民の選挙によって選ばれ、センターマスターがメンバーを任命し委員会を構成する。センターマスターと委員会は、漁業全般にかんする日常の出来事を統括管理し、水辺の問題を解決してきた。たとえば、魚網や艪の盗難、漁具の誤使用、漁獲分配方法など漁民間の争いは、センターマスターの法廷で解決がはかられた。また、漁業担当役人と漁業担当役人補佐官と協同して、漁業に関連する情報を人びとに伝達し、必要とあれば遂行させ、その状況を報告するのもセンターマスターの義務であった。こうした漁労組織を基盤として、各岸にBMUが導入された。

2008年時点で、ウガンダ国内の漁村の岸の数は548、BMUは355であった。BMU執行部は、選挙で選出された議長、事務局長、会計を中心に9人から15人で組織される。メンバー構成は、ボート主が30%、ワーカー(雇用されている漁師)が30%、魚加工者、ボート大工、漁網の作り手、漁具修理工、漁具販売者など漁労関係者が30%、魚商人が10%となるように規定され、全体の30%が女性であることが推奨されている。BMUの活動は、魚流通許可証の発行、漁民・漁網・ボートの登録を行うこと、漁労の安全ガイドライン、魚質の衛生ガイドラインに従って岸の整備に責任を持つことなどである。BMUの活動資金は、魚流通許可証の発行による歳入金の一部が当てられる。各BMUの重要な任務の一つは、水産資源保護のために、違法な漁法を削減することである。違法なボート・漁網・輸送車を年間30%以上削減すること、そして漁業収入を10%増加させることが義務づけられていた。

各湖の漁獲量　（単位：千トン）

	2005	2006	2007	2008	2009
ビクトリア湖	253.3	215.9	223.1	219.5	221.3
アルバート湖	56.4	56.4	56.4	56.5	56.5
キョーガ湖	68.4	60.0	60.0	60.0	60.0
エドワード湖、ジョージ湖、カジンガ水路	9.6	8.8	8.8	8.8	8.8
その他	24.1	21.1	21.0	20.0	20.0
全　体	411.8	362.2	369.3	364.8	366.6

出所：Ministry of Agriculture, Animal Industry and Fisheries (MAAIF) の資料をもとに筆者作成。

ところがBMUは、ムセベニ大統領の選挙キャンペーン中の2016年に廃止された。そして2017年には、ウガンダ人民防衛軍（UPDF：Uganda People's Defense Force）の魚保護ユニット（FPU：Fish Protection Unit）による違法な漁法の取り締まりが始められた。ホイマ県漁業担当官によれば、海軍から2人、村の漁民委員会から3人の混成チームが作られて、違法な漁労を取り締まりと漁労と漁獲にかかわる税金を徴収を行うことになった。アルバート湖岸の漁村にも、各村に漁民委員会（略称：エンフォースメント enforcement）が組織された。

従来アルバート湖で用いられてきた平底カヌーは、2022年11月に漁業局の指示により、エンフォースメントと協働する軍隊がすべてを焼き払った。その理由は、平底カヌーは水上で安定性を欠くため転覆事故の8割を占めていること、沖に漕ぎ出せないため岸辺近くの湾内で漁をするため未成熟の魚を捕獲することなどである。また漁船免許や漁労免許などの免許価格も改められた。

しかし現実には、漁民の多くが違法な漁法を行っている。たとえばホイマ県では、マラフクと呼ばれる違法な漁具・漁法が約80％をしめるとホイマ県漁業担当官は推測している（2023年時点）。湖岸では、引き網漁、仕掛けカゴ罠漁、はえなわ漁、小魚灯火漁、釣り針漁、置き刺し網漁、追い込み刺し網漁、投網漁などが行われている。水産資源省が違法と規定する漁具は、地引き網、投網、4インチ未満の編み目の刺し網、サイズ10以上の小さな釣り針、カゴ罠であり、違法な漁法は、水面たたき漁、毒流し漁など、捕獲禁止の魚は、産卵期の魚、未成熟な魚、20インチ以下のナイルパーチなどである。特に、漁民たちが「水の網」と呼ぶモノフィラメント（一本化繊の魚網）の漁網は、湖底に残り環境に悪影響を及ぼすため、合法サイズであっても使用は禁止されている。入り江と沿岸部は未成熟の魚を捕獲するため禁漁区である。

問題の1つは、漁具や漁法の違法性が条例や通達により時々刻々と変化することにある。２００２年1月に4インチ未満の編み目の漁網を違法とする通達があり（以前は3・5インチ以上が合法）、その半年後に軍隊と水産資源省の混成部隊により集められ焼却された。また２００７年には、多くの漁民が従事する小魚灯火漁を違法とする通達が出されたが、多くの漁民が小魚灯火漁に従事することを鑑みた地方行政の長によって差し止められた。

漁民たちは、エンフォースメントの介入を避けるために昼間は平底カヌーを屋内に隠し、夕闇に紛れてカヌーを岸辺へ運び、漁に出るようになっている。ある船大工は「壊されては、作り、壊されては作りを続けている」と語った。水産資源の保全を最優先する水産資源省、生活のために漁労に勤しむ人びと、両者の関係をどのように調和させることができるだろうか。エンフォースメントの一員である村人は、「漁もできず、食べるものもない漁民たちがいる今、私たちは目を閉じているしかない」と語った。今、漁民たちの生活を守るために、水産資源省がエンフォースメントとＬＣ１を介して繋がることが求められている。

（田原範子）

コラム10

隣で小用——ウガンダ厠考

大門　碧

2回目の調査のためにカンパラにのり込んだ翌日のことだ。その夜、私との再会を喜んでくれた30代のウガンダ人夫婦にビールをおごってもらい、その後3人で家に向かって歩いた。乗り合いタクシーが通る人通りの多い道路を1本それたところで、夫のほうが立ち小便を始めた。私は彼から目をそらし、彼の妻に話しかけようとしたが、彼女もまた夫の隣にしゃがみ込んでおり、何やらシャーという音が聞こえてくる。

その後、屋外であろうと屋内であろうと、そして隣に誰がいようと、同じ年代の仲間であれば、女性でも小用を足すことに抵抗がないのだということを、私は実感していった。たとえば20代の女の子の部屋に泊めてもらうために一緒に夜中に帰宅したときだ。帰り着くなり友人は、ぽんぽんと服を脱ぎ、Tシャツとパンツ一枚になって、直径20センチ、深さ15センチほどの円筒形の入れもの、かつて洗濯用粉せっけんが入って売られていたプラスチックの容器に、シャーと用を足しはじめた。その姿を思わず見つめてしまっていた私に向かって、彼女は「あんたもする？」とたった今使用した容器を差し出してくれた。私はそれを丁重に受け取り、友だちが横でばたばたと寝る準備をしているなか、「こぼさないように」とただそれだけを考えて慎重に用を足した。また、ある夕方、女友だちともう一人の友人を家まで送った帰り道。彼女は道端で「ちょっと待って」と言い、その場にしゃがみ込む。直後に聞こえてくるおしっこが地面をたたく気持ちのいい音。さらに、あるレストランのステージ裏にあるシャ

外付けのトイレ

コラム10

隣で小用―ウガンダ厠考

たらいは室内のトイレに変身可能

ワーとトイレが設置された少し広めの個室で私が用を足していると、さっとドアが開いて女友だちが隣に割り込んできて、私とともにシャー。イベント会場のトイレ前にできた長蛇の列にうんざりした女性たちが、トイレを待つほかの女性たちの前で個室に入らずにその場にある排水口にむかって、シャー。

カンパラでは、自分の住む部屋にトイレがなく近所の人々と共用で屋外のトイレを使っている家が多い。彼らいわく「夜に外を出歩くのは危ないので、外のトイレは使わない」。しかしながら、人からの視線がある場所で、女性が小用を足す現場に遭遇するたびに、ぎょっとしてしまう。この事態に「彼らは恥のない野蛮な人々だ」と思うこともできるかもしれない。でも、ふと私は日本の女性用トイレには「姫」がいることを思い出す。用を足す音を消す「姫」。個室に身を隠し、用を足すのが当然の場所にいながらも、他人におしっこをしていることをあらわにすることを恥じるのも、おかしなものだ。「姫」がいる国から来た私は、人間として当たり前の生理現象が、女性たちの間でも、スカッと共有されていることに一種の解放感を得た。

女友だちのボーイフレンドが運転する車が道端に停まる。運転席のドアが開いて、ささっと彼が道端の茂みに駆け込み、用を足す姿が見える。同時に助手席のドアが開き、友人が「私も！」と、開けた車のドアの陰で用を足しはじめた。そして、私のとまどいを知ってか知らずか、こちらを見てニコッ。私が持っている常識がふっと宙に浮く。そんな瞬間が私をいつもウガンダへと導いている気がする。

40

近代医療というもの

★ウガンダにおける救いと資源★

新聞を読んでいると、以下のような記事が目に飛び込んできた。「盗難薬がスーダンで売買」(『ニュービジョン』紙、2010年8月25日)。その記事の内容によると、各地の医療センターに無料で配られたはずの薬剤が、保健所の職員や関係者たちによって売られ、ウガンダ国内だけでなく、南スーダン、コンゴ民主共和国で売られているとのこと。ムセベニ大統領はその現状について怒り、今後、薬剤の不法な流出をもたらした者は告発し、逮捕する旨を述べているという。

ああ、何を今さらと思ったのは私だけではなかっただろう。ウガンダ人なら誰でも、国内に流通する薬剤の大半がそうした保健所から流出したものだということを知っている。抗マラリア剤はもちろん、さまざまな痛み止め、抗生剤が国際ドナーの資金によって購入され、各保健所にて無料で住民に配布されるはずのものが、道端の薬局で売られている。そして肝心の保健所ではつねに薬切れの状態だ。だから薬を求めて保健所に行く者はほとんどいない。

エイズ対策のためのARV薬も同様だ。たとえばマケレレ大学周辺のひときわ豪華な学生寮の一つは、政治家がARV購入

第40章 近代医療というもの

のためのグローバルファンド（主にウガンダなどのエイズの現状を憂えた国際ドナーが拠出して創設した感染症保健のための基金）を着服して、建設したものだと噂されていた。そしてその学生寮には、裕福な政治家や実業家たちの子息が住むのだ、と。十分な量が国際ドナーによって供給されているのに、それがどこかで滞り、流用され、肝心のＨＩＶ感染者らの手元に届かない。そんなジレンマをカンパラの市井の人々は感じている。

国立の総合病院としてはカンパラのムラゴ病院があり、名目上では、ウガンダ随一の医療設備を備えている。だが、そのムラゴにしても医療サービスの問題は大きい。国立病院として、診療は原則無料のはずが、「治療費を払えそうにない」貧しい患者は、病院の軒先に、数日から数週間の間、往々にして放っておかれる。常勤であるはずの医師は、ほとんどが別に私立の診療所で働いており、ムラゴの診療室に詰めていることは少ない。看護師たちも同様。大学で研修中の医師や看護師がかろうじてその業務を補う。

こうしたことを見てみると、近代医療の薬剤や知識、技術などは現在のウガンダでは、患者たちにとってというよりも、関係者らにとっての生活をしのぐ「資源」としておおむねとらえられていることがわかる。そしてその資源は主として国際機関や国を通してもたらされるのだが、関係者以外のアクセスは難しく、あるいはつねに現金を必要とさせられる。その意味でウガンダの一般的な人々にとって、「近代医療」は決して身近なものではない。

それに代わる医療としての伝統医療はどうか。農村では、まず伝統医にかかり、治らなければ病院へ行くという。治療費の多寡で安価な伝統医にかかる優先順位が上がるわけだ。その伝統医たちは、

ムラゴ病院の一画にある診療所

世界保健機関（ＷＨＯ）の行った研修証書などを盾に、自らを近代医療従事者の一人（ハーバリスト／薬草医）として位置づける傾向がある。だが中林伸浩の報告（２００７年）によれば、これは「ご都合主義」的に伝統医たちからライセンス登録料をせしめる手段となっている。つまりは伝統医療も、近代医療の制度のなかで「資源」として濫用されているような事情がある。

　ではこうしたなかで、当の患者たちは「医療」に何を求めるのだろう。一度、友人の医師とスラムに住む中年女性を対象にボランティアの診察（もちろん無料）を実施したことがある。何人かの女性から、事故での怪我の後遺症について訴えを聞き、こちらからは診察後に養生して仕事を休むよう伝えた。しかし、患者はため息をつき、通訳の女性は、仕事ができなければ彼女たちは生活ができないとこちらに詰め寄る。もちろん友人の医師も私も「病気」の診療をするだけで、生活の保障まではできない。だが彼女たちにとっての苦しみは、身体の苦痛だけでなく、生活の苦痛でもある。彼女らは呪医に相談するように（あるいはそれ以上に）、「医師」にそこまでの苦しみの「診断」を求めた。もちろん、「医師」はその苦しみを診断する言葉を持ち合わせてはいない。

　それから知人の医師の診断によって、多数が高血圧に悩まされていることが判明し、高血圧用の薬を処方し、同じ薬を数カ月以上服薬するように彼女たちに指示をしたが、彼女たちが次の週に薬の配布場所にやってくることはなかった。おそらく（伝統医の薬のように）一度の服薬ですべてが解決するものと認識していたからであろう。

もともと、ウガンダにおいて「近代医療」は、人々の救いの手段としてキリスト教の宣教師とともに入ってきた。歴史家のヴォーンによれば、19世紀末に英国教会伝道協会（CMS）の一員としてやってきて、メンゴ病院とマケレレ大学医学部（後のムラゴ病院）の礎を築いたアルバート・クックは、近代医療とキリスト教とを並べ、「アフリカを救う」のに必要なものと位置づけていたという。そして、その注射や外科手術、薬剤などの即効性は現地では異様な熱気を生み、キリスト教布教に大きな役割を果たした。その後にクックの遺志は多くの医学者に引き継がれた。今でもムラゴの丘に建てられたオールドムラゴ病院の薄い青色の屋根の病棟が教会のように立ち並ぶのを見ることができるのは、そうした時代からの近代医療への信仰によるものであろう。また最近では、ウガンダ国内で最も進んだ近代医療施設を備えているとされる私立病院のカンパラ国際病院が、北アイルランド出身のキリスト者であるイアン・クラークによって１９９６年に創設された。

だが、その「救済」のメッセージは右で見たように、齟齬（そご）を含んだままいつのまにか現地の文脈で読み換えられ、場合によっては歪められた形で残っていく。救済を与えようとする者たちの現地の文脈の無理解と、救済を求める者たちの過剰な期待がすれ違い、誤解を重ねたまま近代医療の制度は支援され、運営され、ある意味で誤用されていく。かくして救いのための近代医療は、医療従事者たちのための生活の「資源」となり、必ずしも近代医療にかかる側の人々の「救い」とはなっていない。それがウガンダにおける近代医療の現状であると言っていいだろう。

（森口　岳）

41

ウガンダの輸送機関

★人びとの移動を支えるボダ・ボダ★

ウガンダでは、自転車タクシーやバイクタクシー、乗り合いタクシーが人びとの身近な輸送手段である。自転車タクシーは自転車の荷台に乗客や荷物を乗せ、地形が平たんな一部の都市部において、近距離移動に使われる。バイクタクシーは、自動二輪車の後部に乗客や荷物を載せて輸送し、その搬送料金を受け取っている。バイクタクシーには、インドの企業であるBajaj社製の100シーシーのバイクが使われている。目的地の方向が同じ複数の乗客が1台の車に相乗りして移動するのが、乗り合いタクシーである。乗客の人数で分割できるため、個々の乗客が支払う金額は安価となる。乗り合いタクシーには、トヨタのハイエースのようなワンボックスワゴンやセダンタイプの車が使われている。

乗り合いタクシーは、首都圏や一部の地方都市の幹線道路でのみ営業している一方で、バイクタクシーは燃費が低く、地方都市や郊外、農村でも営業している。また、乗り合いタクシーは、満席になるまで出発せず、乗客が下車した場合には、走行途中でも乗客をしばらく待つことが多い。バイクタクシーは乗客が単独であるか、複数であっても目的地か目的地までの方向が同じである。そのため、乗車すれば即時に出発し、目的地まで停車なく、渋滞のなかでも乗用車などのあいだを縫って移動できる。このような理由から、バイクタクシーは、乗り合いタクシーの運賃より割高であるにも関わらず、ウガンダ各地で普及しており、ボダ・ボダと呼ばれて人びとに親しまれている。

ウガンダ全体におけるボダ・ボダの台数は不明だが、人口約150万の首都カンパラには14万人以上の運転手がおり、約5000か所のステージがあるといわれている。バイクタクシーは、買い物などで必要な時に随時利用する乗客だけではなく、朝夕の通勤・通学などの定期的な移動をする人や、食料品や雑貨などを頻繁に配送する商人にも幅広く利用されている。

ボダ・ボダは1960年代に、ウガンダとケニアの国境に位置する町で始まったとされる。この町にある両国の出入国管理所のあいだにおいて、自転車で人と荷物を運んでいたのが、ボダ・ボダの起源だといわれている。ボダ・ボダという呼び名は当時、自転車タクシーの運転手が国境を歩いて渡ろうとする人びとに「ボーダー　ボーダー！」と声をかけて客待ちをしていたことに由来し、これが「ボダ・ボダ」に変化したとされる。1990年代初頭にはバイクタクシーが生まれ、輸送可能な距離と量が飛躍的に伸びた。

ウガンダでは大学を卒業して正規雇用につける学生は一部であり、農村では、人口の増加によって農地を持たない若者が増えている。ボダ・ボダは、バイクと運転技術さえあれば就業可能で高度なスキルを必要としないため、仕事や農地のない若者の雇用の受け皿になっている。

ボダ・ボダ運転手という仕事はバイクを購入せずとも、親族関係者や友人からバイクを借りてはじめることができるため、半数以上の運転手はバイクを借りて操業している。ボダ・ボダとして使われるバイクは十数万円程度で購入することができ、中古での売買も活発である。ボダ・ボダ運転手業を始める人のなかには、現金収入を得るために農地を売却してバイクを購入する人もいる。また、Centenary Bank のような銀行や Tugende 社のような社会的企業、個人の金貸し業者が個人に対してバイクを購入するためのローンを提供している。多くの場合、ローンの担保となるのは、農地などの土地である。近年では、借主がローンで購入したバイクを担保とする例も増えている。しかし、ウガンダの地方自治体職員や警察の話では、ボダ・ボダ運転手は交通事故の遭遇リスクが高く、農地を売却したりローンを組んでバイクを購入しても、交通事故に遭ってバイクが損傷して営業を継続できず、運転手の手元には何も残らないか借金だけが残るという事態が問題となっている。

客待ち場所からボダ・ボダが乗客を輸送するようす

ボダ・ボダに対する需要と供給が高まった結果、ボダ・ボダの台数が急速に増加し、交通事故の増加や交通渋滞の激化などが起きている。ウガンダ警察の発表によると2022年の全交通事故死者数のうち、バイクの運転手とその乗客の割合が最も多かった。また、JICAの報告書によると、首都カンパラでは、バイクタクシーだけでなく乗り合いタクシーや自家用車の台数が増えており、朝夕の通勤通学ラッシュ時の渋滞が深刻になっており、ラッシュ時にはボダ・ボダや乗り合いタクシーを利用せず、徒歩で帰宅する人も多い。

当然ながら、ボダ・ボダは交通法規の規制を受ける。しかし現状では、運転免許証を取得している運転手や走行時にヘルメットを着用している運転手は一部である。カンパラでは、増え続けるボダ・ボダに対してカンパラ首都庁が登録や規制を施行しているものの、ボダ・ボダの業界団体や運転手たちの抵抗によって効果をあげていない。ボダ・ボダ業界は政治家とのつながりが強く、ボダ・ボダに対する当局による規制が政治的判断で廃止されることもある。

2010年代には、SafeBoda社やUber社から、スマートフォン向けのアプリケーションを使ったボダ・ボダ向けの配車サービスが首都圏で提供された。このサービスでは運賃交渉の必要がなく、蛍光色に色付けされたジャケットとヘルメットを着用した運転手が操業しているため、一見の乗客にとっての便利さと安心感から、運転手と個人的で深いつながりのない外国人や富裕層からの支持を集めている。

2023年のカンパラでは、蛍光色のジャケットを着用した大勢のボダ・ボダ運転手が走行している。その一方で、運転手のなかにはアプリを使用した際に支払う手数料の高額さや、配車アプリ登場以前からある安定した顧客基盤の存在などから、配車アプリから登録を解除する運転手もいる。

ボダ・ボダは市民の移動手段や雇用の受け皿として重宝されている一方で、危険と隣り合わせであり、政治や公的機関、民間企業などといった外部からの圧力に常にさらされている。ボダ・ボダの動向を今後も注視したい。

（大谷琢磨）

V

さまざまな文化活動

42

ガンダ語のポピュラー音楽

★カンパラが夢中、女性歌手ジュリアナのことば★

首都カンパラで流行しているポピュラー音楽の多くは、ガンダ語で歌われている。音楽的には、レゲエ独特のリズムのアクセントを軽くして、手をたたいて盛り上がれるノリやすいテンポにしたものが多数を占める。カンパラで生活していた筆者は、長屋の隣部屋のラジオから、店先のスピーカーから、夜になればレストランからあふれ出すガンダ語の歌をよく耳にした。日常的にガンダ語を使用するこのカンパラにおいて、ガンダ語の歌は、英語やスワヒリ語の歌よりも力を持っているのだ。ラジオから流れればそれに合わせて口ずさむ、クラブに行っても踊りつつ歌う「カンパラ人」たち。彼らに人気のある歌とはどのようなものだろうか。

当時（2007年）誰もが人気を認める女性歌手ジュリアナ・カニョモジなど代表的な女性歌手の持ち歌のサビを中心に、いくつかの歌詞を取り上げてみよう。ジュリアナはガンダ語を母語とするガンダ人ではなく、トーロ人であり、しかもトーロ王の兄弟の娘にあたるらしい。英語の歌も出しているが、やはりカンパラで人気を博すのはガンダ語の歌だ。

いとしい人　恐れないで　私の心は変わらない　そのままのあなたを愛してる
私のものはすべて　今　あなたのもの
あなたを思うたび　わたしは本当にあなたのことを愛してるって感じるの
——『Tobanakutya（恐れないで）』より

ジュリアナは、非常に伸びのあるきれいな歌声を持つ。この曲はバラード調で、女性の愛する強さをひしひしと感じさせる。この曲の後半、彼女は上記のサビを繰り返す際に「飢え　貧しさ　私は恐れない　私はあなたのよさとともにやっていける」と歌い上げる。Blu*3（ブルースリー）という女性3人組の歌にも「強く照りつける太陽、雨、貧しさも私をあなたから離すことはない」（『Sanyu Iyange（私の幸せ）』）、ジュリアナと並ぶ人気女性歌手アイリーン・ナムビルの歌にも「私はあなたのことお金のために愛してるわけじゃない　私はそういうのに夢中なわけじゃない　私はほかの人と違う　私の心が追い求めているのは愛　お金があったら　それで楽しめばいいし　もしお金がなくなったら　強く生きていけばいい」（『Nkuweeki（あなたに何をあげよう）』）とある。これらの歌詞は、逆にお金が恋愛を左右する現実を意識させられる。現に20代の男性に「恋人いないの？」と尋ねると「お金がないのに、どうやって女の子をつかまえるんだ」と返されるし、女性たちは自分

ジュリアナ・カニョモジ
［出所：http://www.ugpulse.com］

の産んだ子どもを学校に行かせる資金と、自分を仕事や買い物に送り迎えできる車を持っている男性をつかまえようと必死だ。

あなたがどんなことを今してもあなたは私にひどい仕打ちをしてきただからこっちから願い下げ
毎日毎夜心が傷つくのに疲れた

——『Nabikoowa（疲れた）』より

恋人に向かって言い放つ歌だ。カンパラでは女が男を非難する歌はなぜか人気が高い。結婚している女性が「なぜあなたは私のことを気にしないのか　子どもたちの父親よ　忘れてしまったの？　私たちは長く一緒にやってきた　私はどんなときもあなたといた　なぜ私のことを気にしないのか　子どもたちの父親よ　こっちを見て　なぜ私のことを気にしないのか　私は心の奥底でいやな気持ちでいる」（『Mwami wange（愛する人／私の夫）』唄：ステシア・マヤンジャ）と訴えたり、「いつの日か私はあなたから逃げ出す　自分のものを荷作りして出て行く　あなたは家のことより仕事に夢中　私は絵のように生活するのに疲れ果てた」（『Njakunoba（あなたから逃げ出す）』唄：アイリーン・ナムビル）と未来形で宣言する。にぎやかなダンスナンバーで、プロモーションビデオでは腰を振りながら「あなたが自分を大きく見せてたから　私は別の人を見つけた　私が手に入れたこの人はあなたより上」（『Bampasudde（わたしは別の人を見つけた）』唄：フィナ・ムゲルワより）と突き放すこともある。上記のジュリアナの歌『Nabikoowa（疲れた）』も「別の人を手に入れたわ」とつぶやいて歌いはじめている。カンパラの若い女性たちは恋人がいようとも、よりいい人を見つけようとしていると話す。また、既婚女性のなかには、たとえば車の中古部品を売る会社を経営する夫を持ちながらも「働いていないと下に見てくるから」といい、自ら商売を営む者もいる。女性たちは、現状に簡単に満足しない。自分の気持ちを聞くことを忘れないようだ。

もしもあなたがうまくいったら、そのことが彼らを傷つける
あなたが手にしたよいものすべてが、彼らを傷つける
彼らは置いていかれるのをとても恐れている、だから嫉妬をする

——『Kibaluma（それは彼らを傷つける）』より

当時（2007年）、一番流行っていたといっても過言ではないこの曲は、リズミカルなダンスナンバーでありながら、人々の持つ嫉妬がテーマとなっている。ガンダ人の友人が「最初この曲の人気はあまりなかったけど、何回も聞くうちにこの歌詞は理解され、人々に受け入れられた」と語っていた。自分の近くにいる人が少しでも得をしたり、自分にはないものを持っていたら、そのことに人はとまどい、ときには抗議し、相手の邪魔をしてしまうのが世の常のようだ。たとえば、数回だけ筆者の部屋でアイロンを借りてかけていた主婦に対して、電気代を払わずに済ませようとしているからやめさせるようにと、近所の誰かから大家経由で筆者に忠告が入ったことがあった。また、実際にはまったく身に覚えのないことを告げ口されたり、せっかく貯めていたお金を盗まれた友人は、「まっ

男性人気歌手ジョゼ・カメレオンの新曲『Basiima ogenze（死んだ後にしか、彼らは君をほめない）』が出たときに街の中心に掲げられた記念ライブの宣伝幕

たくもって本当にkibalumaだ」と語っていた。

クラブでもこの曲は流れる。かかりはじめると待ってましたとばかりに人々はおたけびをあげ、腰を振りはじめる。驚いたのは、小さい子どもの誕生日パーティの席で、筆者がガンダ語の歌を歌うように人々から頼まれて数曲歌ったが、彼らが満足せず、「やっぱりKibalumaを歌わなきゃ」とリクエストされたときだ。そのとき大人はもちろん、下は4~5歳の子どもたちまで大声で歌ってきたのにはたまげてしまった。「友よ　私は泣いて泣いて疲れきってしまった　そんな人々はどっかに追い出してしまえ　気にすることない　彼らはとても嫉妬深い人々なんだから」（『Kibaluma』より）。彼らは、歌って踊って、ジュリアナが提示する「彼らのことを気にするな」という勧めにうなずく一方で、自分自身が持つ嫉妬心は捨てられない。だからこそこの曲は人気曲になったのだろう。

（本章は、歌詞の聞き取りと翻訳を行ったスティーブン・マクンビ氏、筆者の歌詞の意味に関する疑問にていねいに答えたリヴィングストン・ントゥームワ氏の力添えがなければ完成しなかった。両者に感謝の意を表したい。）

（大門　碧）

43

カンパラのエンターテインメント最前線

★カラオケの登場!?★

大音量で流れる音楽、露出度の高い服で踊り狂う若い男女、そして歌う。歌う……？　同じパフォーマーが別の曲でまったく違う声色を出したとき、ようやく気づく。歌ってない、口パクしてる。このショーはカンパラの人々から「カリオキ」と呼ばれている。マイクを持ったパフォーマーの口元の動きは、鳴り響く歌声とたまにずれる。しかしパフォーマーたちは、ずれようとも堂々と、「歌っているような雰囲気」をかもしだし続ける。パフォーマーたちは、テレビで放映される歌手たちのプロモーションビデオを意識しているようだが、モノマネを目指すわけでもなく、身体を自由に動かしながらマイクを握る。ふと気づく、このショーの名称「カリオキ」は……あ、もしかして「カラオケ」？

夜間に外を歩き回ることが困難だった時代から一転して、現在のカンパラでは毎晩0時を過ぎるまで、週末は朝方まで、バーやレストラン、クラブなどの盛り場へ、庶民の出入りは続く。それらの店で披露されているのがカリオキで、ステージ上で若者たちが音楽に合わせてさまざまな演目を披露していく。スピーカーから流行りの歌を流し、口パクで「歌う」ほかに、

バーの前に置かれた看板。「今晩はサッカー中継、火曜日はカレオケ（本文では人々の発音に近い「カリオキ」と表記）」と書かれている

衣装と振りつけを合わせて踊るグループダンス、同じく口パクしながらもマイクを持たずに、歌詞の内容に合わせて演技をしたり、おかしな動きをして人々から笑いを誘う芝居などが披露される。使われる曲は、地元のガンダ語のポップス、隣国ケニアやタンザニアのスワヒリ語のポップス、リンガラダンスを踊るときはコンゴのリンガラ音楽、そして西欧の歌手たちの英語で歌われるバラード（特にセリーヌ・ディオンは大人気！）、アメリカやジャマイカの速いテンポのダンスホールミュージックなど。さまざまな音楽を使用するこのカリオキの客層は10代後半から30代にかけての男女が中心だが、クリスマスのような祝祭日には子ども連れ、民族衣装をまとった年配の人もやってくる。そんなときには、火がついている紐の下をくぐり抜けるといった大道芸や、民族舞踊（特にガンダ）も繰り広げられる。まさに地元から世界に及ぶ音楽やダンススタイルを取り込んだエンターテインメントが、カリオキなのである。

カリオキの語源となるカラオケがカンパラにはじめてやってきたのは１９９６年。バーで開催されるようになったカラオケ大会において、若者たちが披露したのは歌声だけでなく、アメリカの歌手たちの曲に合わせてアメリカのスタイルをまねしたダンスも含まれていた。その後、若者たちはダンスグループを結成して盛り場を回るようになった。２００３年、それまでＮＧＯの下部組織として学校で青年たちへ啓蒙活動を行う際にパフォーマンスをしていたグループが、資金不足のためにレストランやバーでショーを始める。彼らのショーでは、啓蒙活動の際に編み出した、地元の言葉を使った歌を口パクで歌うパフォーマンスも披露された。このグループのパフォーマンスに影響を受けて、それまで西洋の音楽のダンスをまねすることに夢中だった若者たちの間に、地元の音楽を使って歌詞の意味するところを身体で表現しながら口パクしたり、歌のなかで展開される物語（たとえば、女が新しい男を手に入れたから前の男に別れを告げる）をその役を立てて演じる（たとえば、女、新しい男、昔の男、と3人登場して、女が昔の男をつっぱねたり、新しい男と仲むつまじい様子を昔の男に見せつけたりする）パフォーマンスが浸透していくようになった。この過程で、盛り場で若者たちがパフォーマンスするもの全般が「カラオケ」ないしは「カリオキ」となまって発音されるようになっていったと推測される。

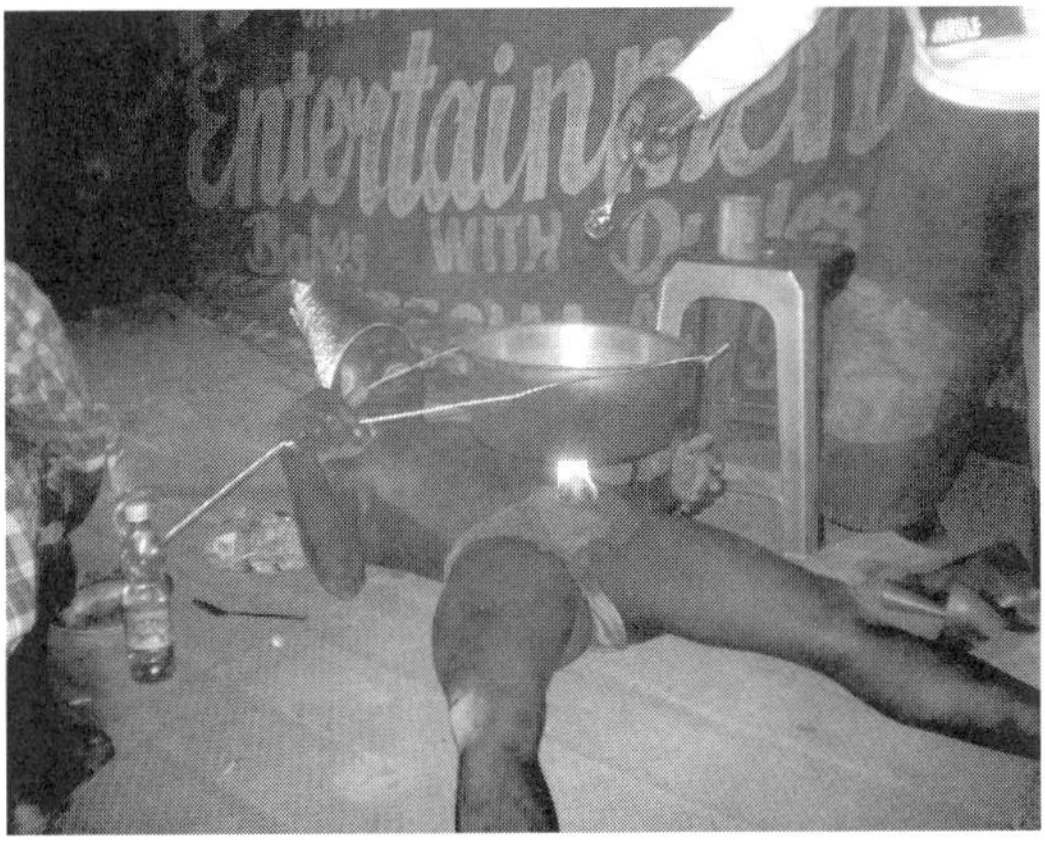

カリオキで見た一番衝撃的な「卵焼きをつくる」パフォーマンス

現在見られるカリオキは夜の盛り場での出し物であり、身につけている衣装の露出度が高いこともあって、パフォーマーの若者たちの社会的信用度は低い。教育のない若者たちととらえられることも少なくない。だが、実際のパフォーマーたちの出身民族、学歴などの社会背景は一様

口パクで見せる美しさ［Nakakulu Shania Natasha 撮影］

ではない。大学に通いながら娯楽でやる者もいれば、子どもを育てるための日銭を稼ぐ者もいる。この社会的背景の多様さは、ショーを担う10人前後で構成されるグループのなかにも見られる。グループごとにレストランやバーと契約を交わし、レストランやバーの前には、その日にやってくるグループの名前を書いた幕が掲げられる。公演場所にパフォーマーたちがやってくるのは、夜7時ごろ。化粧や着替えをしながら、当日のプログラムを組み、ショーを開始するのが9時ごろ。グループのメンバーでなくても、パフォーマーの人数が少ないときや祝祭日など客が多い日には別のパフォーマーが飛び入りでやってくる。客が自分もやりたいと楽屋に申し出にくるときもある。舞台上では、客がパフォーマーにチップを渡しに、もしくは一緒に踊りにステージにあがりこむこともある。パフォーマーたちはそんな突然の変化に対応しつつ臨機応変にショーを組み立てていく。夜中0時すぎ、ショーを終えたパフォーマーたちは、道端で売っているフライドポテトや卵焼きをほおばった後、乗り合いタクシーやオートバイタクシーを使って家路につく。

２０１０年現在、世間では下に見られがちなカリオキを担う若者たちは、さらに別のエンターテインメント業界へと活動範囲を広げている。カリオキで、客を笑わせる芝居をすることを得意としたり、パフォーマンスの途中でおしゃべりをして客と交流をはかるMCをしていた者は、ラジオのDJとして活躍したり、コントを撮影してDVDを製作・販売したり、テレビでの放映を始めた。カリオキの際は口パクであっても、舞台で客の気を惹くパフォーマンスに長けた若者たちのなかには、自分の歌をつくってミュージシャンとしての一歩を踏み出した者もいる。大きな劇団に入って、演技力をきわめていく者もいる。ダンスに目覚め、ヨーロッパでレッスンを受け、劇場のステージで芸術的な身体動作を編み出していく者もいる。このカラオケならぬ総合エンターテインメント、カリオキは、「楽しいもの」を生み出そうとする若者たちのパワーで満ちあふれ、今夜もカンパラを眠らせてくれない。

カリオキを担う若者たち

（新型コロナウイルス感染症対策として、2020年から約2年間、夜間外出禁止令が発令され、ウガンダのエンターテイメント業界は大打撃を受けたが、2024年時点で首都カンパラにおいてカリオキが上演されていることを確認している。）

（大門　碧）

コラム11

カンパラ育ちのサバイバー

大門　碧

2006年、はじめて私の前に現れた彼は仕事をしていなかった。当時の私の日記によると「風貌はあやしいけど、とりあえずなんかフィーリング的にいいなー」と思ったらしく、彼は私のガンダ語の先生になった。両親はガンダ人、カンパラ育ち、私と同い年（当時25歳）の彼の人生は、日本でぬくぬくと育った私とは大きく違った。5歳のときに母親を亡くし、父親と新しい母親にひどい扱いを受けるようになった彼は、小学校5年生の1学期の途中で、我慢できず家を出た。それから3年間、小銭を稼ぎながらストリートで暮らした。

「あるとき友だちから、大きな家を持っている女性を紹介してもらった。その女性のもとで、ハウスボーイとして働いて1カ月5000シリングもらって暮らすようになった。でも、お金を貯めても、その女性が盗む。そこで、女性に買い物を頼まれたときに渡されたお金を少しずつ盗って貯めて4万5000シリングになったときに、そこから出たんだ」。

彼はその後、マトケと鶏と砂糖を手に、家族のもとに戻ることにする。父親はまた違う女性と暮らしていたが、頼み込んで小学校5年生からやり直すことにする。しかし女遊びにお金を使う父親に学費をすべて頼ることはできず、彼は自分の力で解決しようとする。

「中学1年生のとき、父方のおばあちゃんの村に行って、畑仕事を手伝った。おばあちゃんが『よく働くね』と言ってくれて自分がとったコーヒー豆をただでもらった。それを売って学費にしたんだ。あるとき、ある会社が自社商品のガムの包み紙を集めて送れば、抽選で学費と大きな時計がもらえるという企画をしていたんだ。そこで、道に落ちている包み紙や友だちがくれた包み紙を集めて応募したら、なんと当選したんだ。会社から父親に連絡が入り、50万シリング当たったと聞いた父親は、喜んで女を呼んで酒を飲んでた。でも僕は、父親には9万シリングだけ渡して、残りを友だちに預けたんだ」。

彼は中学を終え、大工仕事を始めるが、自分の面倒を見てくれていた人が死んで職をなくし、一緒に住んでいた友人がいなくなって住む場所もなくなる。友だちのところに1週間ずつ泊まり込む生活をして、仕事がなかったため、歩いて友だちを訪ねて、金や食べ物をねだった。こんな状態のとき、彼は私に出会った。彼は私にさまざまな職探しや金儲けの話を展開した。ラジオ番組でしゃべる仕事に就こうとラジオ局に面接に行ったり、映画の脚本を書いてそれを売るために著作権を取得しようと、マイクロファイナンスにお金を借りに行ったり、ある会社のCMを撮影してそのテープをその会社へ売り込みに行く計画を立てたり。ラジオ局は、採用してもらうための賄賂を持ち合わせておらずオジャンになり、マイクロファイナンスでは、最初に保証金として払うために用意した金が途中で偽札にすり変えられてしまう。そしてビデオ撮影を使った就職活動のとき、彼は私のビデオカメラとともに忽然と姿を消した。彼をいつのまにか信用しきっていた私はすっかりしょげて帰国した。

２００７年、再び調査のためにカンパラに戻った私は彼の携帯電話にかけてみた。すると、彼はひょっこり姿を現し、ビデオカメラの件に関して、白人（私）といつも一緒にいた彼に嫉妬した友人たちに頼まれた偽の警察が、カメラと携帯電話を奪い取り、連絡がすぐできなかったと弁解した。本当のことはわからない。カンパラの他の友人たちは、彼は嘘をついていると一様に私に言い放った。しかしそれでも、彼の前に進もうとするエネルギーに惹かれて私は彼に会い続けた。そして、2009年、彼は働いていた。

「レストランで守衛をやっていた友だちが呼んでくれて、シェフのアシスタントとして働きはじめた。でも給料は多くなかった。月給9万シリングだったし、2カ月遅れたうえに、月給の半額ももらえないときもあった。そこで、そのレストランから食材を少しずつ持ち出して別の場所でも料理をして売りはじめたんだ。でもそのことを告げ口されて、レストランで働けなくなった。だけどそのときには自分の料理を食べにくる客がすでにいたから、市場の一角を借りてピラウ（香辛料が入った炊き込みご飯）屋を始めたんだ」。

2010年3月現在も彼は市場の片隅でピラウをつくり続けている。その場でも食べられるし、テイクアウトも可能、出前もする。客の「後で払うわ」という言葉を受け入れ、客から料金を回収しそこねることもある。市場で買い出ししたものをそっくりそのまま盗まれることもある。仕事の困難は尽きない。

「僕は自分の仕事を始めたんだ。みんなは僕のピラウを気に入っている。自分は闘っている。問題は、資金を増やしていくことだ。自分のしたいことは、そのへんを歩き回って、金を乞うことじゃない」。

彼がいつもポケットに入れている紙切れには、自分のピラウ屋を拡張するために投資してくれた友だちの名前と投資額が書かれている。さまざまなことを思案して、人に頼ったり、裏切られたり、そしてときには人をだましたりしながら、彼は今日もピラウの注文をとりに颯爽と市場の風を肩で切る。そんな彼は、これまであったこと聞いたこと全部含めてもやっぱり「フィーリング的になんかいい」のである。

44

伝統音楽と舞踊

★酒とドラムと男と女★

筆者がウガンダに来たのは、政府の開発支援にかかわる仕事を通じてであったが、開発といえばウガンダに限らず、金と欲望が渦巻く世界であり、国民の税金が適正に使われるように監視する毎日は、愉快なことばかりでもない。ストレス解消にドラムを叩いてみたいと思っていたところ、マケレレ大学音楽・舞踊・演劇学部の存在を知り、大学内の倉庫で、古びた得体の知れない楽器たちに囲まれレッスンを受けることとなった。以前に日本でピアノを習っていたとはいえ、西洋音楽とは違うまったく新しい音楽体験に惑わされつつ、その豊かな魅力にはまってしまった。本章では稽古を通じて出会った、ガンダ人の伝統音楽を中心とした舞踊や楽器を一部紹介したい。

26以上の民族を持つウガンダでは、それぞれに口承で伝えられてきた音楽と舞踊があり、ときに隣接する他の民族と影響を与え合い、植民地支配者の音楽文化や教会音楽とも接触しながら今日「伝統音楽」と見なされる形がつくられてきた。アフリカの他の地域でも見られることであるが、ブガンダ王国では宮廷内に楽師団を擁し、ドラムは王の権威を象徴するものとして扱われていた。また、ドラムは踊りをつかさどり、音楽と舞踊

バキシンバ・ドラムを演奏するピース・アフリカ・チルドレン・アンサンブルの少年たち

は切り離せないものとして存在してきた。

「バキシンバ」という、結婚式や各種祝いごとに欠かせない、ガンダ人にとって重要な舞踊がある。その由来は、伝説によると次のように語られている。王が従者のつくったバナナ酒（トント）を飲んだところ、あまりにおいしくて飲みすぎてしまい、へべれけになり千鳥足で歩き出した。宮廷楽師たちは王が泥酔していることをまわりに悟られまいと、その足取りをまねて踊りだし、これがバキシンバの踊りになった。ガンダ人はバナナを主食としてこよなく愛するが、踊りの名前「バキシンバ」は、バナナを植えた人々への感謝を表しているともいわれる。

バキシンバのドラムは主に、手で叩く、メインリズムを担う円すい型の「ンブトゥ」と拍を刻む「ンプーニ」、バチで叩く小型の「ナムンジョロバ」（以上牛皮を使用）、そしてオオトカゲの皮を張った鋭い高音を出す円筒形ドラム「ンガラビ」から構成される。

1960年代に王政が廃止されるまでは、ドラムの演奏はほぼ男性に限られていた。ドラムと権力とは密接に関連づけられ、ガンダ社会で社会的に男性より低い立場と見られる女性がドラムを叩くことは、その関係性を逆転させる恐れがあり、禁忌とされた。その後、優秀な女性のドラム奏者が現れたが、周囲からは「女」と見なされず、結婚できないケースもあったという。

筆者の音楽実技の先生であり、若き才能あふれる音楽家のロナルド・チビリゲ氏が率いる少年少女伝統音楽グループ「ピース・アフリカ・チルドレン・アンサンブル」でも、ドラムを叩くのが男の子たち、それに合わせて踊るのが女の子たちであった。女の子がドラムを叩くことを禁じているわけではないが、「何となく」女の子は近づかない。また実際にドラムを習ってみると、とてつもなくパワーが必要な楽器である。ンブトゥでメインのリズムを叩くと、周囲の男の子たちのンガラビやナムンジョロバの音にかき消されて聞こえなくなり、しかも盛り上がるにつれかなり速いテンポとなるので、いつの間にか自分だけが取り残されてしまう。「ピース・アフリカ」のメンバー、高校生のトーマスいわく、「ドラムを叩くときは女であることを忘れるんだ！」。ドラムの演奏を意味するガンダ語は「クバ（打つ・叩く）」であるが（なお、この語はドラム以外の楽器にも用いる）、その言葉が意味するように、情熱とエネルギーのほとばしりのようなものに重きが置かれており、確かに女性が男性の打撃力と張り合うのは容易ではないとも思えてくる。

こう書くとまるで女性はまるっきり弱くて力のないように聞こえるが、そんなことはない。女性がドラムに合わせて行う踊りに要するエネルギーと持久力も相当なものだ。バキシンバ舞踊で重要なことは、腰を非常になめらかに動かすことである。脚は高く上げずに、腰を落とした状態で連続的に長時間振らねばならず、元来運動オンチの筆者が挑戦するとたちまち脚がつった。日本の尺八の習得が「首振り3年」を要するならば、こちらは「腰振り3年」である。伝統的には、結婚前の花嫁がこれを踊って、腰のなめらかさを見て女性として成熟しているかどうかを親族が判断する儀式があり、バキシンバは「女性らしさ」を象徴する踊りと見なされてきた。しかし当地の女性たちといえば、朝早くから夜遅くまで、水汲み、料理、畑仕事に子どもの世話と働き続ける、タフな人々である。女性がドラムに触るのを禁じた男性は、ドラムを叩く女性がやがて男性をも叩きつけるのではないかと恐れたのであろうか（バキシンバの踊りの様子は、カバー折り返しの写真を参照）。

さて、バキシンバではドラムと舞踊に器楽アンサンブルが加わるが、「アマディンダ」と呼ばれる通常12鍵の木琴はその代表的な楽器である。なお、昔の木琴は、地面に穴を掘り、両縁にバナナの茎を敷いて木の鍵盤を渡し、地中を共鳴胴として7～8人もが一緒に叩いて音を組み合わせていくダイナミックなものであった。また、木琴に限らず、ワンパターンな演奏は嫌われ、一つの音型を理解したら、それに基づいて即興することが求められる。たとえばガンダ音楽では、「オクナガ」という奏法があり、右手が旋律を奏でる一方、左手は不規則に複数の鍵盤を「さまよ」わなければならない。ロナルドによると「不確定さの美学」なのだが、西洋クラシック音楽の固定パターンの伴奏に慣れた筆者は「どうさまよえばいいのか」途方に暮れてしまう。

もう一つの主な楽器は、「エンディンギディ」という円筒形の胴を持つ一弦の弦楽器で、ウガンダ各地で名前を変えて見られる。木の共鳴胴にヤギやトカゲなどの革を張り、サイザル麻を弦・弓として使う（現在、弦はナイロンや金属も使用）。うまく弾くと柔らかく哀愁を帯びた響きがして、これを片手に窓辺で愛をささやけば効果絶大であるに違いなく、ウガンダ人に好きな楽器を尋ねるとこの弦楽器をあげる人が多い。

忘れていけないのは「声」。ドラムの大音量に負けない声量で、即興の歌詞をつけて歌われる歌に加え、高音で「アイヤイヤイヤイヤー！」と歓声を上げる発声（ユルレーション）がある。この発声は、めでたいことがあるとその場の人々（主に女性）から出るもので、筆者が仕事で農村の小学校の完成式典などに行くとよく遭遇した。また、音調言語であるガンダ語の性質はドラム・リズムの習得方法に反映され、たとえばバキシンバの一部を構成するムウォゴラという踊りでは「ヤスゼ　ムチブガジョ（彼は昨日街で寝た）」というフレーズを唱えながらリズムパターンを覚えるが、慣れるとあたかもドラムがしゃべっているように聴こえてくるから不思議なものだ。

バキシンバの6拍子のリズムは、ポピュラー音楽や教会音楽など、他のジャンルにも形を変えて生き続けている。ある日カンパラの劇場で地元のアマチュアグループによるジャズのコンサートがあった。スイングしようとしているが、ツービートだと微妙にノリが悪い。ところが途中で6拍子に変えたところ演奏者も歌手も途端に生き生きとしはじめたのであった。その土地の人々の体と心に根差したリズムを感じながら、自分がどこかに置いてきたリズムを探してみる。伝統音楽の面白さというのはそういうところにあるのだろう。

（原田靖子）

エンディンギディを演奏するピース・アフリカ・チルドレン・アンサンブルのメンバー

（注：文中の人物の所属や肩書は、2010年時点のもの。）

45

演劇文化

★時代を映し、社会を動かす★

本章では、ウガンダの近代史を、演劇文化の発展から振り返ってみたい。

保護領化される以前から、ウガンダにはそれぞれの地域や民族固有のパフォーマンス文化があった。結婚式や葬式の際に村で行われる舞いや音楽、また子どもたちに慣習や知恵を伝えていく物語や歌が披露されてきた。これらは書かれたシナリオもなく、上演内容も上演の場も生活と地続きであり、劇場のように区切られた空間ではなく、人の往来が盛んなところで行われ、観ている者もまた演者となって参加できた。一方で、たとえばブガンダ王国では、王の娯楽のために特別に訓練されたプロの音楽家が雇われており、楽器演奏や歌を吟じ、宮廷での祝祭には、それぞれのクランを代表するプロのダンサーが舞った。

イギリスの保護領化の過程で、イギリスの演劇文化がウガンダに入り込んできた。学校や大学のカリキュラムには英語劇、特にシェイクスピアの劇を上演することが勧められた。この劇を、子どもたちが実践し、親や近所の住民が観にくることで、人々にイギリスの演劇文化の形式、つまり観る者と演じる者が分かれており、観る人の反応は制限されているという演者／

劇場ラ・ボニータでの劇団 Ebonies の練習風景（カンパラ）

オーディエンス二分式の観劇様式が伝わることになった。そのうち、いくつかの学校は、地元の伝説や神話を劇にして上演するようになる。これはウガンダの言葉で行われ、台本なしで即興的に行われた。また、物語の筋に関係なく、人々を笑わせることを目的として、教師の特徴的な動きや、有名人の話す仕草をまねするモノマネのパフォーマンスも行われるようになった。

学校の外でも、演劇が活用された。1947年、政府の社会福祉部が、それぞれの県で、衛生、作物管理などについて村人たちを教育するための劇を始めたのである。こうした劇は、社会福祉部が配ったラジオから放送されるドラマともなり農村の人々にも知られるようになった。この手のガンダ語のラジオドラマのなかで、カペレというキャラクターが、一躍人気者になる。社会的地位を向上させ、お金を稼ごうとする熱意と飛び抜けた楽天主義を持つ彼は、社会をこれまでにない方向に発展させる潜在力を人々に感じさせたのである。さらに、カペレの気まぐれな性格や冒険心、度重なる災難、全編を通した彼の誇張表現は、演劇のなかでもお笑いのジャンルを開拓することになる。

さらに、キリスト教会も、伝統儀礼のパフォーマンスを野蛮だという理由で廃止しようとする一方で、演劇を福音伝道の道具として導入した。学校で行われた英語の宗教劇は、非キリスト教徒や非英語話者の親をも魅了した。教区（parish）や地元のコミュニティでも宗教劇は実施された。あるガンダの村で披露されたキリスト誕生劇は、村で飼っている本物の牛を登場させるなど、聖書に書かれた物語が、その村で起こった話として表現された。観客である村人たちは、舞台上に村の生活を見ることで、聖書の内容を自分たちにひきつけて理解することができたのである。

イギリスから入ってきた新しい刺激（教育制度、開発志向、キリスト教）は、演劇文化に強く影響を及ぼした。そして地元の人々は、そうした影響を受けて上演されるようになった演劇を再び彼らの生活文化に埋め込んだり、その場で演劇を生み出していく即興性といった形式を絶滅させることなく、むしろ有効に残しながら、新たなる演劇文化を生み出していった。

独立後の1960年代にウガンダ演劇は「黄金時代」を迎える。その契機となったのは数々の演劇コンクールである。1947年にカンパラのマケレレ大学英語科主催の学寮演劇コンクールが開始され、学寮の学生たちがオリジナル劇をつくり、競い合った。1957年には学校演劇コンクール、1960年にはウガンダ国立文化センター（UNCC）主催の学校の外の劇団を対象とした演劇コンクールが開始され、1963年にガンダ語での演劇も受賞の対象となった。また、1964年には、大学生たちによって学校内で培ってきた演劇を学校の外へと広めることを目的としたマケレレ自由巡業劇団が開設され、国内をめぐり現地の言葉も使用して公演を行いはじめた。

１９６０年代に活躍した演劇人たちは、開かれた民主主義社会を目指す芸術家として、一般民衆に対して考えを述べようとした。しかし、オボテやアミン政権の抑圧は、政治意識を持ったアーティストたちを、国外へ追いやったり、沈黙させたりした。また、アミン政権下の１９７０年代にはアジア人の追放と、イギリス人をはじめとする外国人コミュニティの撤収、英語を使うウガンダ文学の代表的作家の亡命などが相次ぎ、英語の演劇上演は縮小される。こうしてこの時期には、政治的社会的問題をテーマとせず、家庭内コメディや愛の駆け引きといったテーマのガンダ語の演劇が優勢となった。かつて政府の社会福祉部によって始められた教育劇も、オボテ・アミン体制下において、政府役人が訪問する際の娯楽のための地元のダンスパフォーマンスをする役目に変わっていった。マケレレ自由巡業劇団もまた、村を巡業してアフリカや外国の戯曲を各々の地域の設定に変えて行い、観客が題材について議論するようになるなど大きな反応を得るようになっていたが、１９７０年代半ばにアミン政権の制限下で活動停止に追い込まれた。

全国規模で行われるパフォーマンスコンクール決勝の様子
（ビール会社セネター主催、マシンディ）

　１９８６年にムセベニ政権が成立した直後には、４００以上の劇団がウガンダ劇団協会に登録された。その後、現在にいたるまでの一般的なウガンダの演劇の特徴は、都市や都市近郊の地域での大衆商業演劇となる。ほかに、保護領時代に社会福祉部が始めた教育劇が、たと

病院で行われる演劇。「エイズになっても人生は終わりではない」というメッセージが込められていた（トゥシトゥキレワム PIDC 劇団の公演、カンパラ）

えば、ＨＩＶ感染の予防対策を広めたり、エイズ患者に対する差別の実態を話し合うきっかけをつくるといった、現在直面している問題解決を目的とする演劇として発展を遂げ、農村部やカンパラのスラムの地域で行われている。また、独立教会が演劇を信徒たちの集団アイデンティティの形成や新しい信徒獲得のために重要だと考え、１９８０～90年代にかけて教会や大学で芝居を上演し、人気を呼んだ。これらの劇は伝道目的である一方、教会が都市のスラムや村に位置していたため、恵まれないコミュニティの現実に人々の目を向けさせた。さらに、２０００年代に入って、治安の安定、経済生活の向上を背景に、レストランやバーのステージで若者たちが実施しはじめた見世物も無視できない人気を集めてきている。

ウガンダの演劇様式は、ときの為政者と民衆たちの反応がダイレクトに作用して生成されてきた。そして同時に、人々に社会を見るための新たな視点も提供してきた。社会を生み出す重要な一要素として演劇をとらえ、その内容、公演形式を含めて、観察していく必要があるだろう。

（大門　碧）

コラム12

ウガンダの劇作家たち

大門　碧

◆ロバート・セルマガ（1939～1980年）

1970年代にウガンダ出身の劇作家として国際的に評判を集めたのは彼である。

アイルランドへの留学から帰国後、学校に通わなくなった若者たちを集め、自分の家に住まわせ、ロシアの演出家スタニスラフスキーの様式にのっとった訓練をさせる劇団アバフミ（＝ストーリーテラーの意味）を立ち上げた。セルマガの劇作品は、世界中の演劇人たちの作品を参照しながら、当時のウガンダの実態を表現したものだ。たとえば、アイルランド出身のフランスの劇作家ベケットの不条理演劇『ゴドーを待ちながら』の影響を受けて『マジャングワ』（1971年）をつくり、自らも主役マジャングワとして国立劇場の舞台に立った。この作品は、かつて栄光に輝いていたパフォーマーだったが現在は道端でポルノショーをしてわずかな金を稼ぐマジャングワと彼の妻が、期待や理想が裏切られたことやそれに対するいら立ちについて話す60分の芝居である。何も事件が起こらず、舞台上で終わりなく「現在」が繰り返されるこの作品は、不条理劇の姿を借りて当時のウガンダ社会の停滞を表している。

アチョリの伝説をベースにしている『レンガ・モイ』（1972年）では、国家に忠誠を尽くすために村のしきたりに背いたため、子どもを殺され、その敵討ちに出かける主人公レンガ・モイを描いた。この劇では、当時の大統領アミンは、ブガンダ王を追い出しブガンダを脅かした前大統領オボテから、政権を奪ったけれども、その後、民衆に平和をもたらしてはいないことが表された。また、人々がいくら社会に尽くしても救われない現実を描いているとも指摘されている。さらに『アマイリキティ』

『レンガ・モイ』の公演風景［出所：1981年の国立劇場のカレンダー］

（1974年）は、45分の上演の間たった17語しか言葉を使わず、主に身体の動きと言語ではない発声や音だけで作品が構成されている。発話障害のある棺桶つくりのみが台詞を発することで強制された沈黙が表現され、絞首台にぶらさげられた死体は、死が身近にあるイメージを生み出した。セルマガは、言葉を使わず恐怖の重さを伝えようとしていた。

このような台詞を極力排したパフォーマンスを優先させる方法によって彼は当時の検閲をかわすことに成功した。しかし、彼の政治的メッセージを複雑な記号や英語の言い回しで表現する不条理演劇や、言葉を使わず身体のみで表現する演劇はウガンダ国内ではそれほど観客の支持は得られなかった。彼の演劇はむしろ、ヨーロッパの演劇フェスティバルで評価を得た。世界レベルで人間社会とコミュニケーションをすることに挑戦するアフリカ演劇の未来像を実現させようとした彼の熱意が、国際舞台で勝負可能な演劇を発展させたことは確かである。

◆バイロン・カワドゥワ（1940～1977年）

カワドゥワは、ウガンダの民族語の一つ、ガンダ語劇の育ての親の一人である。

彼は1957年に学校演劇コンクールを開始し、1963年には国立劇場を運営するウガンダ国立文化センター（UNCC）が毎年主催する演劇コンクールにガンダ語でパフォーマンスする部門を加えたのである。そして彼自身もまた、1964年に自身の劇団カンパラ・シティ・プレイヤーズを立ち上げ、ガンダ語の芝居をつくっていく。『聖ルワンガ』（1969年）では、1877年の宣教師団の訪れから1900年のブガンダ王国がイギリスとの間にブガンダ協定を結ぶ間までのチーフと王や、王国とイギリスとの間の権力争いについて描きながら、当時のオボテ政権を風刺した。また、彼は王国の君主制も国家の統率力を欠く要因として批判したとも指摘されている。1973年には国立劇場の芸術監督に就任し、1977年、ナイジェリアの首都ラゴスで開催された「ブラック・アフリカ芸術文化祭」（FESTAC）にウガンダ代表として参加し、『若いおんどりの歌』を上演した。この作品も時代背景は19世紀半ばに設定されているが、描かれる内容は独立直後のウガンダの政治家、すなわち、伝統を道具として使い大衆を自分の味方につける一方、実際は伝統を

バイロン・カワドゥワ（左）の外国でのツアーの様子
［出所：1981 年の国立劇場のカレンダー］

重んじず大衆をさげすみ、私腹を肥やすことしか考えていない実態を暗示するものだった。この作品の上演の際、カワドゥワはブガンダの王宮の外で使用することが禁じられている歌や楽器を用いたのだが、これに対し演劇関係者たちはブガンダ王国のタブーを壊すことで、暗にオボテ政権がブガンダ王国を襲ったことを非難しているのだと指摘している。政治的なメッセージを演劇に込め続けたカワドゥワは、しかしラゴスから帰国後、国家情報局に逮捕され、殺害される。

彼に待ち受けていた死は、彼が取り組んだガンダ語劇が与える民衆への影響力が大きかったことを悲しくも証明してしまっている。

◆アレックス・ムクル（1955年〜）

最後に、現在も現役で活躍するムクルを紹介したい。1970年代に演劇活動を開始した彼は、ウガンダの女性演劇作家ローズ・ンボワの作品『母なるウガンダと子どもたち』（1986年）の影響を受けた演劇人の一人である。ンボワは、民族主義に警鐘を鳴らし、多様な民族や言語を超える演劇様式をとらねばならぬとして、台詞よりもダンスや動きを通しての表現を重ねた。ムクルもまた、音楽、ダンス、歌、動きを混合した「総合演劇」のスタイルを継承しながら歴史を読み解くことで、現代ウガンダが抱える困難の原因を見つけ出そうとした。

『バナナの30年』（1990年）は、市場、国立博物館、サッカースタジアムと三つの異なる場所へと場面を展開させていき、1962年以降の独立の歴史を振り返る。市場では、バナナが腐った臭いがする。つまり伝統社会ではすべての部分を使うことができるバナナを大切にしていたのに、現代のリーダーたちはバナナを遅れたものと見なし、大切にしていないことが示される。国立博物館では、今までの政治のリーダーたちの胸像は並べられているが、それらは

『バナナの 30 年』の 2007 年の再演風景
（国立劇場、カンパラ）

すべて耳がない、これは民の声を聞かなかったことを表現する。サッカースタジアムでは独立後に訓練されたナショナルチームはいまだプレイを始めない、これは政治が機能していないという状況を表している。２００７年11月、カンパラで行われたイギリス連邦首脳会合の開催式典では、ムクルが製作した『自己実現へむけてのウガンダの旅』と題した30分弱のステージパフォーマンスが披露された。観客に包囲された楕円形の舞台で、60名を超える役者が身体の動きと歌を使って、アフリカの植民地以前から植民地時代を経て現在に及ぶ歴史を立ち上げた。来賓として迎えられていたイギリス女王の目の前で展開されたこのパフォーマンスは、当時繰り返しテレビで放映されていたが、その画面を通しても十分、ウガンダをはじめとしたアフリカの人々のしなやかさ、強さが伝わってきた。

現在、ウガンダの政情は安定し、劇作家たちは芝居を通して政治的なメッセージを強く打ち出そうとはしていない。しかし、将来、どんな状態が訪れてもそれらに対応し、批判する作品が生み出される下地があることを、これまでの劇作家たちの仕事を眺めると強く感じることができる。

46

文学

★オコト・ビテックを中心に★

ここではウガンダ内の数多い民族諸語であれ、旧宗主国の言語（英語）であれ、文字に書き記された文学作品（Literature）を総称して「ウガンダの文学」と呼ぶことにしておこう。したがって、民族諸語で語られる伝説、昔話、叙事詩、歌謡、各種の言語遊戯など、豊穣な口承文学（Orature）の伝統は除外する。

そうすると、「ウガンダの文学」の特徴は何か、それには独特な性格があるのか、たとえば隣国の「ケニアの文学」や「タンザニアの文学」とは、どこがどう違うのかといったことが問題になるかもしれない。しかし、このような問題設定は、時期尚早というのが私の見方である。

現代アフリカ文学の百科事典ともいえる『アフリカ文学コンパニオン』（ジェームズ・カリー&インディアナ大学出版局、2000年）によれば、全部で343名の作家をリストにあげているが、うちウガンダの作家は16名で、たとえばケニア（20名）、ジンバブエ（28名）と比べて意外に少ない（同書には、タンザニアの作家は6名しかあがっていない。スワヒリ語で書く作家がほとんど無視されている）。

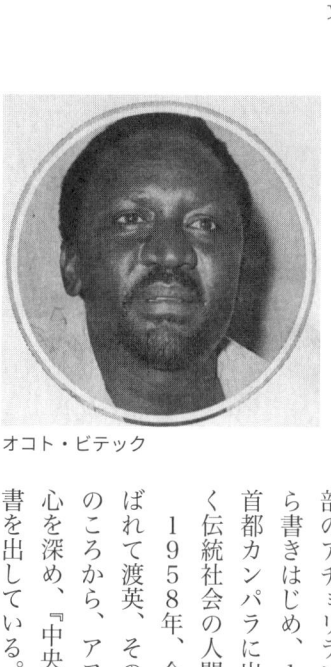

どの国においても、アフリカ人作家（一応、南アフリカなどの白

人作家を除く）の文学的営為は、20世紀アフリカの政治的・文化的ナショナリズムの重要な一翼を担ってきたし、作家たちは独立の前後を通して、国別というよりも、むしろパンアフリカ的、真の意味でのコスモポリタンな位置に立って書いてきたように思う。ウガンダの作家も例外ではなかった。確かに、国別・民族別の文化伝統や植民地経験、そして独立以後の新しい国づくりの相違、そして作家の個性といったものが作品に深い影を落としていることも事実である。しかし同時に、各作家は、個別の地域や経験を描き切ることで、むしろ国家や民族の別を越えて「歴史のなかのアフリカ経験」の共通性・普遍性を確認してきたように思われる。ここで紹介するオコト・ビテック（Okot p'Bitek, 1931〜1982年）もまたそのような作家・詩人である。

オコト・ビテック

オコトはウガンダの作家・詩人のなかでは国際的に最もよく知られていることは間違いがない。北部のアチョリランドに生まれ、20歳過ぎに学んだ師範学校時代から書きはじめ、1953年に最初のアチョリ語小説を発表した。首都カンパラに出稼ぎに出たアチョリ青年の苦悩や挫折、崩れゆく伝統社会の人間関係が活写されている。

1958年、全ウガンダのフットボールチームの代表選手に選ばれて渡英、その後オックスフォードで社会人類学を学んだ。このころから、アフリカの伝統文化、歌謡、踊り、音楽などへの関心を深め、『中央部ルオ族の宗教』（1971年）ほか何冊かの専門書を出している。文学者として国際的に知られるきっかけとなっ

『ラウィノの歌／オチョルの歌』（ハイネマン社刊）の表紙

たのは、ウガンダ文化センターのディレクターに就任した年に出た『ラウィノの歌』（英語版、１９６６年）で、もともとアチョリ語でその一部が１９５６年に書きあげられていたものだ。しかし、アチョリ語版は、赤裸々なセックス描写のためか、出版社が見つからなかったという。

おそらく政治的発言を理由にウガンダ文化センターを解任されてからは、１９７８年まで11年間にわたってナイロビ大学で教えた。独裁者アミンのウガンダから事実上亡命していたことになる。はじめ同大学の附属成人学級センター（在キスム、ビクトリア湖畔）に勤め、そのころに『オチョルの歌』（１９７０年）、『囚人の歌』（１９７１年）、『マラヤ（売春婦）の歌』（１９７１年）などを書き上げた。１９７１年９月以降は、ナイロビ大学アフリカ研究所（ナイロビ市内）に移った。ここでは、同大学文学部所属の地元ケニアのグギ・ワ・ジオンゴ、スーダン出身のタバン・ロ・リヨン、マラウイ出身のデイビッド・ルバディリら著名な作家と日常的に交わることになった。

『ラウィノの歌』『オチョルの歌』の二作は、詩小説ともいえるもので、アチョリの豊かな伝統的・民族的価値を体現する女、ラウィノ（オチョルの第一夫人）が、西欧近代のガラクタの価値に取り込まれ、アフリカの土壌とは無縁の根なし草になってしまった夫、西欧化したアフリカ人（「書物で自分の睾丸を叩き潰してしまった男たち」）を怒り、憐れみ、嘆き、嘲笑し、揶揄するもので、アフリカ人エリート層に対する鎮魂の歌である。逆に『オチョルの歌』は、夫のオチョルが教育を受けた新興エリート・ブルジョア層を代表して、ラウィノがその化身であるようなアフリカの野蛮な伝統に嘲笑を浴びせている。また『マラヤの歌』では、売春婦が客（船乗り、エンジニア、ボス、はては政界の大物）と客の妻たちに語りかける形式で自分の思いを吐露するもの。ここでは、売春婦の存在によって、社会内のあらゆる人種と階級、男と女が一つに結ばれるのである。オコトが訴えるのは、彼女たちが闇の世界の外へ現れたときに思い知らされるこの世の偽善と非道である。

オコトは優れた歌い手であり、踊り手であり、語り手でもあった。「文学とはコミュニケーションだ、文学とは祭りだ」という。彼はアチョリ語独特のリズム感、音楽性、韻律法を大切にし、言語自体が持つ固有の美的価値を掘り起こすことに努めた。英語を使う場合にも、アチョリの諷刺歌や民族舞踊で歌われる凱旋歌、讃歌、鎮魂歌などの形式と文体、意味論とイメージを最大限に活用した。民族文化に根をおろして詩作に努めたアフリカ詩人は数多いが、オコトの素材領域の広さは抜群だといわれる。彼が20世紀アフリカの普遍的な経験を形象する代表的な詩人であると同時に、その「ウガンダ性」、むしろ「アチョリ性」が際立つのはこうした堅固な民族的基盤に根をおろしているからであろう。

（宮本正興）

コラム13

『ラウィノの歌』のレトリック

波佐間逸博

アフリカ人読者を志向する作家のパイオニアであり、ウガンダを代表する詩人であり、文化批評家でもあるオコト・ビテックが1953年に西ナイロートの言葉で『お前の歯が白いなら笑いなさい』を著したのは、アフリカ文学のために母語で書くことを擁護したケニアの作家グギ・ワ・ジオンゴが英語からキクユ語へという記述言語の転換をはかるよりはるか以前だった。『ラウィノの歌』と『オチョルの歌』という物語詩2部作はビテックの代表作だが、ユネスコの『アフリカの歴史』のなかで歴史家マズルイが明かした文字受容の過程において、民衆のうちに定着した最初のジャンルは詩とされる。小説や評論と比べて、アフリカの「耳」にとってよくなじむ詩という形式にビテックが創意を込めたことも〈アフリカ志向〉と地続きであろう。

その歌は西洋かぶれの夫とアチョリ社会の伝統を墨守する妻の感情と言葉の交換であり、引き裂かれた者の激しい声である。妻ラウィノの悲嘆は、夫オチョルには古いやり方にすがる女の、耳障りなすすり泣きに聞こえている。「よく知り愛する村世界のために、泣くがいい／それは消え去る／発展と文明の容赦ない力が、一掃してしまう」。西洋の新しいスタイルのなかでもとりわけ、夫オチョルが好んで踊る白人の踊りはラウィノを当惑させる。「外国人の踊りは知りませんし、好きになれません／人目のなかで互いを強くきつく抱く。私にはできません／恥ずかしいことです／歌のない、沈黙の踊りは邪術師のようで、相手を敬わず、酔っ払って……」。

歌やおしゃべりは〈声〉の系列に連なり、沈黙や読みは〈文字〉の系列に連なる。「書物」とその樹海をさ迷う夫への、〈声の世界〉に生きる妻の絶望は深い。「夫はたくさん読みました／広く、深く読みました／彼は白人たちのなかで読みました／今や彼は白人のように賢くなりました／そして読むことが私の男を殺してしまったのです／彼は自分の民の道で、切り株になってしまいました」。対面する他者と交感的におしゃべりする行為とは対照的に、「読むこと」はそれに没入すればするほど印字の向こうに広がるリアルな世界から読み手を締め出してしまう。そうであれば、「読むこと」が魂と頭を除去して人を「切り株」化するのはちょうど、歌声を交換することのない白人の踊りが周囲の景色や音に対して無感覚にしてしまう沈黙の閉域を張らせることと同じである。

ラウィノはオチョルが「白人の犬のように」振る舞うと言い、「あなたは恥ずかしくないのですか／ほかの誰かの犬として振る舞うなんて／自分自身と妻の目の前で」と問う。彼女は彼に、彼が古代の首長の子であり、高名な先祖の末裔であることを想起させる。しかし彼女はクランのメンバーに向かって嘆きはじめる。「皆さん泣きましょう／おいでください／私の夫の死を悼みましょう／首長の息子の死を」。賞賛と侮辱を交互に繰り出す修辞はオチョルを辱め、彼の堕落ぶりや、彼の民そして彼自身に対する裏切りの深さを説くものだ。

その場に存在しない者に直接語りかける感嘆の技法（頓呼法）がビテックの詩作に影響を及ぼしていることを指摘しているレーマンはオチョルに対する非難が氏族の男たちという第三者に向かって投げかけられていることに注意を促している。ラウィノが夫に対する嘲笑に自分の民を引き込もうとしていると解釈することも可能だが、ラウィノの頓呼は夫婦の不和を処理するためのクランの長や長老集団によって監視される公開裁判という特定の事態において生起している。ラウィノはまずいさかいでの自身の立場を説明し、夫の種々の悪行を説明するなかでオチョルへの直接的な語りかけから、公開裁判の傍聴人に対して彼について語る。そしてラウィノは始める。「夫よ、あなたは私を蔑みます／今や私に意地悪をします／そして私が私のおばの愚かさを引き継いだといっています」。彼女はそこでオチョルへの注意を転換して述べる。「私の氏族の男たち、私は泣いています／私の声に耳を澄ましなさい／私の男の侮辱は耐えられない苦痛です／私の夫は私の両親と私をともになじります／私の母親についてひどいことを言います／そして私はとても恥ずかしいと思います」。

『ラウィノの歌』は典型的には伝統的アチョリ文化のカタログ化として、そしてヨーロッパ文化のアフリカ人による猿まねへの批判として読まれる。だが、伝統的アチョリの法と正義がその主題関心として重要であるばかりでなく、構造的な原理として作動していることも見逃してはならないだろう。別の言葉でいえば、詩という形 ── ラウィノが夫に呼びかけるときにとる戦術 ── は、伝統的な正義とは何かという内容とともに正義を構築する手順をも表現しているのである。

47

王様と大統領

★復活王国の文化と政治★

スポーツ大会や開業式や落成式など、種々の公式行事のとき、賓客のなかで特に目立つのが「文化リーダー」と呼ばれている王族たちである。独特の服装や持ち物、そして場合によると彼らに従ってきた色彩豊かな民族楽団などの演奏とあいまって、集まった人々(これは同じ民族であることが多い)の注目を浴びるのである。一般的に人々の忠誠心が、政争に明け暮れる政治家よりも、民族的な文化と歴史を体現している王様のほうに向くのは当然かもしれない。

1995年のウガンダ憲法に明記されたこの文化リーダー制度は、人々を動員して、教育や保健衛生や、自作農業などの生業、民族文化(言語)などの発展を促進する役割を期待されている、アフリカでもユニークなものである(アフリカの一部の国で認められている、伝統首長の「慣習法の守護者」という役割はここにはない)。しかしながら、この制度が成立した過程はそれほどのどかなものではなかった。またできた後も、「文化」ではなく政治にまみれるという皮肉な現状もある。

問題の発端は独立して3年たった1966年に、オボテ首相の意を受けた軍隊の一部が、首都にあるブガンダ王宮を砲撃したことにある。この結果、当時ウガンダ大統領でもあったブガンダ王、ムテサ2世は命からがら、ブルンジを経由してイギリスに亡命し、はやくもブガンダ王国との連邦制によって生まれた新生ウガンダは崩壊した。これは、北部出身の共和主義者オボテと、南部に集中する五つの王国の間の政治理念の違いが露呈した事件でもあった。こうして、イギリスの間接統治時代を通じて生き延びてきた王制は完全に廃止に追い込まれた。1967年、新憲法によってオボテは大統領になった。

この後のウガンダの政治的混乱はよく知られている。左派的で一党独裁的なオボテ政権は不人気であった。そこをねらったイディ・アミンの軍事クーデターによる政権も、最初はイギリスで亡くなったムテサ2世の遺体を移送したりして人気を得たが、残虐な軍政に終わった。この混乱を最終的に収めたのは現ムセベニ政権である。

彼の政権奪取にいたったゲリラ戦で、ガンダ人は犠牲を払って協力をした。ムセベニ新政権はガンダ人の支持を得るために、何らかの形での王国の復活を迫られた。かつての連邦的な地位を望むブガンダ王国の伝統派と、共和制を当然の前提にする新政権の間に激しいやりとりがあった。ここで新政権がとった妥協策が「文化リーダー制」である（文化リーダーの部類には、王以外の伝統的指導者も含まれる）。その最大の特徴はそれが政党政治と国家行政に参与できないというものである。

「非政治」という枠をはめられて一応復活したブガンダ王国であるが、やはり不満は募りはじめた。一つは財政的な裏づけがなくては、文化事業の促進もままならない。王国は没収された王国財産（土地）の返還や、王国独自の税の徴収を強く要求した。それだけではなく、王国議会（ルキコ）の一定の自治権を望んでいるのである。つまり、王国廃止以前の連邦的地位の復活要求である。これが

「フェデロ」（連邦）問題として、あるいは「ブガンダ問題」として、今のウガンダ政治上の大きな不安定要素になっている。

ウガンダ西部のアンコレ王国はもっと大きな問題を抱えている。というのは、この王国は諸事情により、いまだに復活できないでいるのである。確かにこの王国の継承者プリンス・バリジェが、１９９３年にほかの復活王国と同様、王位への即位式をしたことがある。ところがそれは、ムセベニ政府によってただちに無効にされてしまった。ムセベニ大統領自身がこの地域の出身なので、彼に対抗できる「王様」ができるのを嫌ったのだろうというのが、もっぱらの推測であるが、実際にはさらに深い社会的な理由がある。アンコレには植民地時代以前から、バヒマ（牧畜民）とバイル（農耕民）という階層的な対立があり、王族はバヒマのほうに連なっていた。それが現代でも、民族文化を王制とともに発展させるべきだという「アンコレ文化トラスト」という組織を根拠にする一派と、王制抜きにすべきだという「バニャンコレ文化基金」派に分かれて対立し、決着がついていない。

ウガンダ南東部のブソガ王国は、復興後しばらくは順調であったが、２００８年にキャバジンガ（王）が死去すると、それまで潜在していた王国組織の弱さが露呈した。もともとブソガ王国は、他の王国と違い、イギリスの植民地統治のためにいくつもの首長国を集めてつくった新しい王国である。キャバジンガの選出の仕方も変遷があったが、２０００年に制定された王国憲章によれば、王国の王族会議を形成する11人の首長のうち、被選挙権があるのは５人で、残りの６人は選挙権のみという独自のルールがある。新キャバジンガの選出がつまずいた理由として、この首長間の亀裂が大きかった。

ブソガ王国の首長や役人

この不平等な首長間の地位の由来は、この「人為的」な王国にできるだけ「王族」の見かけを与えようとする意図にあった。そこで北部の五つの首長国の首長の系統が、アバイセンゴビという同一の氏族に属し、それが古くからあるブニョロ王国のムカマ（王）に連なるという伝承に基づいて、この系統からだけが「王」に選出されるとしたのである（もう一つの伝統王国、トーロもまたムカマの出である）。しかし、残りの6人の首長たちの不満がここで露呈し、キャバジンガ選挙の場のボイコットや裁判所への訴えなどで大きく混乱した。それだけでなく、政治家たちが国政選挙への王の間接的な影響をねらって、この混乱に乗ずる形であれこれの候補者を公然と推しはじめた。

あいつぐキャバジンガ選挙の失敗や政治家を巻き込んだ策謀などに、一般のソガ人はあきれ、失望した。文化リーダーもまた政治家と同じではないか、というわけである。しかし、文化王制はいらないという意見は少なく、それどころか、もし11人の首長がキャバジンガ選出に失敗するなら、「平民」氏族の長をキャバジンガに選ぶ手はずをとるという意見も出はじめている。300ほどもあるというブソガの氏族であるから、この意見の現実性はないように見えるが、いくつかの氏族は実際に氏族長の即位式を首長並みに行うなど、一般の氏族意識も高揚しているところがある。

以上のように、文化リーダーが実はかなり政治的な意味合いを帯びている、ということがわかるのだが、そこにも政治家とは異なった様相がある。政治家の関心が基本的に、自分の狭い選挙区の利益か、そうでなければ国政であるのに対し、文化リーダー制では、キャバジンガ(王)とは何か、それが代表するソガ人(民族)とは何か、あるいは首長を支えている氏族とは何か、といった伝統文化にかかわることがただちに問題になる。ちなみに、現在行政地域の細分化(県)によって、ブソガ全体を代表する政治的・政府的な地位はない。民族的な「文化王国」の価値は、国民文化というものが未発達な国にとって、それを補うところにもあるようだ。

(中林伸浩)

48

アートとクラフト

★その評価と市場★

カンパラに暮らすとその建築遺産に驚く。ウガンダの独立直後、1960年代から70年代にたてられた建築物が都心に多く残されていて、モダン建築の教科書に出てきそうな直線美の、シンプルな意匠が目につくからである。それは内政不安定期を経て80年代終盤にかけて、カンパラから投資家が逃げてしまい大型ビルが建築されなかったためでもある。またカンパラの商店街、住宅地には玄関の頭上にその建築年を記したインド式の低層集合住宅や共同店舗が多数残っていて楽しい。カンパラやエンテベではウガンダ歴史的建造物保護協会も活動している。

インド系人の建築遺産を映像インスタレーションで表現した現代アート作家ザリナ＝ビムジはその作品『ここにウガンダはあった、偉大なるインドのなかにあるかのように』で、2007年イギリス美術界の権威あるターナー賞候補となった。ビムジはイギリスに亡命したインド系ウガンダ人2世の写真家である。彼女の作品に表現されたのはインド系人の遺した住居で、ウガンダ人が40年間占拠して使い捨てた廃墟の空間である。作品には維持管理がままならないインド式の集合住宅が、錆びついていくインド系ウガンダ人にとっての場所の記憶を表現している。このようなポストコロニアルの視点からは、コンゴ・キンシャサをモチーフに表現したベルギーのプリサールらが２００４年ベニス建築ビエンナーレ・金獅子賞を受賞していてポストコロニアル概念のアート界への影響がうかがえる。

ところでカンパラには手工芸クラフトショップの集まるクラフトビレッジがある。店頭にはサイザルやバナナ繊維を編んだカラフルなバッグが目に美しい。これらのバスケットやバッグは産地ごとに使われる素材が、サイザルであったりバナナの葉であったり異なる。また編み方にも地域性があるとフェアトレード団体のウガンダクラフトでうかがった。

海外でも人気のカラフルなウガンダのバスケット（フェアトレードショップ、ウガンダ・クラフト2000にて）

クラフトビレッジは一見、ケニア、タンザニア、ジンバブエの商品で埋もれているようにも見える。確かにケニアのソープストーン、タンザニアのマコンデ彫刻、ジンバブエのポップなデザインの小物が棚を楽しく飾っている。その中に埋もれていたウガンダのクラフト製品も近年は質的向上をみせている。たとえば、ウガンダには他ではインドネシア等にしか残っていないバーク・クロース（樹皮布）がある。近年はバーク・クロースを素材にしたり部分的に用いたクラフト類がデザインされており興味深い。また婦人物のバスケット鞄類や、テーブルウェアの籠類も素材やデザインが非常に多様である。たとえば細い素材で丁寧に編んだカヌング、ルクンジリ地方のバスケットはロシアのマトリョーシカのような入れ子構造が楽しい。またカンパラの近郊ではバナナの繊維を用いたものが多い。

近年、テーブルウェアのバスケット類はフェアトレードを通して日本でも流通している。アメリカではサウザンドビレッジというフェアトレード小売店で流通しており、バイヤーから色味やデザイン、サイズ、スタイルについて細かい注文と、技術指導が入るようになり質的向上を果たしたという事情もある。

アートについては、ウガンダでは彫刻とアブストラクトアートが特に面白いといわれている。彫刻はマケレレ大学美術工芸学校の中心科目であり独立した学科を持つ。抽象主義もアート市場での需要が高くウガンダのアート界で広く支持されている。マケレレ大学美術工芸学校以外にもチャンボゴ大学やウガンダクリスチャン大学の芸術学部や、教員養成校の美術科もあるから、毎年数百人から千人を超える美術専攻学生が世に出ていることになる。このほかにも画廊を歩くと独学のアーティストが多いことがわかる。

公共の美術ギャラリーとしては国営のノモギャラリーとマケレレ大学美術館があり、そのほかには数軒の商業ギャラリーがカンパラとその周辺にある。500キロメートルほど離れたナイロビでもそれより若干多いだけである。従ってアーティストとして若手がデビューする機会は恐ろしく限られている。ギャラリーに展示されるには、その画廊経営者やアートディレクターのお目にかなわなければならない。ギャラリストはウガンダ、ケニア、タンザニアから集まって2003年より東アフリカビエンナーレをベルギー人ディレクターの指揮によりダルエスサラームで開催し、2011年からはカンパラにも巡回してきた。（2021年まで開催）タンザニアでは、ザンジバル映画祭もビエンナーレで開催していて、アートの求心力が高まっている。

かつて東アフリカでは欧米人のギャラリストやアートディレクターが多く当然ながら、非アフリカ人中心のディレクションに不平不満を持つアーティストは自主企画グループをあちこちで形成していた。特にケニアでは早くから若手アーティストが中心となって共同アトリエ（スタジオ）をはじめており、時にオープンアトリエを開催し、若手育成の資金を捻出したり、共同運営のギャラリーを設置し、ライブペインティングショーなどのイベントを実施して、新しいアートの場を作ってきた。ウガンダでも同様の動きが広がっており、幾つかの共同スタジオ兼ギャラリーが活動している。現在も欧米人所有のギャラリーやアートオークションは健在であるが、商業的に成功したウガンダ人アーティストの開設するギャラリー（例えばアフリアートギャラリー）やアーティストコミュニティを組織化しカンパラ芸術祭を開催してきた実績をベースにギャラリー、ライブラリ、レジデンス、カフェを併設した斬新なデザインのアート空間（32°イースト）が誕生して期待が高まっている。

（吉田栄一）

「ムウェソ」というアフリカ将棋で遊ぶ青年たち。カンパラ郊外にて（2002 年）
［吉田昌夫撮影］

VI

開発と現代的課題

49

エイズ対策への新たな取り組みの可能性

★禁欲・貞節型の予防プログラムを超えて★

アフリカにおける生涯の男女の性的パートナーの数は、西欧諸国の異性愛者のそれと、さほど変わらないともいわれている。しかし、複数の性的パートナーと並行して長期的な関係を持つ傾向（ＷＨＯの調査など）のために、アフリカでＨＩＶの蔓延が必然的に引き起こされるものと見られ、ＨＩＶ感染の広がりの早さは、西欧に比べて10倍といわれる。このことは、既婚者の感染率が高いという内容とともに一貫して報告されている。この章では、こうしたアフリカの現状を踏まえたうえで、地域社会の人々にどのようなエイズ対策が可能なのかを考えてみよう。

サブサハラアフリカでのＨＩＶ感染予防において、ウガンダは１９９０年代に成功を収めた国として知られた。しかしこの成功ののち、近年に再びＨＩＶの広がりの徴候が見られるという反転現象が注目を浴びている。この反転現象をめぐってはさまざまに議論が起きているので、まずはそれらを四つに整理して紹介しよう。

第一に、これは一時的なコンドームの不足のせいだとか、結婚するまでは禁欲的に過ごすべしという、厳格であまり現実的でない性行動規範を教示する福音派キリスト教に基づくプログラムへの反動だという議論がある。しかし、コンドーム不足はこの反転よりも後に起こったことであるし、また、性的パートナーシップを厳格に規制する禁欲・貞節型のＨＩＶ感染予防キャンペーンは、ウガンダでは福音派教会のずっと以前、１９８０年代終盤から行われてきたものだ（むしろ福音派のプログラムは近年の反転傾向の後のことである）。可能性としては、１９８０年代終わりに盛んだった不特定多数との性的関係を絶ち、特定の相手に限定しようという誠実さを訴える諸々のキャンペーンが徐々に撤退したことが、この反転につながったと考えられる。

第二に、「より重要なのは予防か、それとも治療か」を争点として議論する人もいる。しかし、予防か治療かの二分法で考えること自体が誤りであるのは言うまでもない。治療というのは予防なくしては持続的なものでありえないし、治療へのアクセスを抜きにしてＨＩＶ検査などへの予防医療サービスを供給するのは倫理に反するからだ。

第三に、ＨＩＶ感染予防に関して、倫理的教示だけではなく、マイクロビサイド（microbicides，訳者注：ＨＩＶや性感染症予防のため膣や直腸内に塗布／装着する薬効性のあるジェル、クリーム、フィルム等のこと）などの最新の予防法の検証が世界各地で進められているが、特にアフリカでの検証結果はさまざまで、そこからも、得るべき教訓はある。たとえば、南アフリカでのある調査プログラムでは、24時間以内に支給すべきジェルを2回分までとした。しかし2回以上のセックスが週末に行われるという事実認識から、4回分までとすべきだった、との見解が報告されている。この見解は、サブサハラアフリカでの性行動の現状を踏まえたものだ。

HIV感染予防についての第四の見方は、マルチセクター・アプローチとして知られるもので、特にグローバルファンディングの文脈で注目された。当初はコミュニティ－NGO－政府間の開発パートナーとしての連繫構築と、医療という枠を越えたエイズ対策というアプローチとして企図されたのだが、これは国家レベルの政治的なサポートを求めるロビイングの動きを強める結果となったのだった。

以上の四つの視点をもとに、なぜ1990年代初頭、ウガンダでHIV感染率が低下したのか再考してみよう。

地域社会でのHIV予防に関する実践は、人々の在来の慣習を活用するアプローチと、専門家の知見に基づいた介入アプローチとの双方がある。在来の慣習を活用するやり方のなかで活用できる資源とは、もともと地域の人々が持つ情報共有、ノンフォーマル教育、コミュニケーションなどの在来のネットワークだ。多くのアフリカ地域社会で見られるコミュニティを基盤にした性教育は、1980年代終盤から1990年代はじめにかけてのIEC（Information, Education and Communication）プログラムによる介入のよき足場となった。たとえばウガンダ中部に位置するラカイ県下の広い範囲で行われたコミュニティによる性教育と啓発のプログラムの内容は、コンドーム使用の推奨、禁欲、性的パートナーを一人に限ることの重要性を訴えるものだった。もちろんこのことを議論するには、地域社会において、両親が子どもに、また拡大家族がその成員にかつて持っていたような影響力を持ちえなくなっている近年の状況も考え合わせなければならないだろう。

1980年代の終盤に、ウガンダでHIV感染が急速に広がっていたころ、ムセベニ大統領が他のアフリカ諸国に先んじてこの危険性をいち早く認識しリーダーシップを発揮したことは特筆すべきであり、ポスター、ラジオを利用したメディアキャンペーンや、演説会、エイズ教育を実施する教師たちへのトレーニングなどが行われたが、何より重要だったのはこれが地域社会のリーダー、教会など、より一般的にいえば公共圏を巻き込む形で進められたことだ。

政府はこの政策をさまざまな組織と連携して進めていった。それぞれ対象集団のニーズと対応能力に合わせて、異なったメッセージを発信していったのである。若者（通常婚姻前、学童期15〜24歳あたりを指す）はセックスを慎むこと、セックス経験者は自制と禁欲に立ち返ることが推奨された。性的に活発な年齢層（20歳以降から49歳）に対しては、「ゼロ・グレイジング」のメッセージが発された。これは決まったパートナーとのセックスを推奨し、カジュアルセックスをやめるように訓諭するものだった（訳者註：もともと「ゼロ・グレイジング」は在来種の牛を広範囲で放牧する伝統的なやり方に対して、泌乳量の多い外来種の牛を自宅で舎飼いないし繋牧すること）。このほか広く一般に対し、コンドームの使用が推奨されたのである。

こうしたエイズ対策を有効なものとするため、率直にエイズについて話し合うような場を設定することも進められた。これはエイズに関しての偏見やスティグマ（烙印）をなくし、女性たちの地位の改善、HIV検査設備の改善、性感染症の治療、HIV陽性者へのケアなどについて話し合われることをねらったものだ。エイズに対してその「恐怖」を教えることもこうした啓発活動の戦略の一つではあるが、同時にいかにして感染リスクを低減するかという啓発を通して「恐怖」を乗り越えることが大切なのであり、それをこのキャンペーンは教えた。のちに有名になった「ABC（Abstain, Be faithful and use Condomise, 訳者注：セックスを慎むこと、性的パートナーに誠実であること、コンドームを使用すること）」という標語が当時のウガンダで使われていたかどうかについては意見が分かれるが、すべての人々がいくらかは慎みを持ち、パートナーに対して誠実ではありえたし、コンドーム使用は普及したのである。

もう一方の、専門家の介入によってＨＩＶ感染リスクを低減するアプローチについてはいくつか検証されている。まずは、コンドームの使用と性感染症予防におけるカウンセリングの効用についてである。ウガンダの事例ではないが、１９９０年代半ばにアメリカで実施された研究がある（詳細はKambらの論文を参照）。この研究は、国内の五つの公立の性感染症診療所から任意抽出された被験者を対象に性感染症に関する2種の面談を行い、その影響を比較している。一つのグループには性感染症の感染リスクを低減するための具体的行動に関して長時間のカウンセリングが提供され、もう一方のグループには、簡略な禁欲・貞節のメッセージを伝えるカウンセリングが提供された。1年後までの4回にわたる追跡の結果、長時間のカウンセリングを受けたグループのほうが、もう一方のカウンセリングを受けたグループに比べ、自己申告によるコンドーム使用率が高いことが明らかになった。ウガンダにおいても、こうしたカウンセリング（ＶＣＴ：自発的カウンセリングおよび検査）の効果を示した研究が多数報告されている（Matovuらの論文を参照）。

もう一つの感染リスクを減じていくアプローチとしてはＨＩＶ陽性者が公共の場で自身のステータスを公表する公開表明（open testimony）の実践が挙げられる。これは、主にＨＩＶ陽性について公にしている人々と県やＮＧＯが連携して進めていった取り組みであり、世界エイズデー、ワークショップ、世界健康デー、ＶＣＴセンターや啓発ミーティングなどで行われる。そこではエイズについて知ったり、ＨＩＶ陽性者に対する差別と偏見を減らしたり、ＨＩＶ検査受検を促進したり、当事者の抱える悩みを共有したりする場となっている。ラカイ県では、ある陽性者が妹に自分のステータスを明かし、彼女が自分から学び、まずは学業に専念するように助言した、と言い、キリスト教に入信し子どもたちにも同様に助言しており、行動規範の変革は可能だ、と語っている。

公開表明は、ＨＩＶ陽性者が個人の経験を語ることにより、周囲に行動変容のきっかけをもたらすという点で、有用な方法といわれている。しかし、その社会的効果がどのていど持続的なのかに関しては、まだ明らかではない。いずれにせよ、ＨＩＶとともに生きる人々の中心的な役割なくしては、これらのプログラムをさらに進めることは難しいだろう。

資源に制約のある国々においてはとりわけ、国家レベルのエイズ対策は「予防、予防、予防！」の一辺倒になりがちだ。これまで述べてきたことからもわかるとおり、ＨＩＶ陽性者自身が自分の病を受け止め、治療や予防プログラムに参加する「アドヒアランス（adherence, 訳者注：ここでは患者の治療への能動的参加を指す用語だが、もともとの語義は、規則・協力などの厳守、忠実な支持や精神的な粘り強さ）」を高めることが、地域社会における教育あるいは啓発などの取り組みと同様、必要とされる。そのための条件整備は、生医学、行動学、社会科学に基づいた研究、そして病院などでの医療活動との交差点に位置する問題だ。特に行動学と社会科学的研究に対する理解は、社会的・文化的要因がＨＩＶプログラムへの地域や個々人のアドヒアランスにどう関係するかを解釈する際にも、アドヒアランスがよくならない理由を分析する際にも欠かせない。アドヒアランスのパターン把握や測定をしようとする際にもそうである。また、エイズに関する従来のメッセージに飽き飽きしていることは誰もが気づきはじめているので、HIV予防に関するローカルな性行動実践のためのメッセージの改良版パッケージが待たれている。

エイズ予防のためのローカルな性行動規範の見直しを進め、マルチセクター・アプローチによってこの問題に取り組むとは、以上にこの章で私が述べてきたようなことを指す。こうした方針のもとで、はじめて国家レベルでのプログラムがより意味を持つであろう。

（エドワード・キルミラ／白石壮一郎）

（本章は、エドワード・キルミラ教授が２００８年に京都大学で行った講演の発表原稿を、ご本人の許可を得て白石壮一郎が抄訳したものである。専門用語などについては、松岡裕子さん〔２０１１年当時ケニア共和国国家エイズ対策委員会勤務〕にご教示いただいた。）

50

カンパラの「スラム」と「サバーブ」

★郊外についての考察★

ウガンダの首都カンパラにも「スラム」と呼ばれる地域がある。しかし、「スラム」をどう定義するかは難しい問題だ。この章ではカンパラの「スラム」を考えるため、人々が「スラム」をどうとらえているかという点から見ていくことにしたい。

あることをきっかけに、カンパラの「スラム」に住み込み、日がな一日、その路地にてボーっとしていた時期があった。舗装されていない、泥だらけの道。並んでいる家はいくつかコンクリートづくりのものがあるとはいえ、泥で壁を固め、トタン屋根で覆った風景が広がっている。ところどころにある穴を掘っただけの公衆便所。１００シリングの利用料で、トイレットペーパーが少しずつちぎって並べてある。各家に水道など敷かれているわけでなく、水は近所の水汲み場に行って、毎朝ジェリカン（容量20リットルほどのポリタンク）を持っていって汲んでくる。

通りから少し入ると、真っ昼間にもかかわらず、大の大人たちが日陰に座って、日長一日マルワ（ヒエでつくった地酒）やワラジ（バナナの蒸留酒）を飲んでいる。ささいなことで喧嘩が始まるのはしょっちゅうのこと。家と家の間にある小道には山羊や鶏が放し飼いにされており、ときに飲んでいる大人たちの間に食べものを探し、割って入ってくる。目の前にはトタンと簡単な布とで囲んだ、小用を足す場と兼用の水浴び場があり、タオルを巻いた女性が目の前でそこに入っては顔だけのぞかせながら水浴びを済ませていたりもする。このような情景が、我々が「スラム」と呼ぶものの典型的なものかもしれない。だが、具体的にどこが「スラム」なのかということは、カンパラの人々にとってそれほどに自明なわけではない。都市インフラの改善を訴えるあるNGOの統計ではカンパラの人口の実に85％以上がスラムに住んでいるという。だが同じ資料ではナイジェリアの都市人口の80％、タンザニアでは92％、エチオピアでは99％がスラムに住んでいることを述べており、このような極端な数字では基準そのものを問い直す必要もあろう。ただ、こうした統計でスラムと呼ばれる地域のなかには、カンパラで人々が「サバーブ」、つまり「郊外」と呼ぶ地域も含まれており、「サバーブ」と「スラム」の区別はときとしてつきにくい。

「サバーブ」と呼ばれる地域は、具体的にはカンパラの北西部にあるカウエンペ、カムォチャ、ムラゴ、北東部のナカワ、西部のナテーテなどがあたる。訪れてみるとわかるが、これらの場所は「スラム」の立地として典型的な谷地もあるとはいえ、丘の裾野のかなり開けた地域に広がり、それだけで一つの町といっていいほど、たくさんの人口と家屋を抱え込んでいるところでもある。

一方「スラム」と呼ばれることの多い地域は、おそらくマケレレ付近にあるカタンガ、メンゴの丘下にあるチセニ、ムエンガの丘下のナムウォンゴ、ジンジャ通り沿いのナグルなどであろう。これらは街の隙間に取り残されたように置かれている周縁的な場所にあり、家屋の密凝集度もサバーブと比べても高い。先に描写したのはこうした「スラム」の風景である。

生活をしてみるとわかるのだが、二つの「町」は、住んでいる人々や生活の趣きがそれぞれにだいぶ異なる。基本的なインフラなどの水準があまり変わらない一方、先に述べたように規模や立地が違い、都市における人々の生活への思いも変わってくる。

サバーブは比較的広い谷地にあり、概してガンダ人や西のアンコレ人らの移民たちが中心に暮らしている。ここを「郊外」と呼ぶことには、カンパラの街の「中心」には家賃や地価が高すぎて住めないため、今住んでいるのだという見栄が隠れてもいる。都市行政からすると、これらの地域はある意味、公然の「未登録不法居住地域」であり、安い賃貸物件を求めて、底辺層の人々はもちろん、学生や公務員などさまざまな階層の人々がそこに住まっている。

それに対して「スラム」は、どちらかというと、サバーブの住民と比べて、社会的な行き場のない人々が集まっている傾向が強い。そして、立地も排水などの問題が起こりやすい丘の合間の湿地帯に集中し、雨季などには頻繁にコレラの流行が報告されたりもするのだが、私が住んでいた場所にはコンゴ、ルワンダ、ブルンジをは

カンパラのある「スラム」の入口からの風景

じめとして、北部ウガンダの内戦から逃れてきたアチョリ人など、ウガンダの政治では傍流でしかない人々が集まっていた。彼らのほとんどが夜間警備員と市場での仕事（いずれも低賃金）、また歩いて1時間かかるホテルなどでの清掃業に従事し、湿地で耕して得られる農作物（サトウキビなど）などに頼って生きていた。

こうして見るとサバーブとスラムとは、それなりに違う場所であるかのように思える。しかし、「スラム」という言葉を使うと、住民によってはその呼称を受け入れないことがある。あるいはその逆に「スラム」という言葉を意図的に使う者もいる。サバーブに住んでいても、その場所を「スラム」だという者もいるだろうし（それにはもちろん、そう訴えることで「援助」を呼び寄せようとする政治的意図があり、またサバーブ内部に「スラム」のような地域も存在している）、「スラム」にいる者でも見栄を張って、「サバーブ」だと主張するかもしれない。実際にこれら二つの町の形成史を聞いてみると、どれもカンパラ中心部の「郊外」として始まっていたことに変わりはない。ただ、前述の「サバーブ」は国内からの移民、そして「スラム」は国外からの移民によってつくられてきた経緯がある。たとえば、マケレレのカタンガは70年代に始まったといわれているが、コンゴのカタンガ動乱によって流れ込んだ移民たちによってつくられたと語られている。またナムウォンゴはキスム・ンドゴ（スワヒリ語で「小キスム」の意）と以前は呼ばれ、ケニアのルオ人たちによって住みはじめられたのだという。

そうした歴史や住民たちの背景を考えてみたときに、今、このサバーブとスラムの置かれている立場はだいぶ異なる。サバーブのカムォチャやカウェンペは、カンパラという街の発展に包摂されるような形で、無秩序ながらも、水道や電気、小学校などのインフラを徐々に導入していき、「郊外」の地位を保っている。その一方で、近年カタンガやナムウォンゴ、ナグルはカンパラの開発の仮想敵として、大手資本による強引な土地の売買や都市計画によるクリアランスの対象とされることが多い。

さて、こうした場所から追い出されたらどこに行こうかと、山羊を眺めながら、私が世話になった「スラム」の友人たちは私に相談を持ちかけてくるのだが、残念ながら私は答えを持ち合わせていない。おそらく彼らは、泥づくりではあるが、数十年住み続けたその「家」を捨て、「郊外」に場所を見つけ、そこに飲み込まれていく。今や土地に対する権利の問題は「スラム」や都市に限らず、全国的な問題と化している。「故郷」から出てきた彼らには、おそらく帰っても土地が保証されているわけではない。

居場所のない者から、さらに居場所を奪っていく。それがカンパラにおける一つの現実であろう。「スラム」の外に昼間から飲んだくれる場所はなく、やがて彼らが飼っている山羊たちも行き場を失うのである。

（森口　岳）

コラム14

カンパラにおけるゴミ処理事情

一條洋子

今やアフリカの都市生活にプラスチックは欠かせない。食料、雑貨、衣類などを買えば持ち運びにはたいていポリエチレンの買い物袋を使うし、街で安全な飲み水を買おうと思えばペットボトル入りの水を買うか、地元の人ならポリエチレンの小袋に入った浄水を買うことになる。菓子、タバコ、携帯電話用のプリペイドカードなどプラスチック包装された商品も多く消費されるようになってきた。そうしたプラスチックは使われた後どこへ行くか。郊外の庭つきの家であれば庭にゴミ捨て用の大きな穴が掘ってあり、他のゴミと一緒に溜められ、満杯になったらいったんまとめて焼却されるか、そのまま土中に埋められるのが一般的だ。しかし街なかではどうかというと、ほとんどためらいなく、ポイっと、ハラリと、そのへんに捨てられる。そもそも街なかにゴミ箱などほとんどないのだから、「ゴミをゴミ箱へ」という意識は定着しにくい。そうしてゴミが捨てられても、ペットボトルを拾って再利用する低所得層の人々がいたり、清掃を生業とする人がいる場所であれば、まだ大きな問題にはならないかもしれない。だがたとえばスラムは違う。

カンパラの中央部にスラムとされる一画がある。カンパラは丘の多い街であるから、その間に盆地が存在する。そういう場所は、雨季には成人の腰の高さまで浸水することがあり、完全に水がはけるまで何日もかかるために生活条件が悪い。そこがいわゆるスラムとなる。居住区を歩くと、赤茶色の泥にまみれたプラスチックの袋や潰れたペットボトル、壊れたサンダル、ときには空きビンが、雨でぬかるむ道のあちこちに転がったり堆積したりしている光景を目にする。その近くでは、野菜が育てられ、家畜が飼育され、子どもたちが飛び回る。

この衛生状態をどうにかしなければと、地元のリーダー数人が「環境ケア・イニシアティブ(Enviro-Care Initiative)」という団体を立ち上げ、公衆衛生と周辺環境の改善をはかる活動を始めた。リーダーたちはそれまでに環境教育に触れることができたような人々だ。彼らはこの居住区にたくさんのゴミが放置されていることだけでなく、人口過密でトイレを設置するのに十分な土地もなく生活排水の処理設備もないために、水や土壌が汚染されている可能性が高いこと、またその場所でとれた食物を口にする住民の健康にも悪影響が出ることを危惧している。そこで彼らは行政にも働きかけつつ、住民にこの問題について理解してもらい、ゴミ処理に対する意識を変えてもらおうとしている。同時に、プラスチック製品をはじめ、

集めたゴミと交換に石けんをもらう子どもたち（カンパラ）

ゴミになる包装をした商品を売って利益を得ている製造企業も責任を持つべきではないのか……、そう考える彼らは、住民に分別ゴミ拾いを呼びかける一方で、製糖工場からは砂糖を、石けん会社からは石けんを無償提供してもらうなどしておいて、集められたゴミと交換するという、小さなご褒美つきのゴミ収集行事を開いている。とくに子どもたちはこのご褒美を目当てに、こぞってゴミを集め、生活用品や文房具、菓子などをもらって得意げに帰っていく。

ご褒美目当てのゴミ収集では、ゴミ問題の根本的な解決にはならないと考える人もいるだろう。しかし、これまでは拾って処分すべきものだとか、ましてや分別することが必要だとまでは考えていなかったような「無用なゴミ」を自分の手で「拾う」という具体的な行為と、それによって衛生的で安全な居住空間が取り戻されるという現実とを人々が経験していくという、その小さな変化に、現状を改善に向かわせる大きな一歩を見出すことも可能だろう。

スラムにかぎらず、街の用水路がゴミで詰まれば、豪雨の際に排水ができずに街が水浸しになり、消防車の出動が妨げられるという事態に陥ることもある。現在カンパラ市内のゴミ回収は民間業者が請負っているのだが、ゴミ回収率は50％にも満たない。にもかかわらず、ゴミ集積速度は処理速度を上回っているという。そのほか、清掃人の労働条件の劣悪さや、処理場の臭い処理、医療廃棄物の処理設備の不足など、ゴミの量だけ問題は山積みとなっている。日本でもゴミに関する問題は絶えないが、人々の命にもかかわる重要な課題、先進国の経験や支援をうまく活用しながらの、早急の対策が必要だ。

51

難民政策と難民の暮らし

★自立政策の帰結★

2022年のUNHCRのグローバル・トレンズは、難民数が1億人を越えたことを報告した。ウガンダは2023年10月時点で約150万人の難民を受け入れている、世界有数の難民受け入れ国である。時に受け入れ先の行政区の人口以上ともなった難民は、当然ながらウガンダで一定期間暮らす。難民政策と難民の生活はウガンダをかたちづくる重要な要素である。本章では、ウガンダの難民政策と難民の実際の暮らしを概観する。

ウガンダの難民政策は、多くがキャンプでの隔離政策をとるアフリカの国々の中で、難民に一定の移動の自由を保障し、居住地での自立を促す点で特徴的である。難民は居住地で与えられた耕作地を耕し、そこで得られた収穫を糧に生きていくことを促される。

アレクサンダー・ベッツの論文「難民と援助（Refugees and Patronage)」によると、難民受け入れの歴史は、英国保護領であった第2次世界大戦後にヨーロッパ系難民を受け入れたことに始まる。1950年代末には、ルワンダからの難民を受け入れ、彼らに耕作地を割り当てている。現在まで続く自立政策の萌芽がこの時期からすでにあった。1960年代には周辺国で紛争が勃発し、ウガンダは16万人以上の難民を受け入れることとなった。

難民受け入れの開始以降、ウガンダの為政者もいくたびも変わったが基本的に自立政策は継続された。もちろん、政治的事情により難民を追放、あるいは管理しようとする場合もあったが、これもまた政治的事情により自立政策に戻った。そしてヨウェリ・ムセベニ政権時の1998年には国連難民高等弁務官事務所（UNHCR）との共同で自立戦略（Self-Reliance Strategy: SRS）を開始した。これはこれまでのウガンダの難民政策を踏襲し、それを形式化したものである。以降SRSは難民政策の既定方針となった。そしてムセベニはこのSRSの策定により国際社会からの称賛を得た。

基本的に避難から一定期間は支援があるが、それ以降は特別な支援が必要だと判断された家族を除いて支給はなくなり、与えられた土地で耕した農作物を糧に生きていくことを要求される。また、UNHCRや国際NGOによって学校や診療所が居住地の中に建設され、難民はそれを利用するが、同時にホスト・コミュニティも同じ学校、診療所を利用する。つまり、難民とホスト・コミュニティによるインフラの共有が目指される。これにより国際社会はウガンダへの拠出金を減らし、ウガンダ政府は開発支援を得ることができるという目算であった。

居住地は首相府難民省（OPM）の管轄下にある。また難民居住地ごとに難民による自治組織、難民福祉委員会（RWC）が設置されている。この設置もSRSの一環である。2006年には新たな難民法、2009年には難民規約が制定され、この難民法はアフリカの難民政策のモデルになるといわれた。ウガンダの歴代政府は自身の政治的意図に応じて難民の処遇を決定しており、自身の難民政

難民居住地の市場

策をＵＮＨＣＲをはじめとした国際機関、国際社会に売り込み、開発援助を取り付けてきたといえる。

もちろん自立政策に問題がないわけではない。移動の自由に関しては疑問が付されているし、難民にウガンダ国籍を付与することは基本的にないことから難民を国民として迎え入れる、いわゆる庇護国における統合はされているとはいいがたい。また、２０１３年末から始まった南スーダン内戦による難民の急増により、難民への耕作地の配布が間に合っていない。最大の問題は圧倒的な資金不足である。２０１８年には開発支援金を巡る汚職が摘発され、スキャンダルとなった。

では、こうした政策は実際難民が暮らす現場にどのような影響を及ぼしているのか、そしてその帰結はいかなるものか。筆者が見てきたアジュマニ県のある居住地の様子から考えてみたい。

西ナイル地方のアジュマニ県には２０１７年の時点で18の難民居住地があった。その多くが郊外にあり、難民の多くは南スーダン出身者である。取り上げるのは県の南西に位置するＭ難民居住地である。Ｍは１９９０年代に設立された比較的古い居住地で、１９９０年代初めから住む難民も一定数いる。２０１４年以降難民数が急増し、２０２０年時点で８０００人を越えていた。住人のマジョリティはディンカ人であるが、多民族共住地区である。

アジュマニ市街地からバイクで40分ほど走るとＭ難民居住地の看板が見え、道の両側に店が立ち並ぶ。Ｍの「センター」である。「センター」を越えると店は茅葺屋根の小屋（トゥクル）に変わる。トゥクルの合間にはトウモロ

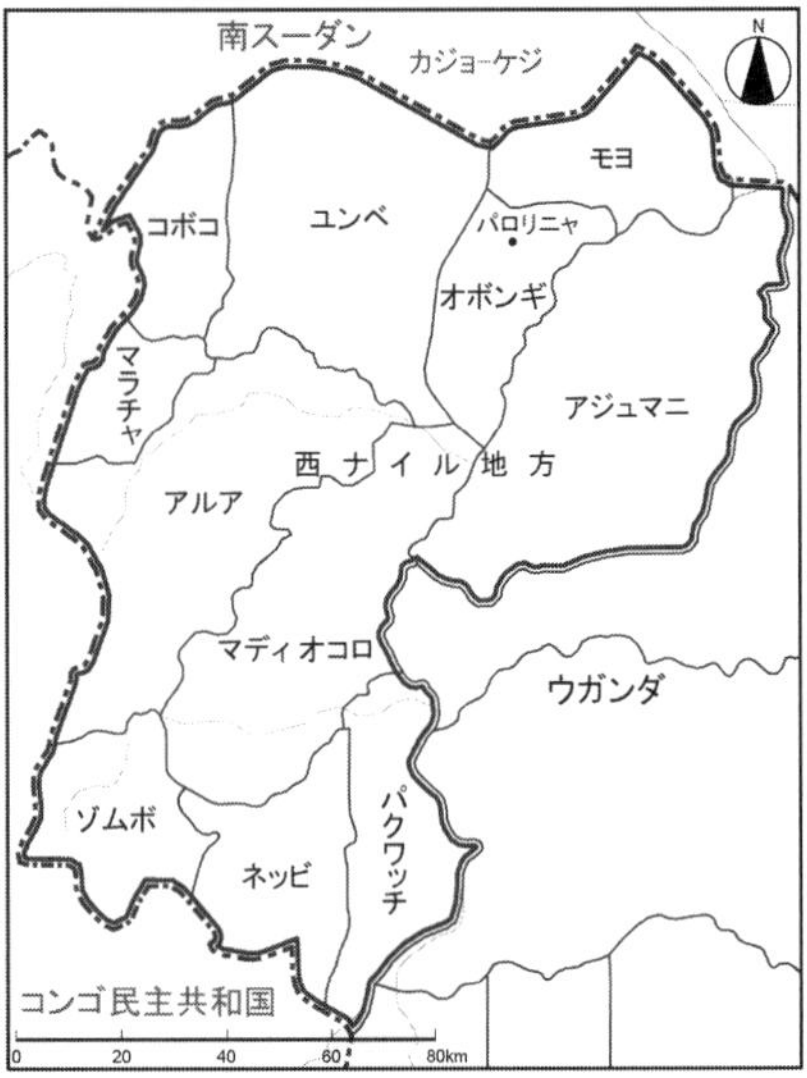

西ナイル地方地図

コシやキャッサバが育つ畑がある。教会もある。さらに進むと市場がある。この市場は２０１４年以降に建てられたもので、ふと横をみると自家製のドーナツなどをいれたバケツを並べて売る人々が見える。また、トタン屋根の喫茶店ではスーダン式のコーヒーを飲んで談笑する人々がいる。そして、市場から横道に入ると国際ＮＧＯの事務所や病院、幼稚園、小学校などがある。病院や学校にはウガンダ人も通う。居住地の出入りは自由である。

Ｍに住む筆者の知人は、ウガンダ中央部や南スーダンとＭとを行き来していた。こうした様子からは難民に一定の移動の自由があり、ホストと共生していることがわかる。だが、その生活は決して楽なものではない。２０１４年以降にＭに来た難民の多くは耕作地を与えられておらず、自活の手段がないうえに支援金や物資は到底足りるものではない。小学校は教室数が足りず、テントで授業を行っていた。さらに言えば、そうした問題を訴える手段も限られる。ＲＷＣは難民の代表としてウガンダ政府やＵＮＨＣＲに意見を通す力を持たなかった。

確かに自立政策はウガンダを変えたのだろう。難民がいなければ未開拓の土地に人の生活の場が生まれることも、学校や病院が建てられることもなかった。だが、難民の自活を成り立たせる要件を満たせていないのも事実である。もとより人は誰でも生きていくためになんらかの助けを必要とする。難民の「自立」について考えなければならない時が来ているのかもしれない。

（飛内悠子）

52

「未開」社会への近代火器の導入と流通

★19世紀後半から20世紀初頭におけるウガンダ北東部の銃★

ウガンダ北東部のカラモジャにおける銃拡散は、銃身の内側に幾重もの細かな螺線(ライフリング)が刻み込まれ、たとえば弓矢などよりはるかに遠くの標的を射抜くことのできる施条小銃の世界各地への拡散がほぼ完了した時期とちょうど重なっている。つまり、コートジボワール、マリ、ケニアなどアフリカ大陸の西部と東部、パキスタン、アフガニスタンなどインド亜大陸、そしてヨーロッパ諸国と同様、近代火器（modern arms）の導入に関する地誌においてとりわけ重要な時代は、ウガンダ北東部についてもまた、施条銃(ライフル)が、18世紀のアメリカ独立戦争（1776年）と19世紀の南北戦争（1861年）を経て、18世紀後半に世界に先んじてライフル（「螺旋の溝」）の力学効果を実証していたイギリスという一国の外側へ拡散して使用されるようになり、その後第1次大戦でヨーロッパ、北米、アジア、アフリカの諸大陸に普及して、最終的な全世界化（グローバライズ）を見た第1次大戦（1914年）の直前、すなわち19世紀後半である。

シルベスタやジェレミらの歴史研究によると、カラモジャに「導入」された近代火器はまず、商品としての象牙を確保する策として引き入れられた。ウガンダがイギリス保護領となった

1894年から17年間、カラモジャは「半乾燥という条件が、綿花やコーヒーなどイギリス本国の産業で需要のある換金作物を生産するには、魅力的ではない」との理由で、イギリスによる管理から外れていたが、大群の象が生息する「野生の未開拓ゾーン」として、象牙取引を行う多数の交易者を引きつける引力があり、カリモジョンなど現地住民は象牙商のもとで象狩りに参加し、見返りに牛など家畜を得ていた。ところがある時期を境に世界各地での象牙の「猟果」が激減し（原因としては「狩猟圧による個体数の減少」「象の側の警戒心の発達」など）、反対に供給量の落ち込みによる価格上昇で、象牙交易者たちの間の「商品供給」の確保のための競争は激化した。そのようなとき交易者の側から、カラモジャの牧畜民に対して、象（象牙）の獲得の「手段」として槍に代わって銃が支給され、あるいは象牙の対価という獲得の「目的」として支払われたのである。

カラモジャでの「銃の供給者」として行政記録のなかに最初に登場してくるのはこの時代の象牙商人、すなわちアラブ人や彼らに随行したケニア東部海岸スワヒリ地域出身の奴隷たち、イギリス人、アメリカ人、ギリシャ人、エチオピアのアビシニア地方出身者などであり、この時期のカラモジャにあった銃の数の推算は資料が乏しく難しいが、マムダニたちによると「20世紀初頭にはカラモジャはウガンダの北部地域への銃の供給地となっていた」という。彼らの依拠する県行政官（ディストリクト・オフィサー）による報告書の記述には、（ドドスやジエと西で接する農耕民）アチョリ出身のチーフ2名がイギリス植民地政府の命令でコティドやカーボンやモロトを1910年7月に踏査したとき、「1200丁のライフル銃」を「カラモジャに拠点を置く別々の商人たちから入手」とある。その20年後の1931年のカラモジャの人口はラングランズにより6万5000人と推計されている。1910年代の人口がこれより多い

カリモジョン語による自動ライフル銃の部位名称

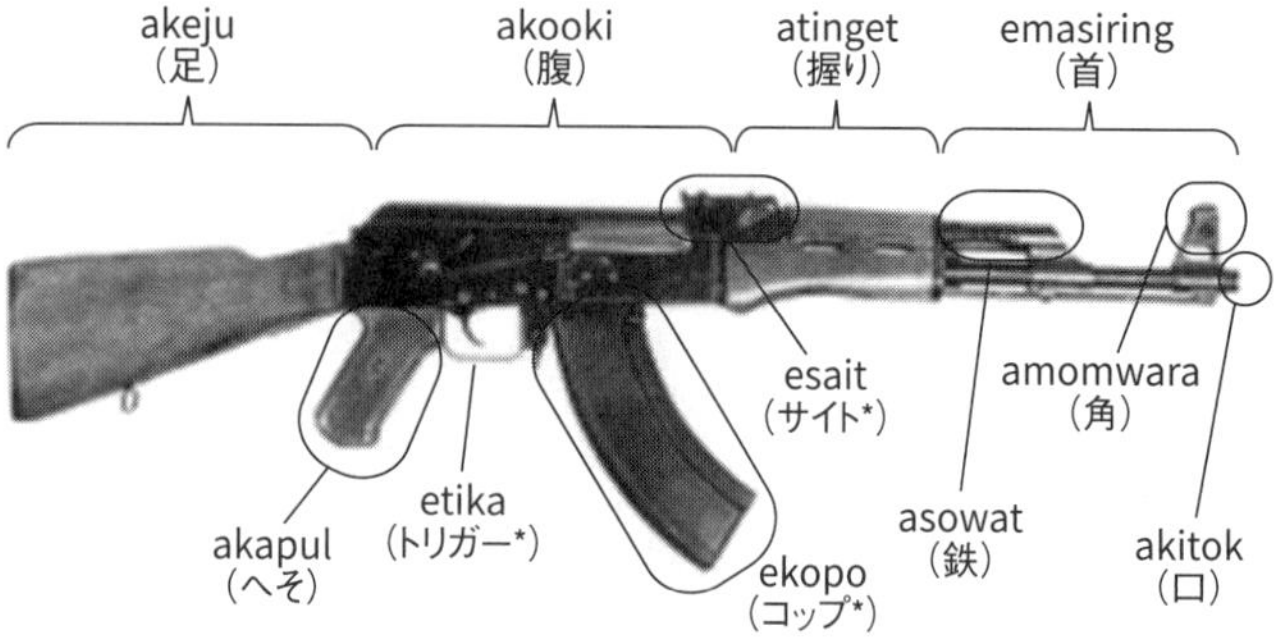

注：「＊」印は、その名称が英語からの借用語であることを示す。

ことはほとんどないと予想されるから、ドドスやジエやカリモジョンたちの居住地を含む、1910年代のウガンダ北東部の牧畜地域の全体には計算上、最小でも54人に1丁の割合で銃が出回っていたということである。

1998年から2003年まで、カラモジャの一般的な銃（突撃銃［アサルトライフル］）、アフトマート・カラシニコフ47（AK47）もしくはそのコピーの一丁あたりの購入価格は35万シリング、オスの成牛の1頭分とされていた。私にドドスの長老男性が語ったところでは、彼がスーダン側に居住する牧畜民トポーサの友人を訪問し、銃を交換で入手したとき、11頭の牛を支払ったという。1970年のことである。銃弾については、2002年から2006年にかけて、AK47銃弾1個あたり500シリングであり、モロコシやトウジンビエなどの雑穀醸造酒1杯（約2リットル）あたりと等価であり、交換が成立していた。このような地酒と弾丸の取引は、地元警備隊として「雇用」されカラモジャ全体に展開しながら、中央政府による給与支払いが滞りがちで現金を持たない歩兵たちと、地酒を売る既婚女性との間で盛んに行われていたので、たとえば北部カラモジャ、コティド県カーボン郡などでは、女性が所有する穀倉（エドゥラ）（人の身長の高さほどの巨大なかご）のなかには、穀物の粒（穂を脱穀して、風選した後に残る種子）や紙幣、貨幣とともに、大人の中指ほどの銃弾が必ず数発ずつ入っていた。また、醸造酒という「飲み物」だけではなく、製粉されたモロコシやトウジンビエの粉、牛や山羊のミルク、屠殺された家畜の肉など基本的な食物を銃弾との交換で「購入」したり、病気や怪我の治療費として、手当てをしてくれた在野の医療者（medicine man）に銃弾が「支払」われたり、供儀や饗宴に招いてくれた友人への返礼や物乞いへの喜捨として「贈与」されていた。

カラモジャにおける小火器と軽火器の拡散の初期段階に関して、ウガンダ首相府が防衛省の協力を得て2007年に改訂した報告書『カラモジャの人間の安全保障と回復の推進のための基盤整備2007〜2010年』の2章は、バーバーやウェルチの歴史研究を引証しながら、イギリス保護領の行政管理下にカラモジャが置かれる前後、つまり1910年代には、交易者は象牙と引き換えに近代火器を差し出し、近代火器は象牙や奴隷と交換されたと指摘している。つまりカラモジャのライフル銃は当初、狩猟のための道具として配給され、あるいは象牙の報酬として支払われ、そして次に奴隷と象牙の交換の「媒介」として、つまりある種の貨幣として流通したのだろう。銃だけではなく、その銃弾もまた、より安価で日常的な必要品と、したがってより頻繁に交換されていたものと思われる。

（波佐間逸博）

53

子ども兵の社会復帰

★北部における平和・復興・開発計画★

ウガンダでは1990年代から貧困撲滅行動計画（PEAP：Poverty Eradication Action Program）が開始され、基本的ニーズにアクセスできない人口が56％（1992年）から2006年には31％にまで減少するなど貧困削減にも一定の成果を出している。一方、ウガンダ北部と南部の格差は非常に大きく、北部地域では、1986年以降続いた紛争の影響で、基本的ニーズを満たせない貧困層住民は72％（1992年）からほとんど減少していない。1990年代半ば以降、神の抵抗軍（LRA）による村の襲撃や子どもの誘拐が多発し、180万人もの北部住民が国内避難民としての生活を余儀なくされてきた。なかでも、主要民族がアチョリ人で占められている北部4県（グル県、アムル県、キットグム県、パデー県）の状況は深刻で、私が同地（グル県）に赴任した2005年の時点で、人口の約9割が避難生活を強いられており、その年の前半に紛争の影響で命を失った人の数は毎週1000人以上にものぼっていた。また、LRAは戦力を補充するために、夜間に村々や国内避難民キャンプを襲撃し、子どもの誘拐（徴兵）を頻繁に繰り返していたため、毎日、夕刻になると数千から数万人の子どもたちが、いっせいに町の教会や病院の敷地、NGOの施設にやってきて避難するという状況が続いていた。

2006年8月の停戦合意（敵対的行為の停止合意）以降は、治安が徐々に回復に向かい、ウガンダ政府は、PEAPを進展させるためには、北部での平和と復興が鍵を握っているとの認識から、2007年10月に北部地域での包括的な開発の枠組みとして「平和・復興・開発計画（PRDP：Peace, Recovery and Development Plan）」を発足した。同計画では「①国家権力の定着、②コミュニティの再構築とエンパワーメント、③経済の活性化、④平和構築と和解」の四つを戦略目標に掲げ、④を達成するための一つとして、LRAの元兵士らを社会経済的に統合していく「元戦闘員の動員解除と社会復帰計画」を定めている。LRAは、これまで推定6万6000人の子どもを誘拐し、兵力の約8割を子ども兵によって賄っていたといわれており、「元戦闘員」のほとんどは17歳以下で徴兵された元子ども兵を指している。

子ども兵は、水汲みや食事の準備、荷物や弾薬の運搬などの重労働を強いられ、政府軍との戦闘だけでなく、村々の襲撃や食料の略奪、新たな子どもの誘拐にまで加担させられていた。なかには、出身地域で住民の鼻や耳、唇を切断するといった残虐行為や、自分の両親や親戚の殺害を強要させられた子ども兵もいる。LRAは、子どもたちを何も恐れない兵士に仕立てあげ、同時に政府軍や住民に対し恐怖心を抱かせるために、このような残虐行為を強要したといわれているが、それは脱走を防ぐ一つの手段でもあった。実際に、帰還した子ども兵たちの多くは、「村に戻ったら殺されると教え込まれていた」と証言しており、加害者意識を植えつけ、脱走者に徹底した懲罰を与えることでLRAは子ども兵を拘束していた。一方、アチョリの伝統指導者やNGOらの働きかけもあり、政府は

LRA の誘拐を恐れ夜間のみ避難する子どもたち（2005 年）。彼らは、毎夜村々から集まり、毎朝自宅に戻るため、ナイトコミューター（夜の通勤者）と呼ばれた

２０００年に恩赦法を発効し、ＬＲＡの指導者５名（うち２名はすでに死亡したと伝えられている）を除く、元兵士に恩赦を与えた。これにより投降する兵士も増加した。

帰還した子ども兵は、まず政府軍が管轄する施設（ＣＰＵ：Child Protection Unit）で簡易な身体的ケアと事情聴取を受ける。たいていの場合、２日以内にＣＰＵから短期のリハビリを行うレセプションセンター（ＲＣ）に送られるが、長期間拘束されていた元少年兵などは、諜報員や政府軍の兵士として雇用され、かつての仲間であるＬＲＡとの戦闘に駆り出されることもある。ＲＣでは、身体的、精神的なケアや帰還先の受け入れ家族との調整などで、約３週間から数カ月間滞在した後、コミュニティに戻り社会復帰に向かう。これまで２万５０００〜３万人の子ども兵がＲＣを経由して帰還しているが、停戦合意以降、ＬＲＡはコンゴ北東部など近隣国に拠点を移したため、ここ数年は帰還する子ども兵は激減している。

元子ども兵の多くは10歳前後で誘拐され、初等教育の機会を奪われ、一般社会で生きる術を持っていないばかりか、過酷な戦闘中に心に大きな傷を負っている。２００４年の調査によると元子ども兵の97％はＰＴＳＤ（心的外傷後ストレス障害）の症状を示していたといわれている。こうした状況の元子ども兵が社会復帰するためには、再教育や経済的な自立を支援するとともに、心理社会支援、地域住民との融和・和解を促進するなど多角的な支援が求められる。特定非営利活動法人テラ・ルネッサンスが運営する社会復帰支援センターでは、過去6年間に、149名の子ども兵を受け入れてきたが、その約5割は近隣住民からの直接的ないじめや差別を経験していた。また、ささいなことで挫折したり、自己否定したりする傾向も強く、授業（基礎教育や職業訓練）の途中で、うまくいかないことがあると、教室を飛び出したり、そのことがきっかけで、心が不安定になることもあった。いかにエンパワーメントし、地域住民との関係性を取り戻していくかが一つの課題だ。元子ども兵と一言にいっても、誘拐された年齢や、性別、拘束期間、帰還地域の状況などによって多様なケースがある。一つのやり方がすべてうまくいくわけではない。たとえば、伝統的儀礼を通して元子ども兵の精神的安定をはかる取り組みが1990年以降、行われるようになったが（第55章参照）、あるキリスト教系の国際NGOが運営するRCでは、これらの儀礼は悪魔的であると完全に否定している。結果、同RCで一時的に子ども兵が癒されたとしても、村々には伝統儀礼を重んじる親族が存在しているケースもあり、そこに帰還した元子ども兵が再び精神的に混乱してしまうということが実際に起こっている。個々の状況に応じて、援助機関が連携し、いかにきめ細かく対応していくかがもう一つの課題である。

最後に、元子ども兵の社会復帰は地域の復興・開発支援の文脈で語られなければならない。現在、90％の国内避難民の帰還が完了したが、元子ども兵や未亡人、孤児などの社会的弱者は帰還が遅れ、土地を奪い取られていることもある。富裕層が農地を買い占めていることが一因で、ここ数年、土地をめぐる争いが激しさを増しているからだ。また、都市部のビジネス空間も富裕層が独占しつつあ

テラ・ルネッサンスで社会復帰のための訓練に取り組む元子ども兵たち。強制結婚によりLRA兵士の子どもを連れて帰還した元少女兵、コンゴ北東部の戦闘から帰還した元子ども兵が中心（2010年時点）

り、店舗の家賃も高騰している。自立したばかりの元子ども兵や脆弱な貧困層は、やっと手に入れた自立（収入源）の場を手放さざるをえない。ようやく、２００９年に実施に移されたＰＲＤＰも「④平和構築と和解」には全体予算の２・７％しか計上しておらず、セーフティネットが十分張られないまま復興と開発が進んでいる。これまで人道援助に依存していた人々が生活再建するためには、人道支援から復興・開発支援への切れ目ない移行が不可欠だ。元子ども兵など社会的弱者を取り残した復興と開発は、紛争予防の観点からも望ましくない。逆にいうなら、子ども兵の社会復帰というのは、この移行期がスムーズに進んでいるかどうかを見定める一つの指標といえるかもしれない。

（小川真吾）

54

北部の人びとから見た外国人の援助

★欧米的「援助」に翻弄される人びと★

ウガンダ北部のアチョリ人は、黒人以外の外国人を「モォノ（上司）」と呼ぶ。これはアチョリ語の「モォネ（論争を巻き起こす敵）」という言葉から派生したといわれているが、アチョリ人にとって、外国人との接触は、まさに論争を巻き起こすものであった。

19世紀初頭、ウガンダ北部にやってきたアラブの奴隷商人たちは、一部のクラン（氏族）に銃を与えて、奴隷狩りの手先として同じアチョリ人を襲撃させた。奴隷狩りの拠点となった砦に連行された人々は、裁判と称して健康な者だけが選別され、商品価値がないと判決をくだされた者は銃殺刑を受け、反抗する者は、その場で首を切られた。今もその処刑の際につけられた、無数の刃物の跡が砦の岩場に残っている。その後、やってきたイギリス人は、武力で弾圧するだけでなく、アチョリの伝統的儀礼を禁止するなど、キリスト教や学校教育の普及を通して、彼らの価値観や制度を植え付けようとした。中途半端でアンバランスに押しつけられた近代化は、アチョリ出身の文学者オコト・ビテック（第46章参照）が描いたように、アチョリの人々を「伝統」と「近代」という矛盾する価値観によって引き

ウガンダ北部（グル市）に残された奴隷狩りの砦（ベーカーズフォート）。中央の建物は武器庫と食料貯蔵庫。岩場の右側斜面で、処刑者は地面に首を押しつけられ、刃物が振りおろされた。今もその傷跡（右下写真）が無数に残っている

裂いた。また、イギリスがウガンダを保護領にして以来、南部を中心として統治したため、独立時には南北間での政治的、社会的、経済的な格差、民族対立の火種を残した。さらに、独立後、英米など外国人勢力が自国の権益を確保するために、この対立の火種を利用して、あるときは北部、あるときは南部を基盤とした政権に軍事的、経済的な「援助」を行ってきた。

こうした歴史的背景のなかで北部の人々は、自分たちを侵略し、都合よく利用してきた外国人（モォネ：敵）に対して、「怒りや不満」を持つと同時に、近代化をもたらし、（南部の）他民族に対抗する力（援助）を与えてくれる外国人（モォノ：上司）に「依存していたい」という複雑な感情を抱いているように思う。

現在、この外国人からの援助（主に欧米ドナー）が、ウガンダの国家予算の3割から4割程度を占め、その多くが北部の復興支援に使わ

れている。前章で示したように国連やNGOなどの援助によって、復興や開発が進み、一定の成果が出ていることは事実だが、一方で、外国からの援助を批判する声も少なくない。私が6年間駐在している間に聞いた批判の多くは「お金」にかかわることであった。つまり、「援助マネーが一部の富裕層に流れて、貧富の格差が拡大している」「援助がビジネス化している」「現地の物価を高騰させている」等々の指摘である。実際に、援助がエンドユーザー（最終的に援助の恩恵を受ける人々）に届くまでには、多額のお金が、中央政府、地方政府などの行政機関、そして運送業者や建設会社、卸売業者等々の援助ビジネスにかかわる業者に流れる。たいていの場合、これらのビジネスは、地元の富裕層や外資系（インド人経営）の企業が担っており、なかには政府関係者や地元有力者とつながりのある企業であることも少なくない。援助機関がこれらの業者から大量の物資やサービスを適正価格以上で調達することにより、物価が急激に高騰することもしばしば起こっている。さらに、大手の援助機関は、雇用する現地職員に対し、公務員の10～数十倍の給与を支払い、現地事務所や外国人職員の住居費として、地元住民の平均的な家賃（1000円程度）の100倍以上の金額を家主に納めている。それにともない富裕層をターゲットにしたビジネスがあふれかえり、地元の高級ホテルでは毎週のように援助関係者が、貧困層の半月分の収入額（1500円）以上の食事を平らげながら会議を開いている。当然、こうした異常な格差は援助機関と住民との信頼関係にも影響を与えているし、紛争再発の火種にもなりうる。ある長老が援助機関の行動を「巨大な『象』が走り回って、我が子に餌を届けているようなものだ」とたとえた。強者である象（援助機関）が動き回れば、弱者である草木（現地住民）に大きな影響を与えるにもかかわらず、援助機関は、自分の大きさに気づかず、餌（援助）を与えるまで

ウガンダ北部（グル市）の一等地に、大手の援助機関の事務所や高級ホテルなどが立ち並ぶ大通り。すぐ近くには、1日1ドル以下で生活する住民たちがいる

に無数の草木を踏みつけている、という。援助する側から見れば、安全面や緊急性、効率性などの観点から現地の経済水準にとらわれず、資金を投入せざるをえないこともあるが、同地では明らかに、それによるマイナス影響を軽視、または、彼がいうように自らの影響力の大きささすら自覚せずに、自己の目標達成だけにとらわれている。

第二に、現地住民が外国の援助を批判する点は、「援助が外国人の政治的な都合で行われている」という指摘である。大手の援助機関の活動費のほとんどは、外国のドナー（各国政府など）に支えられているので、どうしてもドナー国からの政治的影響を受けざるをえない。それらの制約のなかで現場の援助関係者は試行錯誤を繰り返しているわけだが、地元住民からすれば、表向き「現地人のニーズのために」といいながら、実際には援助がドナーのニーズに合わせて政治化されていることが我慢ならないというわけだ。その一つとして、移行期正義の問題がある（第55章から第57章を参照）。北部の人々が紛争後の復興に向けて歩みだすためには、紛争中に起こった虐殺や人権侵害などの事実を明らかにし、被害者と加害者の和解を促進していくことが重要であることから、欧米のドナーは、そのための活動に多額の資金を投入している。これ自体は非常に大切な活動なのだが、その正義を実現するために「裁き」の対象になるのが、反政府軍の指導者であれ、政府軍の人間であれ、すべて国内のアクターに限定した議論しか行われていない。神の抵抗軍（LRA）の司令官として15年以上戦ってきた元少年兵は、「人権侵害を犯したコニー（LRA指導者）や政府軍にも責任はあるが、どうして我々（LRA）に武器や弾薬、資金を流した外国人や、政府軍を軍事支援していたアメリカ人たちは裁かれないのか」と主張する。その理由を「外国人は、意図的（政治的）にアフリカの紛争がアフリカ人だけの責任で起こっていると完結してしまいたいからだ」と答える元少年兵もいた。彼らの目から見れば、移行期正義が「合成の誤謬」に陥っているのかもしれない。

これまでの欧米型の援助が「権益争い」のために行われてきたという歴史的経緯を鑑みれば、現地人がこのように援助を批判することも無理はない。彼らからの指摘は、援助マネーが「諸刃の剣」であることを、改めて我々に思い知らせると同時に、建前主義的（ダブルスタンダード）な欧米型の援助のゆがみがエンドユーザーの心に現れているようにも思う。奴隷狩りから植民地支配を経て現在にいたるまで、アチョリの人々にとって外国人（モォノ）は今も論争を巻き起こす敵なのかもしれない。

（小川真吾）

55

アチョリの伝統的正義

★「正義」として語られる実践★

２０００年代半ば以降、「アチョリの伝統的正義」が、国際的な注目と論争の的になった。きっかけは、２００４年1月に「国際刑事裁判所（ＩＣＣ）」が北部ウガンダの事態について関与を始めたことだった。

北部ウガンダ・アチョリ地域出身のジョセフ・コニー率いる集団は、１９８０年代末から勢力を強め、次第に「神の抵抗軍（ＬＲＡ）」と称するようになり、彼らと政府軍との戦いは長期化した。そして、北部住民を誘拐し、彼らを兵士にして同じ北部住民を攻撃させるＬＲＡと、国民を守るべく戦うと主張しつつ北部住民に暴力行為を行う政府軍の双方の行為を批判する報告書を、国際人権ＮＧＯ等が公表していた。しかし、ＩＣＣの関与開始後、すぐに批判の声をあげたのは、ＩＣＣが「被害者」側と見なしていた当のアチョリ地域の「伝統的」指導者や宗教指導者、アチョリ地域内外のＮＧＯや研究者らだった。他のさまざまな指摘に加えて、批判者の多くはＩＣＣより「伝統的正義」のほうがよいと主張した。これに対し、「ＩＣＣによる正義が平和をもたらすのであり、『伝統的正義』は正義ではない」といった主張をする研究者や国際ＮＧＯは、ＩＣＣの関与を支持した。

こうした議論のなかでは、とりわけ外部アクターは、「伝統的正義」を「修復的正義」として理解する傾向にある。そして「伝統的正義」は、一部の援助組織や欧米の活動家や研究者から、「赦し和解するアチョリの伝統」に根ざした正義として讃えられ、「伝統」への援助が行われた。これに対し、「伝統的正義」は赦しや和解のみを目的としたものでしかなく、応報的・懲罰的な要素を持たず、「国際的な正義の基準」を満たしていない、と判断した国際人権NGOや国際法学者、ICC関係者らは批判した。

しかし、「伝統的正義」として説明される、儀礼をはじめとするローカルな実践は、ICCによる関与以前は「正義（justice）」というくくりで広く語られてはいなかった。時代をさかのぼり、外部者による語りを検証してみても、たとえば植民地期には、キリスト教の宣教者たちはキリスト教の概念をアチョリの言語に翻訳し、布教し、この地域の人々を「文明化」しようとしたが、その際に彼らが「アチョリの宗教」という枠組みでとらえた実践は、現在「伝統的正義」と見なされている実践と同様のものである。あるいは、20世紀半ば以降、医療人類学の研究者や公衆衛生などの専門家たちによって、同様の実践は「伝統医療」等の枠組みに埋め込まれていた。後述のように、最近でも、1990年代後半からICC関与前までは、同様の実践は援助の文脈で「アチョリの伝統に根ざした元兵士の社会復帰」等として語られていた。

さらにいうと、「アチョリの伝統的正義は修復的であり、懲罰的要素を持たない」という理解は、必ずしも自明ではない。「アチョリの伝統的正義」とされるローカルな実践を詳細に検討すれば、そのなかには「応報的正義」の枠組みでとらええうる要素も、懲罰的と見なしうる要素も指摘できる。ただし、これが意味するのは、ローカルな実践を「修復的正義」や「応報的正義」という概念をあえて当てはめて理解しようとした場合には、どちらの要素も見出すことができる、という程度のことである。そもそも、「正義」という枠組みで語る必要は必ずしもないのだから。しかし、ICC関与後の議論のなかで、そうした実践は「アチョリの伝統的正義」とくくられ、外部アクターの多くは、懲罰的要素を持たない「修復的正義」の一形態と見なした。

このように外部アクターが理解した理由は複雑だが、なかでも大きな比重を占めると思われるのは、1990年代後半以降に、「伝統」が「元兵士の社会復帰」という枠組みで外部アクターに理解され、援助が行われ、「伝統復興」が行われた事実である。1990年代後半以降、援助組織や外部の研究者らは、心理学的な紛争理解に基づき、紛争が元LRAメンバーを含む人々の心に「トラウマ」を残しており、心を癒し、紛争で破壊された社会的関係を再構築することで紛争の根本原因に対処し、平和構築ができると考えた。そして、そのために、「伝統的」儀礼を通じて、元LRAメンバーやその他のアチョリ地域の人々の「トラウマ」を癒し、元LRAメンバーの社会復帰を促し、「伝統」に関する意識啓発活動を行い、首長や長老らを「特定」して「伝統的指導者」による組織（紛争前には存在しなかった組織）を形成させ、「社会的関係の再構築」に寄与しようとしてきた（第53章参照）。

「修復的正義」は、1970年代末以降に先進諸国で提唱され、1990年代以降の平和構築の議論のなかで移行期正義のアプローチの一つとされた。被害者の癒しと加害者の改善更正や社会復帰により重きを置き、被害者・加害者・地域社会の癒しと関係修復を目指すものとされる「修復的正義」の取り組みは、「元兵士の社会復帰」の取り組みと一定程度重複している。「伝統」は、1990年代

「伝統復興」の過程で新しく行われるようになった「伝統的」儀礼。儀礼の最初に行われた踊りの様子（パデー県パトンゴ国内避難民キャンプ）

半ば以降に「元兵士の社会復帰」という枠組みで援助されていたゆえに、外部アクターが「正義」というくくりでとらえようとした際には、「修復的正義」にあたるものと理解されたことが考えられる。

もちろん「伝統復興」すべく援助組織等に協力したアチョリのアクターが、心理学的な紛争理解を必ずしも共有しているわけではなかった（次章を参照）。しかし、ともあれ、アチョリの儀礼等のさまざまな実践は、２０００年代半ば以降は「伝統的正義」として広く語られている。その一方で、ＩＣＣは２００５年にＬＲＡの指導者５人に対する逮捕状を発行したが、そのうち２人はすでに死亡したと伝えられており、２０２４年４月現在、ＩＣＣによる裁判にかけられたのは１名のみである。残る２名の逮捕等の見通しは立っていない。また、ＩＣＣはウガンダ政府・軍関係者については逮捕状を発行していない。２００６年以降、和平交渉が行われたが、ＬＲＡ指導者は、ＩＣＣに逮捕される可能性があるかぎりは最終的な和平合意文書に署名しないと主張し、和平合意成立にはいたらなかった。和平交渉開始以降、ＬＲＡによる北部ウガンダでの戦闘行為は激減したが、ＬＲＡはコンゴ民主共和国等の周辺諸国に拠点を移し、それらの国々の住民への殺害行為や誘拐等を行ってきた。ＬＲＡの元メンバーをウガンダの国内裁判所で裁く方法も追求され、２０１１年７月にはＬＲＡの元指揮官１人に対する国内で初の裁判が開始されたが、他のＬＲＡのメンバーやウガンダ政府・軍関係者をはじめとする他のアクターの責任をどのように扱うかについての全体像は見えていない。

（榎本珠良）

56

「反政府ゲリラ」神の抵抗軍（LRA）とその歴史

★「非合理」を理解するために★

「神の抵抗軍（LRA：Lord's Resistance Army）」とその歴史については、さまざまに語られてきた。なかでも、最もよく見られる話は、アチョリ地域の「伝統」を取り入れた儀式を行い、スーダンの聖霊や中国の聖霊やらの霊媒と主張し、聖書の十戒に基づいてウガンダを治めるつもりらしい、狂気じみた残虐なジョセフ・コニーとその仲間が、反政府集団のはずなのに、なぜか自らが生まれ育ったアチョリ地域の人々に残虐行為を繰り広げる話だろう。本章では、コニーが「伝統」とキリスト教的要素を混ぜ、霊媒を称し、同じアチョリ人への攻撃を命じるという、一見して不可解な状況にいたる歴史の一端を取り上げることで、この紛争を理解する一助になればと思う。

前章で言及したように、植民地期、宣教者たちはキリスト教的概念をアチョリの言葉で伝えて「文明化」しようとしたが、彼らとこの地域の人々との相互作用は、新しいハイブリッドな概念や世界観を生み出した。たとえば、キリスト教的概念を取り込んだ聖霊の霊媒を称する「ネビ」と呼ばれる人々が現れた。植民地独立後のアチョリ地域では、首長や長老たちの権威が衰退していたが、「ネビ」たちは、「伝統的」要素とキリスト教的要素を融合させつつ、呪術や妖術に使われない善良な霊媒であることを主張し、首長や長老らに代わる機能を果たそうとした。ＬＲＡのジョセフ・コニーは、１９８０年代後半の「聖霊運動（ＨＳＭ：Holy Spirit Movement）」の指導者アリス・ラクウェナの後継者であると主張しているが、ラクウェナも当初、「ネビ」として登場した。

１９８６年に北部ウガンダ・アチョリ地域出身のティト・オケロ政権が現大統領ヨウェリ・ムセベニの軍に倒されて以降、北部ウガンダでは、旧政権下の元軍関係者を取り込んださまざまな反政府集団が形成された。そのなかで、この地域では逃れてきた元軍関係者等にとりついた霊や、混乱のなかで多用された呪術が原因とされる霊の災禍や「道徳危機」が問題視された。首長や長老らは、オケロ政権下で殺害行為などの禁忌を犯した若いアチョリの元軍関係者らにとりついた霊が及ぼす災禍を問題視し、「アチョリの伝統」を持ち出すことで、彼らをコントロールし、首長や長老らの権威に服させようとした。しかし、元軍関係者らのなかには、首長や長老らが司る儀礼のプロセスに従うことを拒む人々も多かった。これに対し、首長や長老らは、そうした「けがれた」元兵士たちが諸悪の根源であり、彼らが「伝統的」な秩序に背くために、霊によるさらなる災禍が引き起こされ、混乱や無秩序を生み、暴力の悪循環につながっていると主張した。首長たち以外にも、混乱のなかで多用される呪術や妖術が、災禍や死を招き、内部の不和を悪化させていると論じるものもあった。しかし、首長や長老らは、呪術や妖術を行う人々に対抗する能力や権威をすでに失っていた。

ハイケ・ベーラントが論じるように、首長や長老らが霊に対処し秩序を維持することができない状況で、「ネビ」として登場したラクウェナが「道徳危機」への解決策を示すことができたからこそ、

ＨＳＭはこの地域で一定の支持を得た。ラクウェナは、「伝統的」要素とキリスト教的要素を取り込んだ独自のハイブリッドな儀礼を生み出し、元軍関係者にとりついた霊や、呪術や妖術に対処した。また、かつての首長たちのように、ラクウェナは「道徳教育」を提供し、規則や行動規範をつくり、裁判をし、判決をくだし、新たな社会的・道徳的秩序のビジョンを提供した。彼女の戦いは、ムセベニ政権という「外」の敵だけでなく、アチョリ地域や他地域の人々のなかの「けがれ」にも向けられていた。しかし、それゆえに、暴力の悪循環を止め、人々と社会を癒すことを目指すなかで、内なる敵との戦いという彼女のロジックは、「けがれている」と見なされた人々（呪術や妖術を行ったとされる者や、彼女の規範に従わないＨＳＭ兵士、他の反政府集団など）に対する攻撃を正当化するものになった。

１９８７年にＨＳＭがウガンダ政府軍に敗退した後、ジョセフ・コニーが彼女の後継者を名乗り、彼の集団は次第にＬＲＡと称するようになった。コニーもまた、呪術や妖術に対抗し、「伝統的」要素とキリスト教的な要素を含めたハイブリッドな儀礼をＬＲＡのメンバーに施し、彼らを浄化しようとした。そして、独自の行動規範を作成し、メンバーに従わせ、規範に従わない人々を厳しく罰したと同時に、「伝統的」とされる規範に背く行為を命じた。彼もまた、ウガンダ政府軍と戦闘を続ける一方で、「けがれている」人々を攻撃した。しかし、当初からＨＳＭほどの支持を得ていなかったＬＲＡは、アチョリの人々の支持を失うにつれ、「けがれたアチョリ」を容赦ない攻撃と破壊、殺戮の対象とした。

１９９０年代後半以降、紛争の根本原因に対処するとして、外部の援助組織等の支援のもとで「伝統復興」が行われた。ただし、首長や長老らは、必ずしも外部の援助組織等による心理学的な理解

（前章を参照）を共有していたわけではなかった。首長や長老らによると、元ＬＲＡメンバーは、紛争下で行った禁忌（首長らの「伝統的」規範に背く行為）ゆえに霊にとりつかれているのであり、「けがれた」彼らに首長や長老らの儀礼プロセスによって対処し、「伝統教育」を施して「伝統的」道徳を身につけさせる必要性があるのだった。そして、紛争や「伝統」に関する首長たちの解釈、外部の援助組織等による心理学的な解釈、あるいはキリスト教的解釈等が絡み合うなか、紛争以前には見られなかった「伝統的」組織や組織構造、儀礼や地位がつくられた。

ここで興味深いのは、ラクウェナやコニーによるアチョリ社会の浄化と道徳・社会秩序の再建の企図と、１９９０年代後半以降のの「伝統復興」との間に、一定の類似性と競合性が観察できることである。首長や長老らにとって、「伝統」に基づく「元兵士の社会復帰」とは、元ＬＲＡメンバーを、コニーのハイブリッドな権威ではなく、首長たちのハイブリッドな「伝統的」権威に服させる試みともいえた。「伝統復興」は、社会秩序や規範をめぐる、ＬＲＡに対する首長ら「伝統」支持者たちの静かな戦いであったとも解釈できる。ただし、「復興」された「伝統的」社会秩序にも、規範に従わない人々への排除の可能性がないとはいえない。首長らの権威は紛争以前に衰退しており、「復興」されたといってもその程度は誇張されるべきではないが、平和構築の名のもとに行われる「伝統復興」がこの地域に何をもたらすのかについては、より長期的に見ていく必要がある。

（榎本珠良）

57

国際刑事裁判所による処罰と賠償をめぐる被害者の諸相

★正義の功罪★

ひとりの男性が、ウガンダから遙か遠くはなれたオランダのハーグで9年にわたって拘留されている。名をドミニク・オグウェンという。２０１５年1月に、身柄を拘束され、２０１６年から２０２３年までの8年間、国際刑事裁判所（International Criminal Court：ＩＣＣ）において、４つの国内避難民キャンプ襲撃事件をふくむ罪を審理する裁判が進むのを待ち、懲役25年の判決を受けた。オグウェンは、１９８６年以降、20年にわたって政府軍と反政府軍によって継続されたウガンダ北部紛争において、神の抵抗軍（Lord's Resistance Army：ＬＲＡ）の旅団長として、膨大な数の地域住民を犠牲にした加害者である。

ウガンダ北部紛争では、ＬＲＡと政府軍の双方が、地域住民に対して略奪や虐殺といった暴力を行使した。ＬＲＡは、兵士不足を補うために、子どもを含む地域住民を誘拐し兵士として訓練して従軍させ、地域住民を殺すことを強いてきた。オグウェンもまた、１９８８年に小学校への通学途中に誘拐され、ＬＲＡ兵士として生きることを強いられた被害者でもある。

彼を訴追したＩＣＣは、国連において決議され、２００２年に設立された世界初の戦争犯罪を専門にあつかう常設の刑事裁判所であり、加害行為に対する被害者への賠償もおこなう。ICCが、ウガンダ北部の事態に関する捜査を始めたのは、設立の翌年となる2003年であり、訴追された事件は2004年以降に発生した。ICCは、2004年に、LRAの最高指導者であるジョセフ・コニとオグウェンをふくむ5人に逮捕状を発行したが、コニは、2023年現在もウガンダ国外で軍事活動を継続しており、残る3人はすでに亡い。

政府は、ICCへの付託にいたるより前の2000年に包括的恩赦法を施行しており、さらに、アチョリの伝統的首長組織は、人道支援機関と協力して被害者から加害者への赦しをともなう和解を提唱してきた。1997年に公表された提案書によれば、この和解は、殺人が起きると、伝統的首長による調停のもとに、加害者側の親族が被害者側の親族に賠償することで両親族集団の敵対関係を解くという慣習法をアレンジしてLRA兵士の罪に適用するという帰還事業であった。この文脈において、調停は元LRA兵士が加害行為を告白する場として設定されていた。しかし、実際には、人道支援機関が賠償資金を提供したにもかかわらず、元LRA兵士と被害者のあいだでの賠償はほとんど実現しなかった。人びとは、元LRA兵士を処罰するよりも、彼らの罪を黙認することを選択したのである。

なぜならば、まず、元LRA兵士は加害者というより子どものときに誘拐された被害者であると考えられているからである。それに、人びとは、隣人を直接に糾弾することで、それが自分の身内の元LRA兵士に跳ね返ってくることも恐れている。また、伝統的首長組織と離れたところでは、複数の首長らが、元LRA兵士は戦場で上官の命令に従ったのであるから慣習法の適用範囲（＝アチョリ社会）ではないと認識していた。さらに、現実的にいえば、夜間や襲撃の混乱に乗じて殺人が生じたために、直接的な加害者と被害者を特定することは、元ＬＲＡの自白をのぞいては困難であった。元ＬＲＡ兵士にとって、すでに包括的恩赦法によって不処罰が確定したあとに、加害行為を告白し隣人に周知するメリットは皆無であった。したがって、人びとは、それぞれの元ＬＲＡ兵士がどのような罪を犯したのかすべてを知ることはなかったものの、彼らの従軍期間の長さや帰還後の心身の不調を含めた行動、誘拐された親族が語った他の兵士の加害行為から、おおよそのことを察して恐れ遠ざけることもあった。それでも、元ＬＲＡ兵士が、村社会での生活を再建しながら日常を生きていくことで、彼らと人びとは関係を少しずつ調整してきたのである。こうして、和解も処罰も、そして賠償もないままに、この地の平和は創られてきたのである。

この平和を暮らす人びとにとって、オグウェンの逮捕は寝耳に水であった。２０１５年以降、ＩＣＣは、被害者に個別に被害状況を聞き取り、被害者の特定をおこなってきた。そして、ハーグでおこなわれる裁判の映像を襲撃の被害を受けた地域で上映し、裁判の進行状況や判決を説明する集会を開催してきた。２０１６年12月６日に、最初の公判映像が村の小学校の校舎の壁に映し出されたとき、被告人席に佇んで「わたしはＬＲＡではない。ＬＲＡはコニだ」と陳述したオグウェンを、多くの人びとが嘲笑った。

これまで問うことも問われることもなかったＬＲＡによる加害行為が、ＩＣＣによって初めて人びとに詳細に公開され、さらに、元ＬＲＡ兵士をふくむ人びとがオグウェンによる加害行為の被害者であると認定され、賠償を受け取る可能性を示唆されたのである。憎悪の矛先がオグウェンに向いたことは間違いない。

一方で、夫を殺した元LRA高官と同じ村で暮らす老女は、後日、家の軒先で、「オグウェンをゆるす。彼は、誘拐されたのよ。彼はまだほんの小さい子どものときに」と述べた。彼女が、もしオグウェンを憎めば、夫を無慈悲に殺し、成人になってから従軍し帰還した加害者に、彼女はこれからどう接することができるというのだろうか。また、彼女の夫を殺した元高官は、2年後に開かれたICCの集会において孤立を恐れずに、むしろ衝動的に「オグウェンは、子どものころに誘拐されたのだ。帰ってきている者となにが違う?」と声を発した。長く従軍した者が、帰還後に地域社会に打ち解けることは容易ではない。

もちろん、オグウェンの旅団に編入させられ暴行された者や襲撃事件で家族を殺された者たちのなかには、処罰を心待ちにしていた者もいる。しかし、被害者の家族は加害者を黙認するほかに村で暮らすすべはなく、加害者は赦されることなくときに敵対的なまなざしを受けながら暮らしてきた。それでも、人びとは、「誘拐された子ども(被害者)」という実感をともなった免罪符とともに、個々の葛藤になんとか蓋をしようとしながら生きてきた。したがって、子どものときに誘拐されたオグウェンを裁くことは、人びとが共有してきた日常に反することである。

老女も元高官も、ほかの人びともみな、オグウェンの有罪にもとづいてICCが立て替えを約束した賠償に期待を寄せている。人びとはだれもが、未曾有の20年の出来事に対して「どうしてなのか」と問い、その答えをえないままに生きてきた。その答えの一部は、ICCによる法的な真実の公表からなる加害者の処罰に求めることができるかもしれない。しかし、オグウェンだけを裁いた(あるいは裁いてしまった）ＩＣＣの正義が、人びとを完全に納得させることはできないのである。

人びとは、ＩＣＣによる賠償が被害地域に住むすべての人びとに現金で支給されるべきだと考えている。それは、失ったものへの代償であると同時に、地域紛争によって教育も経済も低迷してきたこの地の人びとが、紛争を経験していない若い世代を育むための投資である。人びとは、過去を乗り越え未来を創り出すことを切望しているのである。

（川口博子）

58

森林管理政策の転換と保護区をめぐる争い

★政治資源としての森林★

ビクトリア湖の周辺に位置する地域は、バナナを多く栽培していることに加えて、森林もかなり残っている。ウガンダが緑豊かな国だと印象づけられるゆえんである。しかしウガンダ、ケニア、タンザニアという東アフリカ3国を比較してみると、国土面積に対する森林被覆率は順に18・4％、6・2％、39・9％（国連食糧農業機関〔FAO〕が2007年に発表したデータによる）となり、タンザニアに次いで2位。ケニアほど乾燥地は多くはないが、タンザニアほど広大な疎開林は持たない。一方、森林被覆面積の減少率は1990年代、2000年代を通してこれら3国のうち第1位となっている。2002年に実施された調査（National Biomass Study）によれば、ウガンダの国民1人あたりの森林保有面積は1991年の0・3ヘクタールから、2025年には0・1ヘクタールにまで減少すると推算されている。

19世紀末以来しばらくの間、イギリス保護領政府は国内森林に関するこれという政策もないまま資源として森林を利用していた。森林管理への政策的取り組みが始まったのは、1929年にはじめて発表された政策からである。そこで強調されていたのは、保護領経営のために持続的に木材を供給することのできる森林環境の維持（植林含む）と現地人地方行政官など森林にかかわる者の啓発だった。その10年後の1939年にローカルスタッフの技術的訓練の徹底を強調した形の改訂がなされるが、これによって地方行政が森林管理に熱心に関与の姿勢を示すと、今度は地方行政の森林管理へのかかわりについて補足した1948年の改訂が行われた。しかし独立後の1967年には、それまで中央・地方の2種に分けられていた森林保護区は一括して中央管理とされ、地方行政はいくつかの小さな村の森（コミュニティ森林区）を除いて森林保護区の管理にはかかわることができなくなった。その後、アミン政権下で発表された森林政策（1971年）は、森林を管理しつつ利用すべきという点よりも経済的な価値創出のための収奪的利用を強調したものであったが、ムセベニ政権下では世界銀行の森林再生プログラムに沿って、森林全体が保全的に利用される必要性を強調した政策が発表された（1988年）。

このように保護領期以来の森林政策は、保全と収奪的利用の間で揺れながら、一定の地方行政のかかわりに政策的注意が向けられたことがあったものの、基本的には資源管理に関しては一貫して計画決定過程から資源の日常的利用者である周辺住民を排除し、政府が森林を囲い込んで管理するという形をとっていた。こうした伝統的な管理モデルは「要塞型管理（fortress conservation）」と呼ばれる。この間ずっと森林管理政策の統括にあたっていたのは農業省の森林部（Forest Department）だった。この旧体制が転換されたのは20世紀末から21世紀への移行期においてである。こうした中央集権的で周辺住民排除型の資源管理のもたらす諸々の弊害への反省をもとにした、周辺住民の参加可能な、政府・住民コミュニティ協同型の資源管理への政策パラダイムシフトは、20世紀終盤からのグローバルレベルの潮流だ。

1998年、ウガンダ政府は複数の省庁解体の政策に乗り出したが、農業省森林部もその解体の対象の一つとなった。政府はイギリスの国際開発省（DFID）、ノルウェー政府、ドイツ連邦政府技術協力機関（GTZ）、国連開発計画（UNDP）、FAO、EUなどから援助を得て解体再編を進めていき、2003年に、「国家森林管理・植林法（The National Forestry and Tree Planting Act）」によって農業省森林部の廃止、それに代わるNFA（国家森林庁）を設置することが決定した。新森林管理政策（New Forestry Policy, 2001年）、国家森林計画（National Forest Plan, 2002年）といった計画も、こうした制度整備の下地をつくった。新体制で強調されるのは、森林保護区の資源管理の地域レベルでの決定プロセスに、地方政府、企業、各関連団体などと同じ利害関係者の立場で周辺住民が参加すべきとされる点だ。もっとも中央集権型の旧体制に対しては、「周辺住民排除」への批判だけではなく、むしろ強制力も予算も、各地域の森林管理まで十分に届いていなかったとの批判もある。つまり、新体制は周辺住民への配慮だけではなく、彼らを動員して、より効率よく地域の森林資源を管理することを目指しているという側面もある。

森林資源をはじめとしたこうした分権型・地域住民参加型の自然資源管理にも、考えるべき問題点はある。たとえば、「同じ利害関係者として」というけれども、住民を地方政府、企業などが同等な力関係にある利害関係者として想定することははたして妥当なのか、という点である。本当に住民たちが「利害関係者の一人」として、声を上げ、その声が力になることがあるのだろうか。

この疑問に答えるために、二つの事例を紹介する。まずは、NGOによるアファーマティブ・アクションの事例を紹介しよう。ウガンダ東部のエルゴン山は、標高２０００メートル以上のあたりからエルゴン山国立公園として、その森林とともに国家に保護されている。この国立公園の境界画定、および境界の度重なる変更に際しては、住民側と政府側とに１９５０年代以来ずっと争いがあった。政府側は住民を境界侵犯者（encroacher）と見なし、罰金や強制移住・補償つき移住の対象とした。この国立公園内でもともと生活を営んでいた住民たちは、公園管理を担当する野生生物協会（Wild Life Authority）を相手取って裁判闘争を展開し、その結果、地方高等裁判所において先住権が認められたのである（２００４年）。ここで住民側が公の場で争うのを助けたのは、ＮＧＯ団体（Uganda Land Alliance）だった。しかしこの後現在にいたるまで公園側と住民との境界をめぐる争いは絶えず、また、補償を得た住民と、そうでない住民との格差の存在など、全面的な解決にはいたっていない。

保護区周辺住民は、直接の利害関係者として非常にわかりやすい位置にあるが、森林はときにその資源の直接の利用者ではない「市民」から政治的争点として問題化されることもある。２０００年代半ばの、ウガンダ中部マビラ森林保護区（Mabira Forest Reserve）の売却をめぐる騒動の事例がそれにあたる。ことの発端は、ムセベニ大統領がこの保護区の一部をインド人財閥の経営する製糖企業ＳＣＯＵＬにサトウキビ農園用地として売却する計画を発表したことにある。この大規模森林伐採計画に対してブガンダ王カバカが反対を表明すると、首都カンパラ、および保護区の位置するムコノ県を舞台に、街頭デモやサトウキビ畑の焼き払い、ＳＣＯＵＬ製砂糖の不買運動などが展開され、新聞も紙面を割いてこれらを報道する事態に及んだのである。特に２００７年４月12日に首都カンパラで行われた１０００人規模のデモは、同日、インド系住民排除を唱導する暴動に発展した。政府は軍隊と機動隊を動員してその鎮圧にあたったが、ウガンダ人、インド系住民を巻き込み20人の逮捕者、少なくとも3人の死者、および多くの負傷者を出したといわれ、その様子はBBCやCNN、アルジャジーラなどのグローバルメディアの報じるところとなった。また、世論はこのデモの前後にわたり新聞投書やウェブサイト、携帯のネットワークを使って大いに盛り上がりを見せた。結果、翌5月に政府はこの売却計画の凍結に追い込まれたのである。これは、対インド人財閥、対ムセベニ政権、ブガンダ王国といったウガンダ中部固有の複数の政治経済的ファクターが絡み合った興味深い事例だといえる。

活発化したNGOの活動やメディアの報道によって、周辺住民と森林との関係は優れて政治的な争点と化す。ここに紹介した事例は、ごく一部のものだが、決して例外的なものではなく、これからも継続して発生する事態だと考えたほうがよい。環境の世紀といわれる21世紀にあって、これから先もウガンダをはじめ世界の熱帯森林減少は問題視され続けるだろう。しかし、「森林が減少するのはよくない」というナイーブな正義だけでは、もはや現実に森林をめぐって生じている問題の片端すらもとらえていることにはならない。アクターも問題化の切り口もさまざまなのであり、それを踏まえたうえで多面的な分析、そしてそのつどの最適解を求めていく姿勢が望まれる。

（白石壮一郎）

59

カリンズの森とチンパンジー保護

★エコツーリズムの現状★

首都カンパラから西の方へ、舗装道路を6時間あまり走ると、広々とした紅茶畑の中に森が見えてくる。私が1992年から野生チンパンジーの調査を行っている、カリンズ森林保護区だ。

カリンズ森林は、隣接するクイーンエリザベス国立公園の一部をなすマラマガンボ森林、道路をはさんで隣接するカショハ・キトメ森林とともに、ウガンダで一番大きな森林ブロック（979平方キロメートル）を形成している。ここには、野生チンパンジーが約1200頭生息するほか、ロエストモンキー、ブルーモンキー、アカオザル、アヌビスヒヒ、シロクロコロブスの5種類の昼行性霊長類が生息する。樹高40メートルにも達するイチジクの木が実れば、チンパンジーやサルたちを始め、青色のきれいなエボシドリや、くちばしの大きいシロクロサイチョウなどが木に群がる。

こうした動物たちを見ていると、アフリカ奥地の熱帯雨林にいるような気分がするが、実際には、カリンズ森林を一歩出ると、紅茶畑が広がり、幹線道路の向こうには、村や農地が続く。チンパンジーは、アフリカ大陸の赤道付近の熱帯林にしか生

第59章

カリンズの森とチンパンジー保護

チンパンジーの母子

息しない。ウガンダは、チンパンジーの分布の東端にあたり、大地溝帯に沿ってチンパンジーの生息している森が分布している（図）。現在、ウガンダに生息しているチンパンジーの数は約5000頭であるが、これは、国別ではもっとも大きい頭数である。

これまで有名なチンパンジーの生息地というと、ほとんどが人の住んでいる場所から遠く離れた森の奥だった。アフリカでは、チンパンジーを含む霊長類が狩猟の対象となっていることが多いので、人里近くでは、すでに狩り尽くされてしまったところが多いのだ。しかし、ウガンダでは、カリンズ森林だけでなく、キバレ森林、ブドンゴ森林など、チンパンジーの住む森が茶畑や村のすぐ近くにある。これは、これらの地域に住む人々が、農耕とともに牧畜を行って肉や牛乳から十分なタンパク質を得ることができ、霊長類を対象とした狩猟は行ってこなかったからだ。ウガンダの人々にとって、サルは食べ物ではないのだ。

しかし、狩猟による絶滅を逃れられたウガンダのチンパンジーも、近年絶滅の危機にさらされている。一番大きな問題となっているのは、森林の消失である。チンパンジーの住んでいた森がどんどん耕作地になっている。現在、ウガンダにあるチンパンジーの生息地は、ほとんど国立公園や森林保護区などに限られている。

また、本来保護されているはずの森林保護区であっても、安心はできない。森林保護区といっても、「自然保護」のための守られている森ではなく、「木材」という資源を持続的に得るために管理されてきた場所だ。カリンズ森林のほとんどの場所は、一度は伐採が入り、二次林となっている。

ウガンダにおけるチンパンジーの分布

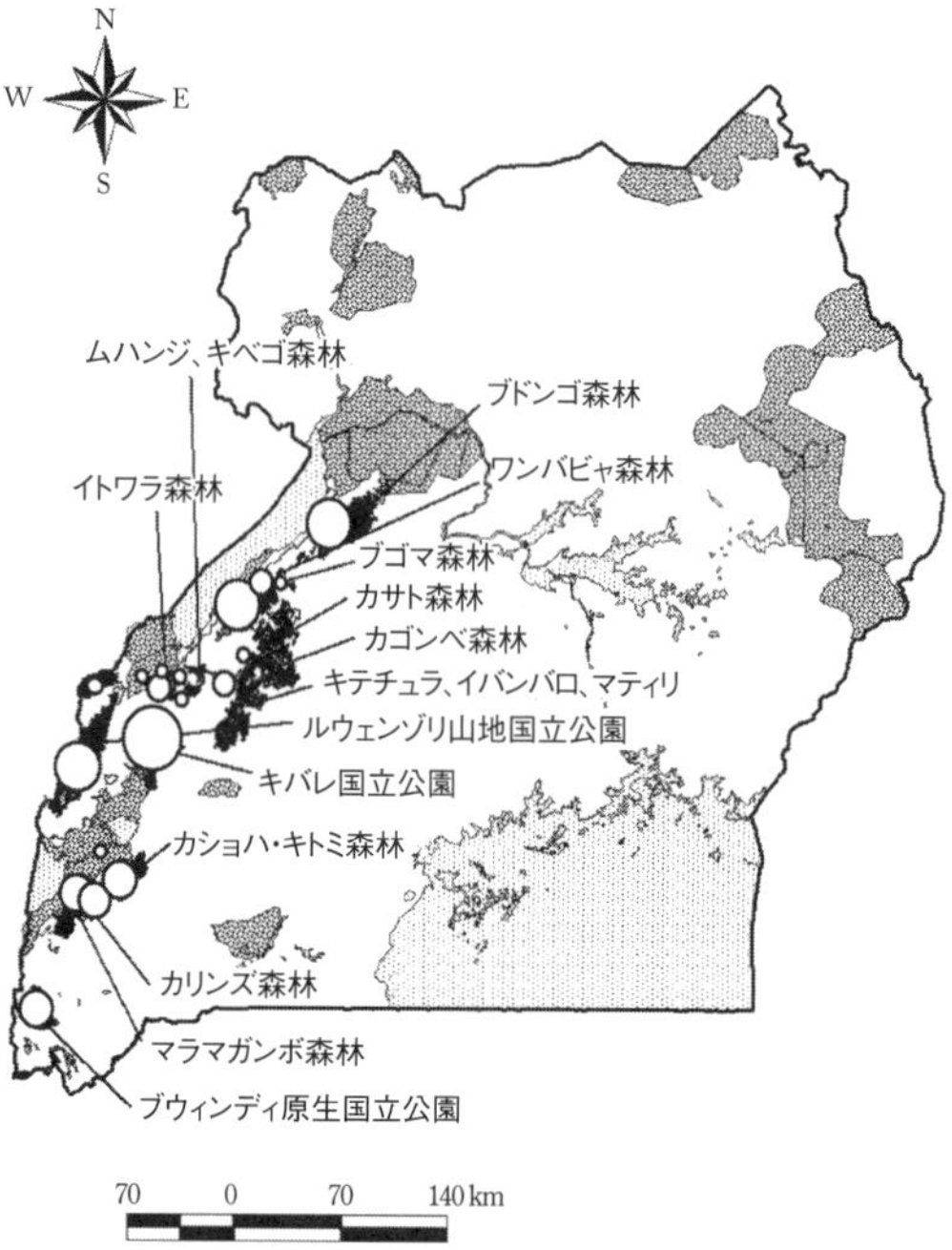

円の大きさはチンパンジーの生息数、黒色の部分は森林、濃い網掛けの部分はサバナの国立公園または保護区、薄い網掛けの部分は湖を表している。
出所：Plumptre and Cox 2006 の図 1 および Plumptre, Cox, Mugume 2003 の図 3．2 より改変。

私たちが調査を始めた1992年から1997年までは、計画的な伐採がチンパンジーの保全にそれほど大きな脅威をもたらすとは考えていなかった。というのも、当時は、銅鉱山の坑道の柱に使うパリナリという樹種のみを選択して伐採していたためか、あまりチンパンジーの生態などに影響が見られなかったからだ。

しかし、1998年に伐採計画の方針が変わり、大規模な伐採が行われるようになった。1998年に、約2キロメートル四方の林班が1年あまりでほぼ丸裸になるような計画が実施された。さすがにその次の年には、若干伐採の規模が小さくなったものの、それでもチンパンジーなどの生態系がうける影響は大きかった。

そこで、私たちは、伐採に代わる経済的な活動として、カリンズ森林におけるエコツーリズムの導入を、森林保護区を管轄する森林局（現National Forestry Authority）に提案した。地元の村人の意識調査や、地方の行政官や地元住民の代表者を集めたワークショップの開催、エコツーリズム計画の内容の検討などを経て、2002年にカリンズ森林におけるエコツーリズムの導入が決定された。

カリンズ森林にエコツーリズムを立ち上げるにあたって、ここで調査を行っている日本人研究者が中心となって、ガイドの訓練やツアーの内容の検討などに積極的に関わってきた。そして、チンパンジーを対象として2つのタイプのツアーを設定した。ひとつは、観光利用を目的として人慣れさせたチンパンジーを森林局のガイドが観光客に案内するというガイドツアーである。もうひとつは、限られた数の観光客を対象に、「研究者体験」を提供する「スタディツアー」である。スタディツアーでは、観光客は約1週間カリンズに研究者とともに滞在し、朝から研究者と一緒に森に入り、チンパンジーを観察し、データをとる。夕方にはデータをまとめて、ミーティングを行う。さらに、村人と一緒にマトケなどの料理を一緒に作るというプログラムも行う。スタディツアーは、観光客にカリンズの自然を深く理解してもらうとともに、村人にも森の「価値」を理解してもらうことを目指している。

また、カリンズのエコツーリズム計画の中には、地元への環境教育活動が含まれる。自然を長期にわたって保全するためには、エコツーリズムのもたらす経済的な利益を地元にもたらすだけではなく、自然に対する知識を広める必要があると考えたからである。外務省の「日本NGO支援無償資金協力」より資金を得て、村と森林の境界のところに、カリンズ森林環境教育センターを建設した。ここで、毎日曜日に子どもたちに図書を貸し出したり、不定期に研究者や地元の調査助手による講演会を行っている。研究者が森の中で研究のみを行っていたときには、研究者は村人にはほとんど存在を知られていなかったが、こうした活動を通じて、私たちの研究や保護活動も村人にとって馴染みがあるようなったと思う。

近年のウガンダへの観光客の増加をうけ、カリンズのエコツーリズムは、また新たな局面を迎えた。ガイドツアーにはほぼ毎日観光客が訪れるようになってきているが、この観光プログラムをさらに発展させるため、森林局はUSAIDの支援を受けて、新たなキャンプサイトと樹上の散策路を建設することになった。私たち日本人研究者は、チンパンジーや他の霊長類の生態を損なうことなくこの計画を進めることができるかを検討するため、日本の「自然保護助成基金」の支援を受けて、森林局や地元住民と協力して霊長類の分布とその季節変化を調べるモニタリング調査を行っており、現在その結果を参考に施設の建設が進んでいる。またこのほかにも、ライセンスを受けた民間企業がチン

カリンズ森林環境教育センターでの日曜オープンスクールの様子

パンジーの遊動域の近くにロッジを建設しており、観光客の利便性を高めている。

この現在進行形の計画がうまくいけば、さらに多くの観光客が見込め、地元にも大きな経済的な利益をもたらすだろう。私たちは、そうした中でカリンズ森林の自然が損なわれないよう心して見守っていきたいと考えている。

（橋本千絵）

60

日本の対ウガンダ政府開発援助

★援助協調先進国における模索の道★

現在のウガンダは、政府策定の「第3次国家開発計画」（2020年～2024年）を基本に、自国の発展に必要な開発事業を進めており、それらの事業に対するドナー（donor 援助機関〈ウガンダ政府はpartner パートナーと呼ぶ〉）の支援や国外からの投資を求めているように思われる。国家予算に占める国外からの援助は緩やかな減少を続け、2022年度（会計年度は7月～翌6月）は20・9％である。

ドナー（援助機関）としては、二国間援助、多国間援助を含め、41の国や国際機関があり、支援額（2003～2007年度累計）が大きいのは、世界銀行、米国、中国、EU、英国、アフリカ開発銀行等である。無償（grant）と有償（loan）の比はおよそ6対4であり、アジアからは、日本、中国、韓国が加わっている。日本は2010年より円借款事業が加わり、援助総額が増加したものの、2021年は62・73万米ドルにとどまり、決して大手ドナーとは言えない。

これらに関連し、2010年以降に起きた3点の変化、すなわち①SDGs（Sustainable Development Goals）の設定 ②コロナ（COVID－19）の影響 ③反同性愛法案をめぐるムセベニ政権とドナーの関係について触れる。

①ＳＤＧｓ（Sustainable Development Goals 持続可能な開発目標）の設定

ＳＤＧｓは、２０１５年９月の国連サミットで採択された、国連に加盟する１９３の国と地域が達成を目指す２０１６年から２０３０年までの国際目標のことである。17の目標と１６９のターゲット（下位目標）が設けられ、毎年その達成度が測られている。ウガンダにおいては、前述した同国政府の「第３次国家開発計画」にも援助機関の援助計画にもＳＤＧｓが組み込まれており、世界の課題解決に向けた取り組みが行われている。

②コロナ（ＣＯＶＩＤ−19）の影響

２０１９年に発生し、２年以上にわたる世界病（pandemic）のコロナウィルス感染症（ＣＯＶＩＤ−19）は、ウガンダにおいても猛威を振るった。援助はストップし、多くの分野で活動が停止した。１９８０年代後半以降のエイズや２０００年後半のエボラ出血熱以来であり、医療保健分野も含め、多くの援助活動がストップした。日本のＯＤＡ（Official Development Assistance：政府開発援助）も２０２０年度は大きく予算・人員を減らし、ＪＩＣＡ（Japan International Cooperation Agency：国際協力機構）の専門家や協力隊員の撤退や派遣中止が続いたが、２０２１年度からは徐々に回復し、コロナ前の状況に近づきつつある。

表 60 − 1　ウガンダに対する ODA の年度別・形態別実績

（単位：百万米ドル）

年　度	無償資金協力	技術協力	政府貸付	合　計
1999	11.74	8.34	0.00	20.08
2000	16.00	6.37	0.00	22.37
2001	8.93	5.64	0.00	14.57
2002	3.07	5.01	0.00	8.08
2003	3.14	6.39	0.00	9.53
2004	64.25	5.37	0.00	69.62
2005	4.80	9.64	0.00	14.44
2006	13.56	8.22	0.00	21.78
2007	17.83	9.68	0.00	27.51
2008	39.25	12.64	4.62	56.51
2009	23.16	24.24	6.64	54.04
2010	42.06	22.74	6.44	71.24
2011	28.19	27.79	1.15	57.13
2012	38.35	27.24	3.29	68.88
2013	22.69	18.53	16.30	57.52
2014	31.38	17.36	36.99	85.73
2015	21.97	15.08	33.42	70.47
2016	24.87	18.06	23.91	66.84
2017	21.07	18.44	24.07	63.58
2018	23.23	11.13	37.03	71.39
2019	31.48	13.68	19.99	65.15
2020	11.85	11.10	15.38	38.33
2021	20.63	15.09	18.36	54.08
累計	523.50	317.78	247.59	1,088.87

* 当該年度の『ODA 白書』（外務省国際協力局（旧経済協力局）編）より作成した。
* 政府貸付は償還分を差し引いた。

③反同性愛法案をめぐるムセベニ政権とドナーの関係

２０２３年３月反同性愛法案（Anti-Homosexuality Bill）がウガンダ国会にて賛成多数（議員３８９人のうち３４１人）で可決され、ムセベニ大統領は同法案に署名した。これに対し、欧米のドナーや人権擁護団体から非難が相次ぎ、世界銀行に至っては付帯決議の中で援助の見直しを提示した。人権侵害を行う政権に対するＯＤＡの供与はできないという論理である。この動きに対し、ムセベニ大統領は、議会の決議を尊重したのであり、ドナーの内政干渉は不要であるとの旨を述べ、両者は決裂した。現在は、両者の折衝が続いている状態である。

ウガンダにおける日本のODAが本格化したのは、日本大使館（1997年）やJICA事務所（2005年）等の独立した援助実施機関が首都カンパラに設けられてからである。外務省は、ウガンダをTICAD重点国（TICAD：Tokyo International Conference on African Development アフリカ開発会議）のひとつとして、2007年に以下の重点分野を設定した。

①人的資源開発：教育、職業訓練等
②基礎生活向上：保健・医療インフラ、水供給等
③農業開発：コメ振興、農産物付加価値向上等
④経済基盤インフラ整備：道路、電力等

これらは、ウガンダ政府の国家予算において上位を占める①教育・保健②インフラ整備③エネルギー開発④農業といった重点分野に沿って日本の政府開発援助が進められていることを示している。日本の対ウガンダ援助は、多くが無償（grant：贈与）であり、返済を前提とした有償（loan：貸付（＝円借款））は、上記④の経済基盤インフラ整備に限られる。また、ウガンダがアフリカ諸国の中でも進んでいる分野として、地方分権化、マイクロファイナンス、有機農業等が指摘されるが、日本のODAとして、それらに特化した取り組みは少なく、むしろ大手ドナーでない日本の「強み」を活かせる分野としてJICAによるコメ振興プロジェクトとボランティア派遣事業を挙げることができる。

表 60 − 2　ウガンダで実施中の ODA 案件（JICA 担当分）

区　分	期間 (延長を含む)	案件名など
技術協力プロジェクト	2021/02 ～ 2025/02	アタリ流域地域灌漑施設整備維持管理能力強化プロジェクト
	2021/11 ～ 2026/11	西ナイル・難民受入地域レジリエンス強化プロジェクト
	2023/02 ～ 2027/02	ICT 産業振興プロジェクト
	2015/10 ～ 2022/06	村落地方給水維持管理・衛生改善プロジェクト
	2019/04 ～ 2024/03	コメ振興プロジェクト　フェーズ 2（東部、北部、中西部地域）
	2021/03 ～ 2024/03	送電系統保護能力向上プロジェクト
	2021/11 ～ 2026/11	5S-CQI-TQM を通じた患者安全構築プロジェクト
	2021/09 ～ 2026/08	北部ウガンダ生計向上支援プロジェクト　フェーズ 2（北部）
開発調査（開発計画調査型技術協力を含む）	2021/03 ～ 2024/03	カンパラ首都圏都市開発マスタープランプロジェクト
無償資金協力	2018/11 ～	アタリ流域地域灌漑施設整備計画
	2019/08 ～	カンパラ市交通管制改善計画
	2021/02 ～	西ナイル地域の難民受入地域における国道改修計画
有償資金協力	2010/11 ～	ナイル架橋建設事業
	2015/09 ～	カンパラ立体交差建設・道路改良事業
	2018/08 ～	カンパラ首都圏送変電網整備事業
草の根技術協力（草の根パートナー型）	2020 年度	生理で学校に行けなくなる女子学生の教育環境改善事業
草の根技術協力（草の根協力支援型）	2018 年度	マダニ媒介感染症制御による畜産農家支援プログラム
	2020 年度	絶滅危惧種ヨウム保全の地域連携モデルケース構築支援
	2022 年度	西ナイル栄養改善生計向上（NILE）プロジェクト

* JICA ウェブサイト他より転載。
* 終了年度が 2022 年度以降のもので、JICA が担当する案件（短期調査団派遣、ボランティア派遣を除く）を挙げた。
* 無償資金協力および有償資金協力は、締結年月を記した。
* 草の根協力支援事業は、採択年度を示した。

ＪＩＣＡは、コメ振興プロジェクトの一環として、ネリカ（ＮＥＲＩＣＡ：New Rice for Africa）の普及を推進している。ネリカとは、シエラレオネのモンティ・ジョーンズ博士がアフリカ稲とアジア稲の交雑により開発した新種のイネである。第4回アフリカ開発会議（２００８年）のフォローアップとして日本政府が打ち出したＣＡＲＤ（Coalition for African Rice Development アフリカ稲作振興のための共同体）イニシャティブの下、ウガンダでも普及（特に陸稲）を促進す

表 60 － 3　日本の ODA の形態

（筆者作成）

二国間援助	贈与	無償資金協力	一般無償	一般プロジェクト融資
				債務救済無償
				草の根・人間の安全保障無償
				日本NGO連携無償（旧日本NGO支援無償）
			文化無償	
			緊急無償	
			食糧援助	
			貧困農民支援（旧食糧増産援助）	
		技術協力	研修員受入	
			専門家派遣	
			ボランティア派遣	
			プロジェクト方式技術協力	
			開発調査	
			機材供与	
			国際緊急援助	
	政府貸付	プロジェクト借款		
		ノンプロジェクト借款		
多国間援助	国際機関への出資・拠出			

* 1999 年以降、ウガンダに行われたものを示した。
* グラントエレメント（GE）は貸し付けの度合いを示す数値のことで、贈与を１００%、市中銀行と同じ金利（１０%）で貸し付けるものを０%として計算される。

る協力が活発に行われ、フェーズ２に入ったコメ振興プロジェクトは東部、北部、中西部地域への普及推進のみならず、他のアフリカ各国における稲生産促進に取り組んでいる。ＦＡＯ（国連食糧農業機関）やＷＦＰ（国連世界食糧計画）等の国連機関や現地ＮＧＯとの連携、ウガンダ人の農家やＪＩＣＡ海外協力隊員に対するネリカ普及研修実施等の他、ネリカ検定の導入等のユニークな試みも継続して行われている。

ＪＩＣＡが行うボランティア派遣事業（ＪＩＣＡ協力隊）は、援助機関が行うものとしては他に類例を見ない日本独自のものである。派遣期間の長さにより長期・短期の別があり、年齢は20歳から69歳（派遣前）と幅広く、男女比は女性隊員が若干多い。ウガンダの場合、職種としてはコミュニティ開発が最も多く、小学校教育、体育、感染症・エイズ

JICAによるネリカ稲の研修風景

対策等がこれに続く。地域的には全国に展開しており、配属先も学校や県庁、郡庁等といった政府機関の他、NGO等にも派遣されている。彼らの多くは草の根レベルの開発協力や国際交流を行っている。1999年以来の派遣実績を持ち、2023年10月1日時点で派遣中のボランティア数は25名（男性9名、女性16名）である（JICAウェブサイト参照）。

これらの他に、日本大使館の「草の根・人間の安全保障無償」による現地NGOへの支援やJICAウガンダ事務所の「草の根技術協力」による日本のNGO、大学、自治体等に対する支援の枠組みがある。

（河内伸介）

JICA協力隊による土嚢を用いた生活道路補修（ムピジ県チェゴンザ準郡）［藤崎竜二撮影］

コラム15

ウガンダと日本

白石壮一郎

ウガンダと日本との関係といえば、「開発援助」という項目が真っ先に思い浮かぶ。だが保護領期前期にウガンダに赴いた日本人は開発援助の実務家でも外交官でもなく、民間商社の社員だった。

今私の手元に、大学図書館から借り出してきた古めかしい活字の資料がある。その表紙には『東アフリカ経済事情調査報告書、大阪商船株式会社』とある。刊行は大正15（1926）年の元日。遠洋課員の肩書きを持つ田島正雄氏は、前年の1925年8月に神戸港を発ち、海路モンバサに到着しておよそ2カ月間の東アフリカ滞在を経て同年12月に帰国。

この時期に日本の商社が注目していたのは綿花生産だった。報告書の記載から、日本綿花株式会社はすでにこのときカンパラに出張所を構えていたことがわかる。また、次の記載からは当時すでに綿花がガンダ人の間で購買力を培う換金作物として成功を収めていること、そして商品経済化に関してはガンダ人が最も有望視されていたことがうかがえる。

バガンダ族はブガンダ王国を形成せる最進歩せる種族にして多く回教または基督教を奉じバナナを常食として生活し棉の栽培に従事する者多く東アフリカ土人中最有望なるものなり。海外より輸入せらるる綿布および雑貨の消費力もこの種族を最とし自転車、蓄音器、裁縫機械等の高級品に対する需要あり。…（中略）…カンパラ辺りに住む上級土人の生活はケニヤ海岸地方のスワヒリを凌ぎまた地方にても酋長その他有力なる土人は相当の農園を有し衣食住とも進歩し居れり。この棉花栽培の発達に伴い土人

の所得増加せるに因るものなり。（同報告書、40ページ、原文ママ）

大阪商船はこの報告書を刊行した1926年に日本－東アフリカ航路を開設し、政府も補助金を支給した。当時の大阪毎日新聞は、この報告書を要約した連載記事を掲載している。これに続いて外務省通商局（1928年『東アフリカ経済事情調査報告書』、1934年『「ウガンダ」保護領事情』）、商工省貿易局（1936年『東アフリカ経済事情並に対日本貿易情報』）などがウガンダを含む東アフリカ事情についての報告書を刊行することになる。1928年の外務省通商局の報告書は、綿業の同業界書記長が嘱託として派遣され書かれたもので、綿花・綿布に関する記述が中心である。大阪商船の報告書に比べ、栽培の様子などをつぶさに現地踏査したらしき記述が見られる。

土人の男子は土地の耕耘に従事するも播種より摘採に至るまでは殆ど土人女子の手仕事として行わる。播種は降雨を待ち初めて着手せられ一回の播種発芽せざるときは次の降雨を待ちて再び播種せらる。摘採は3回を以て終とす。（同報告書、70ページ、原文ママ）

その後1970年代にウガンダの綿花生産は凋落し、今日にいたるまでに日本の商社はウガンダをはじめ東アフリカから多くが撤退した（第15、22章も参照）。現在の日本とウガンダの関係は社会開発や技術協力が中心だ（第53、60章も参照）。海外青年協力隊は2011年現在、100人近くの派遣されたボランティアが活動している。1970年代から90年代はじめごろまでは途絶えていた日本人研究者による現地調査も現在は再開し、若手研究者の数も増えている。

61

周辺国との関係

★特に「東アフリカ共同体」について★

ウガンダは、ケニア、タンザニア、ルワンダ、コンゴ民主共和国、南スーダン（2011年7月以前はスーダン）の五つの国に囲まれている。このなかで特に植民地時代から関係が深かったのはケニアとタンザニアである。

第1次世界大戦直後に、現在のタンザニアの本土部のタンガニーカが、ドイツの植民地からイギリスの国際連盟委任統治領となり、ケニア、ウガンダ、タンガニーカ、ザンジバルの4地域がイギリスの植民地統治の下に置かれたときから、そこには共通の組織がつくられてきた。1922年から共通の通貨として東アフリカ・シリングがあり、またその域内での物資の移動の自由が存在していた。ケニアはウガンダにとって海への出口であり、その港であるモンバサとは鉄道で結ばれ、ウガンダの経済にとって、輸出・輸入の経路であるケニアとは、切ってはならない関係として保たれてきた。1960年代はじめのウガンダ独立直後には、ケニア・タンザニアとともに「東アフリカ共同役務機構」を組織しており、鉄道、港湾、航空、郵便サービスなどを共同運営していた。しかしその後、各国は独自の通貨を発行するようになり、共通通貨や共同機構は消滅した。

ルワンダ、コンゴ民主共和国およびスーダンとの関係は、これとは異なり、しばしば緊張関係が生じてきた。ルワンダとの関係を理解するためには、植民地時代の事情を知る必要がある。人口稠密でアフリカ大陸内では人口密度最大の地域であったルワンダからは、大勢の移民労働者がウガンダに流入し、特にブガンダ王国のマイロ・ランドに小作人として住みつき、農業生産に従事した。また1959年にルワンダに平民革命が起き、60年に王制を廃止したころから、暴動から難を逃れて多くのツチ人が亡命してきた。そのときの亡命者たちが、ウガンダ内でルワンダ愛国戦線（RPF）を結成し、1990年10月にウガンダからルワンダに侵攻し、いったんは和平が成ったが、ルワンダ政府の扇動により1994年に全土を覆う虐殺事件が起こり、結局内戦に勝ったRPFが政権を樹立した。現在ウガンダとルワンダとの関係は、おおむね良好である。

コンゴ民主共和国との関係は複雑で、1996年にコンゴのモブツ大統領の政権を倒したローラン・カビラの武装闘争を支援してウガンダ軍はコンゴに出兵、98年にはコンゴのジャン・ピエール・ベンバの率いる反カビラ勢力の支持に回ってコンゴの政権と対立、その後99年にルサカ協定が成って、国連の平和監視団の出兵とともにウガンダ軍は撤退した。最近では、ウガンダとコンゴの国境にまたがるアルバート湖付近に、2000年代に石油の埋蔵が確認され、ウガンダ側の陸地で石油採掘が始まると、コンゴはアルバート湖内の小さい島の領域を侵されたと主張して、2007年8月には、両国の軍事対立に発展したが、その後2008年にカンパラで行われた国際自然資源管理会議で、ウガンダ側の地理調査による国境線の位置関係から、この島はウガンダ領域内であるという説明をコンゴ側が受け入れ、この問題は大きな紛争にいたらずに解決された。

スーダンとの関係は、南部スーダンの住民による自治権獲得の闘争と密接に関係している。１９８３年にスーダンのニメイリ政権は、南部３州の分割と、イスラーム法（シャリーア）の全国施行を決め、これに反発した南部住民は、スーダン人民解放運動（ＳＰＬＭ）を組織して武力闘争が始まった。ウガンダはＳＰＬＭとその軍事部門のＳＰＬＡに国内基地を提供したが、スーダン政府は逆にウガンダ内の反政府ゲリラに武器を供与するなどして、両国の対立は深まった。スーダン政府の攻撃を受けた多数の難民はウガンダに流入し、長年難民キャンプの生活を送った。20年を超す長期にわたった南部スーダンをめぐる内戦はようやく周辺諸国の調停の努力が実り、２００２年７月にケニアのマチャコス会議で、南部の帰属を６年後の住民投票で決めるという合意が成立、２００５年１月の「包括和平協定」にそって南部に自治政府が誕生した。２０１１年１月９日の南部住民の住民投票は平和のうちに終了、圧倒的多数を持って南部の分離独立が決まり、同年７月９日に南スーダンとして独立を果たした。ウガンダは南スーダンの独立を支持しており、両国の経済関係強化を期待している。

ウガンダ、ケニア、タンザニア３国間に１９６７年に成立した「東アフリカ共同体（East African Community）」は、アミン大統領時代の１９７７年に解消したが、90年代になると、再び東アフリカ協力の機構を再構築する動きが具体化してきた。新たにルワンダとブルンジの２国がこれに参加の意思を表明した。上記３カ国による「東アフリカ共同体」復活の動きは、１９９３年11月30日に「常設３カ国東アフリカ協力機構」が成立したことに始まり、３国は国境を越えた域内の住民移動の原則的自由と、共通関税制度の設立を目指すことになった。次いで99年11月30日をもって「東アフリカ共同体」条約は３国の批准を終え、２０００年７月７日に条約が発効した。ルワンダとブルンジは協定の署名を2007年6月18日に終え7月1日に正式にメンバーとなり、5カ国による共同体となっている。これにより1億3400万の人口を持つ（2010年）経済ブロックが成立し、その経済的便益は大変大きなものとなることが期待されている。「東アフリカ共同体」の事務局とその立法議会はタンザニアのアルーシャ市にあり、その議員は構成国の国民議会で選ばれる。

2011年3月現在で、構成国の住民は、東アフリカ・パスポートを取得すれば、ビザなしで5カ国内の移動ができるが、取得費がウガンダの場合、2万ウガンダシリング（約8・5ドル）と高いため、一般の住民たちにはまだあまり利用されていない。しかしこのほかにインターステート・パスを取得するか、シングル出入国カードを取得して国境を越える道もある。一方、これまでコンゴやスーダンとウガンダとの国境については、正規の手続きを踏まずに、国境をまたいで非公式の通商が盛んに行われており、これはほとんど公然の秘密となっている。東アフリカ共同体内で、現在は他国で自由に就労することは認められていないが、近年中にワーク・パーミット（就労認可証）なしで職に就くことが可能となる予定であるといわれている。構成国間の共通の関税率は2010年7月から施行されており、東アフリカ製の物資には輸入税がかからなくなった。しかし付加価値税（VAT）などはかかる。

スーダンにおいて、長い間の独立戦争を戦っていた南スーダンは2011年7月9日に独立を勝ち取り、2016年9月5日に「東アフリカ共同体」の正式メンバーとなった。このように次々とメンバーを増していったのは、自由な物資、労働力、産品の国境間の移動のメリットが高く評価されるようになったからだと思われる。加盟を申請する周辺国はさらに増え、2022年4月8日には、ウガンダの隣国「コンゴ民主共和国」が加盟を申し込み、２０２２年7月11日にはＥＡＣの正式メンバーとなった。さらには、ケニアの隣国であるソマリア連邦共和国（Federal Republic of Somalia）が２０２３年11月24日に加盟を申し込み、２０２３年12月15日には、ＥＡＣの正式メンバーとなったことが、報じられている（https://www.eac.int/eac-quick.facts）。

（吉田昌夫）

62

マスメディアと政治・社会変動

★新聞・ラジオ・テレビの役割★

ウガンダの政治の展開の過程で、政府ならびに民間の見解、方針を伝達し、住民の社会生活の変化を知らせ、またそれを促がすメディアとしての役割において、新聞は広報活動の大きな役割を果たしてきた。ウガンダ社会のダイナミックな動きは、新聞がたどってきた歴史に表されてきたといってもよい。現在ウガンダでは二つの英字新聞が大勢の住民に読まれており、新聞を街角の歩道などに座って売っている女性の売り子たちから買った人は、毎日仲間や友人たちと回し読みし、その内容について議論したりする。

二つの大新聞というのは、政府系と呼ばれている『ニュービジョン（*New Vision*）』紙と、野党系と呼ばれている『デイリーモニター（*Daily Monitor*）』紙である。しかし政府系とか野党系といっても、双方とも政府に都合の悪い事柄なども報道する。2社ともカンパラで株式上場されている民間企業によって発行され、『ニュービジョン』を発行するウガンダの会社は年間収入（主に広告料）５００億ウガンダシリング（２００９／10年度）を得て、納税額は64億ウガンダシリングと、ウガンダのトップ１００社の上から39番目に位置している。日刊発行部数は現在

3万4000部といわれており、1986年創業の時代から増え続けている。一方『デイリーモニター』のほうは、ケニアに本部を持つ情報企業のネーション・メディア・グループが他の5名の個人と共有するモニター出版社によって発行され（1992年創立）、2004年より株式上場してウガンダのトップ100社の75番目に位置し、これも日刊発行部数は2万2000部に達している。ネーションググループはまた『イーストアフリカン』という名の週刊新聞をケニアで発行し、これはウガンダでも売られている。またニュービジョングループはガンダ語新聞『ブケッデ』、アチョリ語新聞『ルピニ』など、民族語のいくつかの新聞も発行している。

購読者の多い３新聞［New Vision 紙は日本貿易振興機構アジア経済研究所図書館所蔵］

ウガンダの新聞の歴史は長く、すでに1962年の独立時までに新聞が続々と発行されては廃刊されるという歴史をたどってきたが、それはウガンダが植民地となった早い時期から、初等、中等教育を充実させ、文字を介する情報伝達が重要になっていたことを物語るものであろう。

1901年から1920年の間に、ウガンダの二大キリスト教会であったプロテスタントの教会伝道協会（CMS、後のウガンダ教会の母体）とローマカトリック教会は、伝道の目的で一般向けの新聞を刊行しはじめたが、双方とも使用言語はガンダ語であった。CMSの新聞は1907年に創刊され、一方カトリックの新聞は1911年の創刊で、『ムンノ（*Munno*）』という名称を持ち、現在も同じ名前で刊行が続けられている。週3日発行であった『ムンノ』は発刊当時すでに発行部数8000部であったといわれる。

新聞が政治に大きくかかわるようになったのは、1950年代であった。当時は英字新聞が多くなっており、そのうちの重要なものは、1921年にマイケル・モーゼスによって創刊された『ウガンダヘラルド』紙で、週3回4000部を刊行した。1952年に国民政党としてのウガンダ国民会議（UNC）が創立されたが、当時UNC幹部は『ウガンダヘラルド』紙に自治要求の主張を盛んに寄稿していた。このころ1953年から54年の1年間に10新聞が創刊され、なかでもUNC幹部の一人J・W・キワヌカは『ウガンダポスト』を創刊したが、同新聞はウガンダ保護領政府と他政党への紙面での攻撃を理由とされて54年7月に停刊に追い込まれた。また進歩党という政党をつくったE・M・K・ムリラは、『ウガンダエンピャ』という名のガンダ語の新聞の発行者で、当時保護領政府によってロンドンに追放されたガンダ王の帰国のための論陣を張った。

1955年1月に創刊された英字紙の『ウガンダアーガス』紙は、ケニアの新聞『イーストアフリカンスタンダード』が株式の51％を持つ中立的な新聞として発足し、すぐ有力な日刊紙となった。ウガンダの独立前夜は新聞紙上での論争が盛んな時期であった。ただ1962年の独立直後、アガカーン財団（アガカーンを教祖とするイスマイリ系イスラーム協会が設立）が創刊した『ウガンダネーション』紙は、営業成績が芳しくなく停刊してしまった。一方独立後の初代首相のオボテは、政府系のメディアをつくろうとし、「ウガンダテレビジョン」を1963年10月に創業させて、政府による報道を全国的に伝播しようという意図のもとに、テレビ回線網の建設に着手した。また与党ウガンダ人民会議（UPC）の機関紙の性格を持つ『ピープル』という英字新聞を発刊した。

1966年になって、ブガンダ王の追放と4王国の廃止という大変動を経て、自ら大統領となったオボテのもとで、新聞は報道が困難な時代を迎えた。しかしこのころはマスメディアとしてのラジオの重要性が急速に高まった時代で、1966年に行われた民間調査では、エリート階層の人々の79%、一般階層の39%がラジオを定期的に聴いていた。これに対し新聞を読むと答えたのは、エリート層の32%、一般階層の13%であった。

この後、1971年1月のアミンによるクーデターと軍事政権の樹立はマスメディアの重大な改変をもたらした。アミン大統領はクーデターの直後はマスメディアの自由を尊重する姿勢を示したが、国会を停止し、すべての政党活動を禁止した後、表現の自由を完全に抑圧した。「ウガンダテレビジョン」の局長を暗殺し、『ウガンダアーガス』紙の編集長アテカー・エジャルを事務所から連行して暴行を加え、国外逃亡を余儀なくさせた後、新聞記事をアミン自身が細かく指示し、その通りに書くことを強制したといわれている。次いでUPCの『ピープル』紙を廃刊させた後、1972年11月に『ウガンダアーガス』紙を突然停刊させ、そのスタッフを移籍させて、新たに『ボイスオブウガンダ』紙を創刊した。キリスト教会関係の新聞として伝統を保持していた『タイファエンピャ』と『ムンノ』も編集長が殺害されるなどして廃刊に追い込まれた。

アミン政権が倒れた後も、平和はすぐには訪れなかった。新しい状況下で『ウガンダアーガス』の後継新聞として『ウガンダタイムス』が発足した。また『ムンノ』と『タイファエンピャ』の両ガンダ語新聞も再生した。1980年の大統領選挙の結果、UPCのオボテが再び大統領となり、『ウガンダタイムス』はこの結果を支持したが、DP（民主党）およびNRM（国民抵抗運動）は選挙の大規模な不正を主張、NRMの指導者ムセベニは農村部でゲリラ戦を展開するにいたった。この時期は西欧の新聞やテレビがオボテ政権の軍事行動の残虐性を暴露し続けた時代であった。1985年7月27日には国軍内部で反乱が起り、オボテ政権を倒して、ティト・オケロとバジリオ・オケロに率いられた軍幹部を中心とした軍事政権が成立した。しかしこの政権は情報公開とは逆の方向を志向し、新聞記事はすべて発行前に政府の「新聞保障委員会」の検閲を受けねばならない、という決定をくだしたが、各新聞はこの決定を完全に無視した。1986年1月25日にムセベニに率いられたNRMの勢力はカンパラに進撃し、これを陥落させるにいたって、オケロ政権は崩壊した。

マスメディアが社会生活に与える大きさは最近とみに明らかにされるようになった。マケレレ大学社会研究所より出版された『ウガンダの転換』の章の一つを担当したチャールズ・オニャンゴ・オッボによれば、NRM政権のもとで1986年から90年までは、マスメディアは政治にばかり注目していたが、90年代にそれが劇的に変わったという。彼はウガンダにHIV／エイズが急速に蔓延したことにその原因があったと述べている。エイズが貧困層のみでなく中間層の間に拡がったとき、メディアはこの問題を大々的に取り上げるようになった。NGOのエイズ支援機構（TASO：The AIDS Support Organisation）を立ち上げたノーリン・カレーバ夫人や、人気の高い歌手のフィリー・ルターヤなどが、エイズ問題を自らの問題を含めて公共の場で大きく取り上げ、メディアの英雄のようになった。それまでは個人の行為やセックス、道徳、対人関係などを記事や放送の対象として扱おうとしなかったマスメディアは、個人に焦点を当てることによって、人々の社会行動に影響を与える可能性に目覚めたといってよい。主要な新聞は、それまでたとえばコンドームの使用を積極的に賛成するようなことはせず、政府の主張する「性行為の節制」を奨励するばかりであった。それが1992年7月に『モニター』紙が創刊されると、同紙は外部の圧力に抗してコンドームの使用を積極的に宣伝活動に取り入れた。すでに政府は、エイズ問題を解決するには事実を隠すことではなく公開することが必要であるという政策をとりはじめていたが、その解決方法の一つであるコンドームの使用を推進したのは、『モニター』紙の功績で、これ以後、ウガンダ社会のコンドームの受け入れは急速に進んだ。アフリカ諸国のうちHIVの感染率が最も高いと90年代のはじめにいわれていたウガンダは、1997年にはHIV感染率を9・5%にまで低下させ、2004年には6%になったといわれ、また国連エイズ機構（UNAIDS）によってエイズ対策の成功例とされたが、そこにこのようなマスメディアの影響があったのである。

同じように、それまで問題として焦点をあてられることのなかった子どもに対する大人や教師の扱い方が、メディアで大きく取り上げられるようになった。なかには子どもに対する性的虐待のようにショッキングな事例も報じられるようになったが、もっと一般的には子どもに対する体罰の過酷さが問題視され、多くの生徒が身体に損傷を受けている事態が報道されて、教育省が「木の細枝で打つお仕置き」に関する指導を発表するまでになった。これらの報道を通じて子どもの福祉への一般的な関心の高まりが生じた。また、マスメディアは子どもを教育の対象としてだけでなく、メディアの消費者として利用するようになった。新聞に子ども向けの折り込みページを入れたり、漫画を増やしたりし、テレビ番組でも子ども向けの時間を多くとるようになった。ラジオのＦＭ放送の番組には、子どもの声を採録して社会問題に反映させようとするものも現われた。

ＦＭ放送は１９９３年ごろより急速に盛んになり、「サンユーＦＭ」「キャピタルラジオＦＭ」など有力な放送局も生まれたが、設立手続きやコストの手軽さから、２年後には、ＦＭ革命と呼ばれるようなブームの時期が到来した。政府もＦＭの民間局を積極的に社会公民教育のために利用するようになってきた。ウガンダにおけるラジオの普及率はケニアよりも高いといわれ、２００２年の時点で、１０００人に１２８台のラジオがあると、ユネスコによる低めの推定でも明らかになっている。また政治家たちは積極的にラジオを通して話すようになり、いわゆるトークショーがはやるようになった。ただ最近の番組にコマーシャリズムの行き過ぎがあることを懸念する声もあり、クイズ番組にあまりにも多額の賞金や賞品が賭けられ、青少年のためによろしくないとする意見も聞かれる。

１９９０年代はまた携帯電話が急速に普及した時代で、ウガンダに民間の「ＭＴＮ」と「Celtel（現在はAirtel）」という携帯回線業者の二大会社が進出し、これまで国営ウガンダ・テレコム会社ＵＴＬの電話を引けなかった大衆の多くが携帯電話を使うようになった（２０００年代になってＵＴＬの民営携帯局「Mango」と新たに「WARID」が参入し、さらに「Orange」が参入して現在は5会社）。携帯を使ってＦＭ局のクイズ番組に即答できるので、ＦＭ局と携帯電話局は相乗効果で伸びているという観測もなされている。

ウガンダの主な放送局（2011 年現在）

ラジオ局	テレビ局
大手ラジオ局の例 Sanyu FM Radio One FM Capital FM Radio Uganda K FM 地方ラジオ局の例 Radio Apac AruaOne FM CBS Voice of Tooro Liberty FM Busoga FM Voice of Kigezi Voice of Teso	Channel Television Uganda Multichoice Uganda TopTV Uganda Uganda Broadcasting Corporation Wavah Broadcasting Service Record TV Uganda NTV

２０１１年現在で、ウガンダには少なくともラジオ局は１００、テレビ局は7あるといわれる。ラジオ局には大手（Sanyu FM, Radio One FM, Capital FM, Radio Uganda など）のほか、地域ラジオも多い。それらの代表的な局名を、テレビ局名とともに表に掲げる。テレビ局は衛星放送を介してアメリカ、ヨーロッパ、インド、中国、日本などの局が作成した番組も放映している。このように現在のウガンダにおけるマスメディアの活動は多彩である。

（吉田昌夫）

おわりに

はじめてエンテベ空港に降り立とうというとき目にした光景は忘れがたい。隣国ケニアのナイロビへの着陸時に見える乾燥地とはまったく対照的な、眼下に広がる湖と緑。それを美しいとか豊かだとか形容する前に、これからその地で過ごす日々に思いを馳せていた。以来、私がウガンダとつきあいはじめて10年以上が経つ。私自身は東部の片隅にある山村をフィールドに調査を続けてきたが、この本の仕事にかかわったことで、一つの村から徐々に知ることになったウガンダを多面的かつ歴史的・空間的広がりをもって見ることができるようになった。

あらためて通読してみれば、この本ではじつに多岐にわたるトピックが扱われている。2000年代に入ってから10年の間に、ウガンダへ調査に向かう若手研究者の数は増え、国際協力機構（JICA）、青年海外協力隊やNGOなどの実務のために滞在する方々も多くなった。この本の内容のバラエティは、かれらの力に支えられている。とりわけ第Ⅲ部、第Ⅳ部、第Ⅴ部、第Ⅵ部の多くの章は、現在第一線の若手研究者や実務家の書き手によるもので、かれらがウガンダに滞在して得たさまざまな知見がふんだんに盛り込まれている。

ウガンダに関する日本語の本は、かつてあった末續吉間『ウガンダ――その国土と市場』（科学新聞社出版局、1976年）が絶版のため入手困難であり、最近になって刊行された梶茂樹・小沢剛『ウガンダ・ノート』（大和プレス、2010年）が出るまでは、ほぼ皆無だった。こうした本を出版することは、現在の出版状況のなかではなかなか難しいことだろう。最初にこの本の出版企画が立ち上がったのは、私の旧知で当時明石書店に勤めていた今井芳樹さん（現・日本国際協力システム）との話のなかでだった。その後、私自身の怠慢も含むいろいろな事情から企画が滞っていた時期もあるが、なんとかこうして無事に本書を世に出すことができたのは、共編者を引き受けてくださった吉田昌夫先生のお力添えによるところが大きい。半世紀の間ウガンダを見つめてきた東アフリカ現代史研究の大家が精力的に執筆される姿勢に、私は何度鼓舞されたか知れない。また、進まない原稿の数々を辛抱強く待ってくださり、刊行まで伴走してくださったのは明石書店の大槻武志さん、そして兼子千亜紀さんだ。あらためて、深くお礼を申し上げたい。

この本を、これからウガンダに出かける前の予習のために手に取ってくださった方もいることだろう。けれど、実際に行き、五感を総動員して知ってみれば、予習の大半は吹き飛んでしまうかもしれない。そうしたらその後で、もう一度この本を手に取っていただきたい。読者のみなさんがこの本ともウガンダとも長くつきあっていただけるようになれば、作り手としてこれにまさる喜びはない。

白石　壮一郎

２０１１年11月　ナイロビにて

新版へのあとがき

本書の旧版が出版された２０１２年から12年が経過し、明石書店から新版刊行のお声をかけていただいた。この12年間でウガンダもずいぶん変わった……と思うのだけど、なにが変わったかと聞かれるとひと言でこれということは言いにくい。

たとえば、交通インフラ。エンテベ国際空港と首都カンパラまでを結ぶ高速道路が完成した。カンパラ市街北部を円弧状に通るカンパラ・ノーザン・バイパスに接続する形だが、旧版発行時には未完成だったこのバイパスも完成し、カンパラ市街と近郊地域との交通は便利になった。一方、カンパラ市街内部は旧版発行のころにはそろそろ渋滞に悩まされ始めていたが、いま朝夕時間帯のそれは本格的になっている。

また、旧版発行のころにはすでに農村部でもベーシックな携帯電話は普及し始めていたが、現在ではスマートフォンがかなりのていど普及している。インターネットへの接続は、ソーシャルメディアをつうじたコミュニケーション、都市的な消費生活にかんする画像情報を津々浦々に提供し、モバイル送金サービスなどの利用者を爆発的に増やした。スペシャルハイヤーはスマートフォン端末で呼び出すウーバーにとってかわられている。

こうした表面上の変化は著しい。しかし仔細にみていくと、人びとの社会の基盤の変わらない部分のほうが強調されてくるように思う。そのかわらない基盤の部分と変化する部分との両方をみて、ウガンダについて考えるのが本書の特徴である。なにが新しく変わったか、ということより重要なのは、現状を総合的に理解し、そこに読者のみなさんがなにを見出すかのほうだ。

新版からあらたに加わっていただいた著者の方々は、浅田静香さん、大谷琢磨さん、大平和希子さん、川口博子さん、杉田映理さん、飛内悠子さん、中澤芽衣さん、山崎暢子さんの8人だ（五十音順）。うち7人が女性であることは、近年この分野における女性の活躍を端的に示している。既存の章も12年間の変動を反映して、旧版から改訂を加えていただいた章もある一方、2012年時点の記録としてあえて改訂をせずに残した章もある。

著者によってものの見方・観点がちがっていることは言うまでもない。人名や地名などの固有名の表記がところどころ著者によってちがっていることも、あえて著者のものを尊重している結果である。

本書をとおして、あらためてウガンダに興味をもってくださる人が増えてくれればうれしい限りだ。

2024年9月　カンパラにて

白石　壮一郎

Landscape, Kampala: Fountain Publishers. [45]

Harding, Frances (1999), Neither 'Fixed Masterpiece' nor 'Popular Distraction': Voice, Transformation and Encounter in Theatre for Development, in Banham, M., James Gibbs & Femi Osofisan (ed.), *African Theatre for Development,* Oxford: James Curry. [コラム 12]

Horn, Andrew (2002), Individualism and Community in the Theatre of Serumaga, in Harding, F. (ed.), *The Performance Arts in Africa: a Reader,* New York: Routledge. [コラム 12]

Mukulu, Alex (1993), *30 Years of Bananas,* Kampala: Oxford University Press. [コラム 12]

Ngugi wa Thiong'o (1981), *Writers in Politics,* London: Heinemann. [46]

Okello Ogwang, Ernesto (2000), Popular Culture in Uganda, in Okoth, P. G., M. Muranga, and E. O. Ogwang (eds.), *Uganda: A Century of Exsistence,* Kampala: Fountain Publishers. [45]

Okot p'Bitek (1971), *Two Songs,* Nairobi: East African Publishing House. [46]

Serumaga, Robert (1969), *Return to the Shadows,* London: Heinemann Educational. [コラム 12]

Sozi, Sarah, Justine Kamya Namutebi (1999), *Kadongo-Kamu Music and Its Impact on Theatre in Buganda,* Kampala: Makerere University.[45]

参考音源：インターネット資料

大英図書館サウンド・アーカイブ（世界音楽・伝統音楽部門）／The British Library: Archival Sound Recordings (World and Traditional Music)
http://sounds.bl.uk/BrowseCategory.aspx?category=World-and-traditional-music

ステ・カリスマ派キリスト教」『アリーナ』4号、中部大学国際人間学研究所。[コラム4]
大森元吉（1990）『葛藤と変貌──現代化の始動』法律文化社。[7, 8, 9, 36, 37]
白石壮一郎（2001）「牛略奪と経済自由化とのはざまで──ウガンダ東部、山地農耕民セベイの生業選択」『アフリカレポート』33号、9月。[17, 52]
白石壮一郎（2004）「パートタイムの牧夫たち──山地農耕民サビニの放牧キャンプから」田中二郎他（編）『遊動民──アフリカの原野に生きる』昭和堂。[17, 52]
森淳（1992）『アフリカの陶工たち──伝統工芸を追って二十年』中公新書。[23, 48]
中林伸浩（2007）「ハーバリストの現在──ウガンダ・ブソガにおける『代替・補完医療』化の政治」『金沢大学文学部論集行動科学・哲学篇』第27号。[40]
Gonahasa, J. (2002), *Taste of Uganda: Recipes for Traditional Dishes,* Kampala: Fountain Publisher. [34, コラム6]
National Handicrafts Emporium, Kampala (1965?), *Uganda Crafts,* Kampala: Ministry of Culture and Community Development. [23, 48]
Wallman, S. (1996), *Kampala Women Getting By,* London: James Currey. [27, 50]

⑧文学・芸術

オコト・ビテック（1998）『のうさぎとさいちょう──ウガンダ、アチョリ人の民話』（北村美都穂訳）新評論。[46]
オコト・ビテック（2000）『ラウィノの歌、オチョルの歌』（北村美都穂訳）新評論。[46, コラム13]
グギ・ワ・ジオンゴ（2010）『精神の非植民地化―アフリカ文学における言語の政治学（増補新版）』（宮本正興、楠瀬佳子訳）第三書館。[46]
クービック、ゲルハルト（1986）『人間と音楽の歴史　第10巻　東アフリカ』（日本語訳監修、塚田健一）音楽の友社。[44]
Breitinger, E. (ed.) (2000), *Uganda The Cultural Landscape,* Kampala: Fountain Publishers. [44, 45]
Breitinger, E. (2004), Uganda, in Banham, M. (ed.), *A History of Theatre in Africa,* Cambridge: Cambridge University Press. [45, コラム12]
Cook, David (2000), The Makerere Free Travelling Theatre: an Experimental Model, in Breitinger, E. (ed.), *Uganda, The Cultural*

Okoth, P. G., M. Muranga, E. O. Ogwang (eds.) (1995), *Uganda: A Century of Existence,* Kampala: Fountain Publishers. [9, 10, 11, 28, 30, 31, 44, 45, 47, 48]

Okot p'Bitek (1970) *African Religions in Western Scholarship*, Nairobi : East African Literature Bureau. [46, 55, 56]

Okot p'Bitek (1971) *Religions of the Central Luo*, Nairobi: East African Literature Bureau. [46, 55, 56]

Otiso, K. M. (2006), *Culture and Customs of Uganda,* Westport: Greenwood Press. [5, 28, 30, 31, 33, 34, 44, 45, 46, 62]

Sylvester, O. and Jeremy O. (2007), *Karamoja, Uganda's Land of Warrior Nomads,* Stafa: Little Wolf Press. [20, 52]

Tripp, A. M. and J. C. Kwesiga (2002), *The Women's Movement in Uganda: History, Challenges and Prospects,* Kampala: Fountain Publishers. [9, 10, 11, 27]

Uganda Government, Office of the Prime Minister (2007), *Karamoja Integrated Disarmament and Development Programme Creating Conditions for Promoting Human Security and Recovery in Karamoja, 2007/2008-2009/2010,* Kampala. [20, 52, コラム 9]

Vaughan, Megan (1991), *Curing Their Ills: Colonial Power and African Illness,* London: Polity Press. [40]

Wikipedia, 'List of universities in Uganda', (https://en.wikipedia.org/wiki/List_of_universities_in_Uganda). [30]

⑦地域と生活

梅屋潔（2018）『福音を説くウィッチ――ウガンダ・パドラにおける「災因論」の民族誌』、風響社。[32]

河合香吏（2004）「ドドスにおける家畜の略奪と隣接集団間の関係」田中二郎他（編）『遊動民――アフリカの原野に生きる』昭和堂。[20, 38, コラム 9]

北村光二（2004）「『比較』による文化の多様性と独自性の理解――牧畜民トゥルカナの認識論（エピステモロジー）」田中二郎他（編）『遊動民――アフリカの原野に生きる』昭和堂。[コラム 9]

長島信弘（1972）『テソ民族誌――その世界観の探求』中公新書。[コラム 4]

長島信弘（2005）「ウガンダ・イテソ民族の悲劇」『アリーナ』2号、中部大学国際人間学研究所。[コラム 4]

長島信弘（2007）「文化は悪魔――ウガンダ・イテソ民族における新ペンテコ

Northern Uganda 1985-97, Athens: Ohio University Press.[55, 56, 57]

Derluyn, I. et al. (2004), "Post-traumatic stress in former Ugandan child soldiers", *The Lancet,* March 13, 2004, Vol. 363. [52, 53]

Derek R. Peterson and Richard Vokes (2021), *The Unseen Archive of Idi Amin: Photographs from the Uganda Broadcasting Corporation.* Munich; London; New York: Prestel. [14]

Giddings, S. W. (2009), *The Land Market in Kampala, Uganda and its Effect on Settlement Patterns,* International Housing Coalition. [26, 50]

Kamb, Mary et al. (1998), Efficacy of Risk-Reduction Counseling to Prevent Human Immunodeficiency Virus and Sexually Transmitted Diseases: A Randomized Controlled Trial, *JAMA* 280(13). [49]

Kirumira, Edward K. (2008), Multi-Sectoral Response to HIV/AIDS in the Context of Global Funding: Experience from Uganda, in Maj-Liz and Hokan (Eds.), *The Politics of AIDS: Globalization, the State and Civil Society,* London: Palgrave & Macmillan. [11, 49]

Langlands B. W. (1971), The Population Geography of Karamoja District, Occasional Paper 38, Department of Geography, Makerere University, Kampala. [52]

Mamdani, Mahmood (2007) *Scholars in the Marketplace: The Dilemmas of Neo-Liberal Reform at Makerere University, 1989–2005.* CODESRIA [30]

Mamdani M., Kasoma P. M. B. and Katende A. B. (1992), Karamoja: Ecology and History, CBR Working paper No. 20, Centre for Basic Research, Kampala. [52, コラム 9]

Matovu, J. K. et al. (2005), Voluntary HIV Counseling and Testing Acceptance, Sexual Risk Behavior and HIV Incidence in Rakai, Uganda, AIDS 19(5). [49]

Ministry of Education and Sports, 'List of Tertiary Institutions' (https://www.education.go.ug/wp-content/uploads/2019/08/List-of-Recognized-Universities-Other-Tertiary-Institutions-2016.pdf). [30]

Musisi, N. B. and C. P. Dodge (2002), *Transformations in Uganda,* Kampala: Makerere Institute of Social Research/CUNY Center.

Musisi, N. B. and N. K. Muwanga (2003), *Makerere University in Transition 1993-2000: Opportunities & Challenges,* Kampala: Fountain Publishers. [30]

Reinikka, R. and P. Collier (eds.) (2002), *Uganda's Recovery: The Role of Farms, Firms, and Government,* Kampala: Fountain Publishers. [11, 22, 23]
Uganda Bureau of Statistics (UBOS), 2021. *Uganda National Household Survey 2019/2020.* Kampala, Uganda; UBOS. [2, 24, 35]
Uganda Government, Bureau of Statistics (2002), *Census of Business Establishment 2001/2002,* Entebbe: Bureau of Statistics. [22, 23]
Uganda Government, Ministry of Finance, Planning and Economic Development (1999), *Uganda Vision 2025: A Strategic Framework for National Development,* Vol. 1, Main Report. [2, 16, 22, 23]

⑥現代社会

池上良正（2005）「ペンテコステ派」井上順孝（編）『現代宗教事典』弘文堂。[31, コラム 4]
榎本珠良（2005）「罪に問うべきか、許すべきか――北部ウガンダの状況への国際刑事裁判所の関与をめぐって」『アフリカレポート』40 号、3 月。[55, 56, 57]
榎本珠良（2007）「「アチョリの伝統的正義」をめぐる語り」『アフリカレポート』44 号、3 月。[55, 56, 57]
梶茂樹、小沢剛（2010）『ウガンダ・ノート』大和プレス。
杉田映理、新本万里子 編（2022）『月経の人類学――女子生徒の「生理」と開発支援』世界思想社。[29]
西村幹子、山野峰、笹岡雄一（2006）「ウガンダにおける初等教育の就学状況と私的教育支出」『アフリカレポート』42 号、3 月。[11, 28]
宮崎久美子（2009）「多民族・多言語社会の諸相――ウガンダにおける言語政策と言語使用の実態」梶茂樹、砂野幸稔（編）『アフリカのことばと社会――多言語状況を生きるということ』三元社。[5, 28]
村橋勲（2021）『南スーダンの独立・内戦・難民――希望と絶望のあいだ』昭和堂。[61]
吉田栄一（2005）「ウガンダにおけるエイズ感染の地域差」『アフリカレポート』40 号 3 月。[40, 49]
吉田栄一（2008）「都市と国家――ウガンダ・カンパラの都市化と国家の対応」池谷和信、武内進一、佐藤廉也（編）『アフリカ II』朝倉書房。[2, 22, 23, 24, 50, 61]
Barber, J. P. (1964), Karamoja in 1910. *Uganda Journal* 28(1). [52]
Behrend, Heike (2000), *Alice Lakwena & the Holy Spirits: War in*

Uganda Government, Ministry of Water, Lands and Environment (2001), *Uganda Forestry Policy,* Kampala. [58, 60]
Uganda Government (2007), *Plan for Modernization of Agriculture (PMA) 2006/2007,* Kampala. [4, 11, 15, 16, 60]
Webster & Osmaston (2003), *A History of the Uganda Forest Department 1951-1965,* Commonwealth Secretariat. [58]
Wrigley, C. (1959), *Crops and Wealth in Uganda,* Kampala: East African Institute of Social Research. [8, 9, 15]
Yoshida, M. (2008), *Food Supply for Growing Cities in Developing Countries: A Study in the Marketing of Staple Food Crops in Uganda,* Kampala: Makerere University Printery.[4, 9, 10, 15, 16, 17, 18, 22]

⑤経済・工業

今井通子（1991）『ウガンダの父とよばれた日本人――アフリカにワイシャツ工場をつくった柏田雄一』PHP 研究所。[10, 22]
柏田雄一（1995）「ウガンダの変遷――アフリカの真珠の光と陰」『月刊アフリカ』8 月。[11, 22]
柏田雄一（1995）「ウガンダの変遷 II ――合弁企業を通じて」『月刊アフリカ』10 月。[11, 22]
吉田栄一（1999）「ウガンダ経済の復興と東アフリカ地域経済」『アフリカレポート』28 号、3 月。[15, 22, 61]
吉田昌夫（1963）「東アフリカにおけるイギリス企業の成立と活動」『アジア経済』4 巻 12 号、12 月。[9, 22, 61]
Hansen, H. B. and M. Twaddle (eds.) (1988), *Uganda Now: Between Decay & Development,* London: James Currey. [10, 11, 15, 28, 30, 40, 56, 61]
Hansen, H. B. and M. Twaddle (eds.) (1991), *Changing Uganda, The Dilemmas of Structural Adjustment & Revolutionary Change,* London: James Currey. [11, 15, 28, 40, 56, 61]
Hansen, H. B. and M. Twaddle (eds.) (1998), *Developing Uganda,* London: James Currey. [2, 11, 12, 16, 22, 23, 27, 40, 45, 49, 56]
Kuteesa, Tumusiime-Mutebile, Whitworth and Williamson (eds.) (2010), *Uganda's Economic Reforms: Insider Accounts,* London: Oxford University Press. [11, 22]
Ramchandani, R. R. (1976), *Uganda Asians - the End of Enterprise,* Bombay: United Asia Publications. [8, 9, 10, 15, 22]

Ocitti, J. (2005), *Press Politics and Public Policy in Uganda: The Role of Journalism in Democratization,* Lewiston: Edwin Mellen Press. [8, 9, 10, 62]

Tripp, A. M. (2010), *Museveni's Uganda: Paradoxes of Power in a Hybrid Regime,* Boulder: Lynne Rienner. [11, 13, 14]

Welbourn, F. B. (1965), *Religion & Politics in Uganda, 1952-62,* Nairobi: East African Publishing House. [7, 8, 9, 31]

④農林業・農村・農産物流通

一條洋子（2009）「新しい森林管理を目指すウガンダの実践」『人口と開発』107号。[58]

佐藤靖明（2011）『ウガンダ・バナナの民の生活世界――エスノサイエンスの視座から』京都大学アフリカ地域研究資料センター。[4, 18, 26, コラム3]

羽石祐介他（2010）『ウガンダの農林業――現状と開発の課題』国別研究シリーズNo.79、国際農林業協働協会。（以下よりダウンロードも可能）http://www.jaicaf.or.jp/publications/uganda_j.pdf [4, 15, 16, 18, 19, 20, 36, 39, 58, 60]

吉田昌夫（1969）「東アフリカにおける農産物販売機構のアフリカ人化――棉花およびコーヒー販売協同組合の形成過程」『アジア経済』10巻2号。[8, 9, 15, 22]

吉田昌夫（1997）『東アフリカ社会経済論――タンザニアを中心として』古今書院。[8, 9, 22]

吉田昌夫（2006）「アフリカの都市に対する食料供給問題――ウガンダにおける実態調査より」高梨和紘（編）『アフリカとアジア――開発と貧困削減の展望』慶應義塾大学出版会。[4, 15, 16, 18, 36, コラム4]

Bibangambah, J. R. (1996), *Marketing of Smallholder Crops in Uganda,* Kampala: Fountain Publishers. [4, 15, 16, 17, 18, 36]

Mukiibi, J. K. (ed.) (2002), *Agriculture in Uganda,* Kampala: Fountain Publishers. *1. General Information, 2. Crops, 3. Forestry, 4. Livestock.* [4, 15, 16, 17, 18, 20, 36, 58]

Scott, Penny (1998), *From Conflict to Collaboration: People and Forests at Mount Elgon, Uganda,* The World Conservation Union. [58]

Sorensen, Pernille (2000), *"Money is the True Friend": Economic Practice, Morality and Trust among the Iganga Maize Traders in Uganda,* Munster: LIT Verlag. [16, 17, 18, 36]

randomhouse de/book/The Unseen Archive of Ide Amin engl/Derek R. Peterson/e569169. rhd［10］
Uzoigwe, G. N. (ed.) (1982), *Uganda: the Dilemma of Nationhood,* New York: Nok Publishers International.［7, 8, 9, 10］

③政　治

川端正久、武内進一、落合雄彦編著（2010）『紛争解決――アフリカの経験と展望』ミネルヴァ書房。［10, 11, 52］
国際協力機構（2007）『アフリカにおける地方分権化とサービス・デリバリー：地域住民に届く行政サービスのために』（以下よりダウンロードも可能）http://www.jica.go.jp/jica-ri/publication/archives/jica/field/200711_gov.html.［11, 12, 13, 14, 60］
斎藤文彦（1998）「ウガンダのローカルガバナンス――RCシステムの事例研究」大林稔（編）『アフリカ――第三の変容』昭和堂。［11, 12, 13, 14, 37］
斎藤文彦（2002）「地方分権化政策の再構築――ウガンダからの教訓」斎藤文彦（編）『参加型開発――貧しい人々が主役となる開発へ向けて』日本評論社。［11, 12, 13, 14, 37］
森口岳（2011）「ウガンダ、2011年選挙事情――ムセベニの選挙戦略と背景、治安、統一」『アジ研ワールドトレンド』No.188、5月号。［11］
吉田昌夫（2010）「アフリカの独立から50年――内側から見たアフリカの動態」峯陽一、武内進一、笹岡雄一（編）『アフリカから学ぶ』有斐閣。［10, 11］
Langseth, P., J. Katorobo, E. Brett, J. Munene (eds.) (1995), *Uganda: Landmarks in Rebuilding a Nation,* Kampala: Fountain Publishers.［10, 11］
Mamdani, M. (1976), *Politics and Class Formation in Uganda*, London: Heinemann Educational.［7, 8, 9, 10］
Mamdani, M. (1996), *Citizen and Subject: Contemporary Africa and the Legacy of Late Colonialism,* London: James Currey.［8, 9, 10, 11］
Mudoola, D. (1996), *Religion, Ethnicity and Politics in Uganda* (2nd edition), Kampala: Fountain Publishers.［8, 9, 10］
Museveni, Y. K. (1992), *What is Africa's Problem?*, Kampala: NRM Publications.［10, 11］
Mutimbwa, P. (2008), *The Buganda Factor in Uganda Politics,* Kampala: Fountain Publishers.［5, 7, 8, 9, 10］

Morgan, W. T. W. (1973), *East Africa*, London: Longman. [1, 2, 4, 15]
Obua, Joseph, Jacob G. Agea and Joseph Ogwal (2010), Status of forests in Uganda. *African Journal of Ecology*, 48. [1, 58, 59]
Olupot, William, and Andrew J. Plumptre (2010), *Conservation Research in Uganda's Forests: A Review of Site History, Research, and Use of Research in Uganda's Forest Parks and Budongo Forest Reserve,* Nova Science Pub. [1, 58]

②歴　史

青木澄夫（2000）『日本人のアフリカ「発見」』山川出版社。[3, 8, コラム 15]
ムアヘッド、アラン（1970）『白ナイル――ナイル水源の秘密』（篠田一士訳）筑摩書房。[6, 7]
大平和希子　(2020)「慣習的な土地権利安定化に向けて伝統的権威が果たす役割――ウガンダ西部ブニョロの事例から」『アフリカレポート』58 巻。[14, 47]
吉田昌夫（2000）『アフリカ現代史II　東アフリカ』（第３版）山川出版社。[6, 7, 8, 9, 10]
Apter, D. A. (1997), *The Political Kingdom in Uganda: A Study of Bureaucratic Nationalism,* (New Edition), London: Frank Cass. [6, 7, 8, 9]
Atieno Odhiambo, E. S., T. I. Ouso, and J. F. Williams (1977), *A History of East Africa,* London: Longman. [5, 6, 7, 8, 9]
Harlow, V., E. M. Chilver, and A. Smith (eds.) (1965), *History of East Africa,* Vol. II, London: Oxford University Press. [7, 8, 9]
Ingham, K. (1963), *A History of East Africa* (2nd edition), London: Longman. [7, 8, 9]
Jorgensen, J. J. (1981), *Uganda: A Modern History,* London: Croom Helm. [6, 7, 8, 9, 10]
Low, D. A. and A. Smith (eds.) (1976), *History of East Africa,* Vol. III, London: Oxford University Press. [9, 10]
Oliver, R. and G. Mathew (eds.) (1963), *History of East Africa,* Vol. I, London: Oxford University Press. [6, 7]
Pirouet, M. L. (1995), *Historical Dictionary of Uganda,* Metuchen, N. J.: Scarecrow Press.
The Unseen Archive of Idi Amin, Photographs from the Uganda Broadcasting Corporation (2021), https://prestelpublishing, penguin,

❖もっと知りたい人のための文献リスト

ウガンダについての日本語文献は、あまり多くはありません。しかし英文で出版されている文献は、他のアフリカの国と比べても多いほうです。ここではウガンダについての文献ガイドとして、編者2名が、次のような基準で参考文献リストを作成しました。

まず8つの分野別に、それぞれ10を大きく超えない数の文献を選ぶことにしました。その分野は、①自然、②歴史、③政治、④農業・農村・農産物流通、⑤経済・工業、⑥現代社会、⑦地域と生活、⑧文学・芸術としました。できるだけ日本語文献を多く選ぶことにしましたが、単行本は極端に少ないので、単行本のなかの章や、研究誌や雑誌に掲載された論文のうち、比較的手軽に見ることができるものは採用することにしています。たとえば本書発行時現在、インターネットで全文が無料ダウンロードできる『アフリカレポート』(www.ide.go.jp/Japanese/Publish/Periodicals/Africa/backnumber.html) 掲載の論文や近年公開された報告書類などは採録しています。英文のものは、基本的には単行本に限りますが、本書の各章に関連の深いものについては、単行本のなかの章として発表されたものも採用する、という方針をとりました。

各章の内容につき、今後の参考に必要であると編者が推薦する文献は、文献ごとに章の数字を［　］括弧内に示しています。括弧のない文献は、その分野全体に参考となるものとお考えください。

①自　然

APDA (2008)『人口問題が農業・農村環境に与える影響に関する基礎調査——ウガンダ共和国、ムコノ県マビラ森林保護区周辺を中心として』アジア人口・開発協会（以下よりダウンロードも可能）http://www.apda.jp/jp/pdf/Uganda_J.pdf.［1, 2, 58］

伊谷純一郎（1963)『ゴリラとピグミーの森』岩波新書。［3］

コパン、Y（1994)「イーストサイド物語——人類の故郷を求めて」『日経サイエンス』1994年7月号。［1］

水野一晴（編）(2005)『アフリカ自然学』古今書院。［1, 25］

山極寿一（2005)『ゴリラ』東京大学出版会。［3, 25］

Hamilton, A. C. (1982), *Environmental History of East Africa*, London: Academic Press.［1］

Hamilton, A. C. (1984), *Deforestation in Uganda*, Nairobi: Oxford University Press.［1, 2, 58］

山崎暢子（やまざき・のぶこ）［21］
京都大学アフリカ地域研究資料センター特任研究員
専攻：アフリカ地域研究、文化人類学
主な著書：『歴史が生みだす紛争、紛争が生みだす歴史：現代アフリカの暴力と和解』（分担執筆、春風社、2024年）、*Perspectives on the State Borders in Globalized Africa.*（分担執筆）Routledge, 2022.

山本雄大（やまもと・たけひろ）［コラム6］
京都大学アジア・アフリカ地域研究研究科修了。現在、河北印刷株式会社勤務
専攻：文化人類学、食品・嗜好品文化研究

吉田栄一（よしだ・えいいち）［22, 23, 48］
横浜市立大学国際教養学部教授
専攻：地理学、都市研究、地域振興研究
主な著書・論文：「紅茶産業のフェアトレード参入」（佐藤寛編『フェアトレードを学ぶ人のために』世界思想社、2011年）、「サブサハラ・アフリカ」（経済地理学会編『経済地理学の成果と課題』日本経済評論社、2010年）、『地域の振興――制度構築の多様性と課題』（共編、アジア経済研究所、2009年）。

＊**吉田昌夫**（よしだ・まさお）［7, 8, 9, 10, 11, 15, 30, 31, 61, 62, コラム2, コラム5］
編著者紹介を参照。

和田篤志（わだ・あつし）［24］
取材コーディネーター、ロケーション・ディレクター（在ウガンダ）
テレビのドキュメンタリー番組や自然番組の取材コーディネート、ロケDを手がける。
NHK「NHKスペシャル」、「激動の世界をゆく」、「体感！グレートネーチャー」、「ワイルドライフ」、日本テレビ「24時間テレビ」、TBS「THE世界遺産」、読売テレビ「ウェークアップ！ぷらす」など。

主な著書:*Bonobos and People at Wamba: 50 Years of Research*（共編、Springer Singapore、2023年)、『アフリカを歩く──フィールドノートの余白に』（共編著、以文社、2002年)。

原田靖子（はらだ・やすこ）［44］
英国・シェフィールド大学音楽学部修士課程（世界音楽研究専攻）
東京藝術大学　大学院音楽研究科博士課程　単位取得満期退学（芸術環境創造専攻）
2008～2010年、在ウガンダ日本国大使館草の根外部委嘱員としてウガンダに滞在。
国際協力NGOにて、ウガンダ（2019～2020年）のほか、南スーダンやイラクなどに勤務。
専攻：民族音楽学、紛争解決学

水野一晴（みずの・かずはる）［1］
京都大学大学院文学研究科（地理学専修）名誉教授
専攻：自然地理学
主な著書:『自然のしくみがわかる地理学入門』（ベレ出版、2015年、角川ソフィア文庫、2021年)『人間の営みがわかる地理学入門』（ベレ出版、2016年、角川ソフィア文庫、2022年)、『世界がわかる地理学入門』（ちくま新書、2018年)、『気候変動で読む地球史』（NHKブックス、2016年)、『世界と日本の地理の謎を解く』（PHP新書、2021年)、『地理学者、発見と出会いを求めて世界を行く！』（ちくま文庫、2023年)、『神秘の大地、アルナチャル』（昭和堂、2012年）などがある。

宮本正興（みやもと・まさおき）［46］
中部大学国際関係学部教授
専攻：言語学、アフリカ地域研究（言語・文学・歴史）
主な著書：『スワヒリ文学の風土──東アフリカ海岸地方の言語文化誌』（第三書館、2009年)、『文化の解放と対話──アフリカ地域研究への言語文化論的アプローチ』（第三書館、2002年)、『新書アフリカ史』（共編、講談社現代新書、1997年)。

森口　岳（もりぐち・がく）［33, 40, 50］
東洋大学客員研究員、早稲田大学・駒澤大学・東京農業大学兼任講師
専攻：都市人類学／開発研究
主な著書・論文：共著・副編者『地域研究へのアプローチ──グローバル・サウスから読み解く世界情勢』（児玉谷史朗・佐藤章・嶋田晴行編、ミネルヴァ書房、2021年)、「女たちは踊ることができるか？」（『文化人類学』83巻第2号、2018年)。

山極寿一（やまぎわ・じゅいち）［3］
総合地球環境学研究所・所長
専攻：人類学、霊長類学
主な著書:『人生で大事なことはみんなゴリラから教わった』（家の光協会、2020年)、『猿声人語』（青土社、2022年)、『共感革命』（河出書房新社、2023年)、『森の声、ゴリラの目』（小学館、2024年)。

飛内悠子（とびない・ゆうこ）［51］
盛岡大学文学部教授
専攻：アフリカ地域研究、文化人類学
主な著書、論文：「難民支援と信仰を基盤とした組織：北部ウガンダにおけるクク人とスクリプチャー・ユニオン」（『難民研究ジャーナル』10号、2021年）、「コミュニティを御する人びと――北部ウガンダにおける人の移住とその暮らし」（錦田愛子編、『政治主体としての移民／難民――人の移動が織り成す社会とシティズンシップ』明石書店、2020年）、『未来に帰る――内戦後の「スーダン」を生きるクク人の移住と故郷』（風響社、2019年）。

中澤芽衣（なかざわ・めい）［26］
摂南大学現代社会学部特任助教
専攻：アフリカ地域研究、農村社会学
主な論文：「ウガンダ農村における婚資が女性の生活にもたらす影響」（『生活学論叢』第38号、2020年）、「ウガンダの土地政策の変遷と農村社会における土地権利の重層性――ガンダ社会における借地権チバンジャに着目して」（『農耕の技術と文化』第28号、2019年）

長島信弘（ながしま・のぶひろ）［コラム4］
一橋大学・中部大学名誉教授
専攻：社会人類学、東アフリカ民族誌学
主な著書・論文：'Two extinct age-systems among the Iteso,' in E. Kurimoto and S. Simonse (eds.), *Conflict, Age and Power in East Africa*, James Currey, 1998,『死と病いの民族誌――ケニア・テソ族の災因論』（岩波書店、1987年）、『テソ民族誌――その世界観の探求』（中公新書、1972年）。

中林伸浩（なかばやし・のぶひろ）［47］
金沢大学名誉教授、元桐蔭横浜大学教授
専攻：文化人類学
主な著書・論文：「ブソガ『王国』の復活とサブナショナリズム（2）」（『金沢大学文学部論集、行動科学・哲学篇』第26号、2006年）、『国家を生きる社会――西ケニア・イスハの氏族』（世織書房、1991年）。

波佐間逸博（はざま・いつひろ）［20, 52, コラム8, コラム13］
東洋大学社会学部教授
専攻：人類学
主な著書：『牧畜世界の共生論理――カリモジョンとドドスの民族誌』（京都大学学術出版会、2015年）、『僕らはとびきり素敵だった』（訳書、風響社、近刊）、『文章に生きる――チェーホフとともにエスノグラフィーを書く』（訳書、新曜社、近刊）

橋本千絵（はしもと・ちえ）［59］
京都大学野生動物研究センター助教、特定非営利活動法人カリンズ森林プロジェクト理事長。ウガンダ共和国カリンズ森林で、霊長類の調査をしながら、エコツーリズム計画を含む森林の保護活動も行っている。

椎野若菜（しいの・わかな）［27］
東京外国語大学アジア・アフリカ言語文化研究所准教授
専攻：社会人類学、東アフリカ民族誌
主な著書：『「シングル」で生きる――人類学者のフィールドから』（編著、御茶の水書房、2010年）、『セックスの人類学』（共編著、風春社、2009年）、『結婚と死をめぐる女の民族誌――ケニア・ルオ社会の寡婦が男を選ぶとき』（世界思想社、2008年）、『やもめぐらし――寡婦の文化人類学』（編著、明石書店、2007年）、*Contemporary Gender and Sexuality in Africa: African-Japanese Anthropological Approach.*（共編著、Langaa RPCIG and The Center for African Area Studies, Kyoto University）

***白石壮一郎**（しらいし・そういちろう）［5, 17, 36, 37, 49, 58, コラム7, コラム15］
編著者紹介を参照。

杉田映理（すぎた・えり）［29］
大阪大学大学院人間科学研究科 教授
専攻：文化人類学、開発人類学
主な論文・著書：『月経の人類学――女子生徒の「生理」と開発支援』（共編著、世界思想社、2022年）、「フェムテックから月経教育を問う」（『現代思想』2023年5月号）、『国際協力を学ぶ人のために』（共編著、世界思想社、2024年）。

大門 碧（だいもん・みどり）［42, 43, 45, コラム10, コラム11, コラム12］
特定非営利活動法人ピースウィンズ・ジャパン、京都大学アフリカ地域研究資料センター
専攻：都市文化、文化人類学
主な著書・論文：「権威をかわして音と戯れる：ウガンダのショー・パフォーマンス「カリオキ」のプログラム作成をめぐって」（野澤豊一・川瀬慈編『音楽の未明からの思考：ミュージッキングを超えて』アルテスパブリッシング、2021年）、『ショー・パフォーマンスが立ち上がる：現代アフリカの若者たちがむすぶ社会関係』（春風社、2015年）。

竹本将規（たけもと・まさのり）［2］
国際協力機構（JICA）ガーナ天水稲作持続的開発プロジェクト長期専門家（業務調整）などを経て、現在は株式会社安藤・間 国際事業本部 営業部勤務
専攻：経済学説史、開発経済学

田原範子（たはら・のりこ）［19, 39］
四天王寺大学社会学部教員
専攻：社会学
主な著書・論文：『アルバート湖岸の生活誌――ウガンダ共和国北西部のアジール』（風響社、2024年）、『包摂と開放の知――アサンテ世界の生活実践から』(嵯峨野書院、2007年)。Conviviality Created through Resilience: Cultivating the Imagination of 'Different Others' in the Leprosaria of Japan, *Bouncing Back: Critical Reflections on the Resilience Concept in Japan and South Africa,* 2022, Langaa R.P.C.I.G., pp.109–136.「水平線の白い光――飛び立つこと」『雑草たちの奇妙な声――現場ってなんだ!?』143～180頁（風響社、2021年）

ト』第55号、2017年)。

キルミラ、エドワード(Kirumira, Edward)[49]
ウガンダ共和国マケレレ大学人文社会学群副学群長、同大学社会科学部教授
専攻:医療社会学、国際保健学
主な著書:*The Politics of AIDS: Globalization, the State and Civi Society,*(共著)Palgrave Macmillan, 2008; *The Impact of HIV and AIDS on Higher Education institutions in Uganda,*(共著)International Institute for Educational Planning, 2008; *Sharing Water: Problems, Conflicts and Possible Solutions: The Case of Kampala,*(共編著)Universitets-forlaget, 2009.

楠　和樹(くすのき・かずき)[28]
東京大学総合文化研究科特任研究員
専攻:アフリカ地域研究
主な論文:「境界線をめぐる政治と辺境統治性――植民地期のケニア北東部におけるソマリの事例」(『アジア・アフリカ言語文化研究』第106号、2023年)、『アフリカ・サバンナの〈現在史〉――人類学がみたケニア牧畜民の統治と抵抗の系譜』(昭和堂、2019年)。

國松　豊(くにまつ・ゆたか)[コラム1]
龍谷大学経営学部・教授
専攻:自然人類学
主な論文:A new late Miocene great ape from Kenya and its implications for the origins of African great apes and humans, *Proceedings of the National Academy of Science,* 104, 2007; Earliest Miocene hominoid from Southeast Asia, *American Journal of Physical Anthropology,* 124(2), 2004.

斎藤文彦(さいとう・ふみひこ)[12, 13]
龍谷大学国際学部教授
専攻:国際開発研究、持続可能性研究
主な著書・論文:*Foundations for Local Governance,* (ed.), Physica-Verlag, 2008,『国際開発論――ミレニアム開発目標による貧困削減』(日本評論社、2005年)、*Decentralization and Development Partnerships: Lessons from Uganda,* Springer-Verlag, 2003 (2004年度日本国際開発学会賞受賞)。

佐藤靖明(さとう・やすあき)[4, 18, 34, コラム3]
長崎大学多文化社会学部准教授
専攻:民族植物学、アフリカ地域研究
主な著書:『食と農のアフリカ史』(共著、昭和堂、2016年)、『ウガンダ・バナナの民の生活世界――エスノサイエンスの視座から』(松香堂書店、2011年)、『アフリカの料理用バナナ』(共著、国際農林業協働協会、2010年)。

大平和希子（おおひら・わきこ）［14］
上智大学グローバル教育センター特任助教
専攻：アフリカ政治、ウガンダ地域研究
主な論文：「慣習的な土地権利安定化に向けて伝統的権威が果たす役割――ウガンダ西部ブニョロの事例から」（『アフリカレポート』第58号、2020年）。

小川真吾（おがわ・しんご）［53, 54］
認定NPO法人テラ・ルネッサンス　理事／海外事業部長
同志社大学グローバル・スタディーズ研究科博士後期課程満期退学。大学卒業後、青年海外協力隊員としてハンガリーに赴任。2005年以降、認定NPO法人テラ・ルネッサンス、現地駐在員として、ウガンダ、コンゴ民等にてアフリカ事業を統括。
専攻：アフリカ地域研究
主な著書：『ぼくらのアフリカで戦争がなくならないのはなぜ』（2011年、合同出版）。

紙田恭子（かみた・きょうこ）［25］
株式会社道祖神に18年半勤務。営業、旅行企画を担当するかたわら、年に数回アフリカ各方面へ添乗。ウガンダにはこれまで10回以上渡航。

河合香吏（かわい・かおり）［38, コラム9］
東京外国語大学アジア・アフリカ言語文化研究所教授
専攻：人類学
主な著書：『関わる・認める（「生態人類学は挑む」SESSION-5）』（編著、京都大学学術出版会、2022年）、『新・方法序説――人類社会の進化に迫る認識と方法』（共編著、京都大学学術出版会、2023年）、『ものの人類学』（共編著、京都大学学術出版会、2011年）、『集団――人類社会の進化』（編著、京都大学学術出版会、2009年）、『生きる場の人類学――土地と自然の認識・実践・表象過程』（編著、京都大学学術出版会、2007年）、『野の医療――牧畜民チャムスの身体世界』（東京大学出版会、1998年）。

河内伸介（かわうち・しんすけ）［60］
開発コンサルタント
青年海外協力隊員（ケニア、社会学）、NGO職員、JICA専門家などを経て、現在フリーの開発コンサルタント。
専攻：開発人類学、アフリカ地域研究
主な著書：『The Evaluation of TICAD III』（編著、ACT2003、2004年）、『アフリカ理解ハンドブック――よりよいアフリカ理解のために』（編著、アフリカ日本協議会、2002年）。

川口博子（かわぐち・ひろこ）［57］
早稲田大学地域・地域間研究機構国際和解学研究所次席研究員（研究院講師）
専攻：アフリカ地域研究、文化人類学
主な著書・論文：「内と外の境界を越えて――ウガンダ北部紛争後の和解と加害行為の位置づけ」（佐川徹、竹沢尚一郎、松本尚之編『歴史が生みだす紛争、紛争が生みだす歴史』春風社、2024年）、「ウガンダ北部紛争をめぐる国際刑事裁判所の活動と地域住民の応答」（『アフリカレポー